Wortgottesdienste für die Sonntage und Hochfeste
Lesejahr B

Bernhard Hopf (Hg.)

Wortgottesdienste für die Sonntage und Hochfeste

Lesejahr B

Matthias-Grünewald-Verlag · Mainz

Für die Lesejahre A und C sind bereits lieferbar:

Bernhard Hopf (Hg.)
Wortgottesdienste für die Sonntage und Hochfeste
Lesejahr A
296 Seiten. Kartoniert

Bernhard Hopf (Hg.)
Wortgottesdienste für die Sonntage und Hochfeste
Lesejahr C
288 Seiten. Kartoniert

Der Matthias-Grünewald-Verlag ist Mitglied
der Verlagsgruppe engagement

2. Auflage 1999

Umschlag: Heinz Kirsch & Kristine Buckel, Grafik-Design, Wiesbaden
Satz: Studio für Fotosatz und DTP, Ingelheim
Druck und Bindung: Paderborner Druck Centrum

ISBN 3-7867-1936-5

Inhalt

Die Zeit im Jahreskreis

Vorwort

Die Mitte der christlichen Gemeinde ist nach wie vor die Versammlung zum Gottesdienst am Sonntag als Tag der Auferstehung Jesu. Deshalb ist es gerade in der heutigen Zeit notwendig, den Sonntagsgottesdienst in und mit der konkreten Gemeinde zu feiern, damit die Wirklichkeit der Erlösung bedacht, erfahren und gefeiert werden kann. In Gemeinden, in denen keine Eucharistiefeier möglich ist, soll deshalb ein Wortgottesdienst gefeiert werden. Denn: „Die pastorale Erfahrung und liturgische Überlegungen raten dringend dazu“, wie die Synode in ihrem Beschluß Gottesdienst bemerkt.
Es ist deshalb wichtig, daß gerade kleinere (Land-)Gemeinden auch und gerade am Sonntag ihre gottesdienstliche Versammlung in ihrer eigenen Kirche miteinander begehen können, und es ist sehr zu begrüßen, wenn sich Frauen und Männer zu Leiterinnen und Leitern solcher Gottesdienste berufen lassen.
Für diese ehrenamtlichen GottesdienstleiterInnen sind diese Modelle im vorliegenden Buch zuerst gedacht. Die Vorlagen sind so gestaltet, daß sie direkt übernommen werden können. Im Zusammenhang mit unserem Rollenbuch für Leiterinnen und Leiter von Wortgottesdiensten (Hopf/Kehr/Steiner, Erinnern – danken – feiern, Mainz 1995) liegen somit fertig ausgearbeitete Gottesdienstformulare für alle Sonn- und Feiertage des Kirchenjahres vor.
Die Gottesdienstmodelle können aber auch als Ideenbörse zur Vorbereitung der eigenen Texte verwendet bzw. in Auswahl eingesetzt werden. Die Liedvorschläge, die neben „Gotteslob“-Liedern auch einige modernere Lieder enthalten, verstehen sich als weitere Vorbereitungshilfen.
Die Botschaftsangabe und das intendierte Ziel sollen die Gottesdienste überschaubar machen und den gedanklichen Faden markieren. Bewußt wurde auf aufwendige Gestaltungsvorschläge verzichtet, die einer Praktikabilität eher entgegenlaufen. Hier kann jede(r) GottesdienstleiterIn aus seinem/ihrem Ideenschatz im direkten Bezug auf die eigene Gemeinde Akzente setzen.
Die Gottesdienstmodelle können sowohl für den „reinen Wortgottesdienst“ als auch für den Gottesdienst mit Kommunionfeier Verwendung finden. Das Abwägen der jeweiligen Gottesdienstform muß sowieso mit der konkreten Gemeinde geschehen, und kann nicht generell beschrieben werden. Dazu ist es m.E. wichtig, daß die Diskussion um die

Kommunionspendung beim Wortgottesdienst nicht erstarrt, wie es in der liturgietheologischen Diskussion augenblicklich den Anschein hat.
Es kann grundsätzlich nicht nur darum gehen, wie sich liturgische Feiern im Laufe der Geschichte entwickelt haben, sondern auch, welche liturgischen Formen die Gemeinde der Gegenwart von ihrem Lebensvollzug her in den einzelnen Situationen fordert. Dabei sollte nach Neuansätzen gesucht werden. Wesentlich wird die Frage nach dem Gemeindebezug und der Dynamik des Gottesdienstes werden. Gottesdienstliches Handeln sollte in jedem Fall von der Gemeinde als dialogisch, lebendig und heilbringend erfahren werden. Gottesdienst ist Feier der Gemeinde und muß deshalb Elemente enthalten, die dies verdeutlichen. Es genügt für die Zukunft sicher nicht mehr, in der Begrüßung einzelne Gruppen anzusprechen (z. B. Liebe Kinder, liebe Jugendliche ...), wenn diese sonst keine eigene Rolle im Gottesdienst einnehmen können. Dynamische Elemente beim Wortgottesdienst können etwa sein, daß von verschiedenen (Alters-)Gruppen Fürbitten vorbereitet und vorgetragen werden, die auch deren Sorgen beinhalten im Blick auf die Welt und die Kirche. Bewußt können die einzelnen Dienste bei jedem Gottesdienst von anderen Gemeindegliedern übernommen werden, so daß nicht immer nur dieselben Lektoren und Kommunionspender beim Gottesdienst mitwirken, sondern eine gewisse Vielfalt erkennbar wird.
Alle Formen und liturgischen Elemente, die zu einem lebendigeren Gottesdienst beitragen, sind sehr zu empfehlen. Dabei sollte man keine Scheu davor haben, auch Elemente aus kindgerechten Feiern für Erwachsene miteinzubeziehen. (Vielleicht ergeben sich dadurch für sie völlig neue Aspekte und eine andere Sichtweise des gewohnten Tuns.)
Für eine wirklich lebensnahe Feier des Gottesdienstes wünschen wir Ihnen als BenutzerIn unserer Modelle viel geistgewirkte Kraft und Freude für einen die Gemeinde aufbauenden Gottesdienst.

Riedenberg, am Fest des Apostels Matthias 1996
Bernhard Hopf

Advents- und Weihnachtszeit

1. Adventssonntag

Botschaft

Im Gleichnis vom „Wachsamen Türhüter“ ist von „Wachsamkeit“ die Rede. Diese Wachsamkeit bezieht sich nicht auf „unbestimmte, nicht greifbare“ Ereignisse der Zukunft. Vielmehr wird eine wachsame Grundhaltung des Menschen angesprochen. Wachsam sollen die Menschen die Gegenwart leben und die konkrete Wirklichkeit sehen. So können sie sich für das „Kommen des Hausherrn“ öffnen.

Ziel

Die GottesdienstteilnehmerInnen sollen die im Evangelium erwähnte „Zeit des Wachens“ als ein Bild für ihre Lebenszeit verstehen, die, wenn in einer „wachsamen Haltung“ gelebt, zur „Christusbegegnung“ führen kann.

Lesungen

Jes 63, 16b -17.19b; 64, 3-7
1 Kor 1, 3-9
Mk 13, (24-32) 33-37

Einleitung

(GottesdienstleiterIn läßt Wecker läuten!)

Aufwachen! – Aufstehen!
Fast jeden Morgen erschallt dieser Ton. Jäh werden wir aufmerksam gemacht: Die Zeit des Schlafens, des Ruhens ist vorbei. Aufwachen sollen wir!
Mehr oder weniger gerne hören wir diesen Ton, der zum „Wachsein“ mahnt. Ungeheuerlich klingt da wohl die Vorstellung von einem Wecker, der ständig läutet. Ein Wecker, der uns schrill ermahnt: „Seid wachsam!“ Ein solcher Weckruf steht am Beginn dieser Adventszeit.
Unser „Adventswecker“ ruft zur Wachsamkeit. Hören wir dieses Läuten, oder überhören wir den Ruf vielleicht absichtlich? Drücken wir lieber

schnell auf den Knopf, um das Rasseln abzuschalten? Würden wir den Wecker lieber unter das Kopfkissen legen oder gar an die Wand werfen? Denken wir zu Beginn dieser Adventszeit darüber nach, wie offen und wach wir den Wirklichkeiten des Lebens begegnen:

Bußakt
Liedruf: „Jetzt ist die Zeit, jetzt ist die Stunde ..." (nur Refrain)

Seid wachsam!
Und wir?
Kurze Stille

Einsamkeit, Not, Schuld und Enttäuschung machen unser Leben dunkel und undurchsichtig.

Liedruf: „Jetzt ist die Zeit, jetzt ist die Stunde ..." (nur Refrain)

Seid wachsam!
Und wir?
Kurze Stille

Gefangen sind wir durch unsere Lieblosigkeit, durch unsere Härte, durch unsere Selbstsicherheit, durch unsere Süchte.

Liedruf: „Jetzt ist die Zeit, jetzt ist die Stunde ..." (nur Refrain)

Seid wachsam!
Und wir?
Kurze Stille

Wir vergraben unsere Hoffnungen und Sehnsüchte. Wir sagen: „Ändern kann man ja doch nichts."

Liedruf: „Jetzt ist die Zeit, jetzt ist die Stunde ..." (nur Refrain)

Gott, du bist unser Vater. Wir sind wie Ton, und du bist unser Töpfer. Wir alle sind das Werk deiner Hände. So nimmst du von uns Sünde und Schuld, damit wir als „wachsame" Menschen dein Kommen erwarten können. Amen.

Kyrie
Herr Jesus Christus, du menschgewordener Gott.
Herr, erbarme dich.

Du Heil und Leben aller Menschen.
Christus, erbarme dich.

Du wirst wiederkommen in Herrlichkeit.
Herr, erbarme dich.

Zugangsweise zum Evangelium

1. Motivation zum Zuhören
   - „Sekundenschlaf" mit fatalen Folgen
   - Mangelnde Wachsamkeit beherrscht die Welt
   - Positive Erfahrung: Wache Menschen helfen
2. Erfahrungen des Wachens
   - Sehnsucht nach dem Ende der Wache
   - Wachen hat etwas Geheimnisvolles
   - Wachen zwischen Hoffen und Bangen
   - Wachen bringt Sehnsüchte hervor
3. Bezug zum Evangelium
   - Aufdringliche Mahnung: Seid wachsam!
   - Jünger Jesu erweisen sich nicht als wachsam
   - Wachsamkeit bedeutet Gegenwart und Wirklichkeit leben
4. Adventszeit – Zeit des Wachens
   - Aktive Wachsamkeit
5. Konkretes Handeln
   - Adventsbrauchtum fördert die aktive Wachsamkeit
6. Zum „wachsamen Türhüter" werden
   - Gott „braucht" uns Menschen, um Mensch zu werden

Predigt

Die Augen waren ihm nur für einen Augenblick zugefallen. Er hatte sie nur für Bruchteile von Sekunden geschlossen. Jetzt war er wieder hellwach. Doch – zu spät! Eben war die alte Frau noch am Straßenrand entlang gegangen. Jetzt lag sie leblos auf der Erde.
„Sekundenschlaf" mit fatalen Folgen. Davon hören wir immer wieder bei Autofahrern. Augenblicke der Unaufmerksamkeit entscheiden über Leben und Tod.
Scheinbar beherrscht mangelnde Wachsamkeit das Leben in der Welt. So wissen wir um Krieg, Hunger, Not und Elend in der Welt. Wir haben von Straßenkindern gehört, die ein menschenunwürdiges Dasein fristen. Wir kennen das Flüchtlingselend und sonstige Geißeln der Menschen.

Wir hören davon, ja wir sehen es und sagen doch: „Was kann ich als einzelner dagegen tun?"
Ebenso kennt unser Leben auch die gegenteilige Erfahrung:
Eine Mutter von drei Kindern muß von einer Stunde auf die andere in das Krankenhaus – vier Wochen, vielleicht sogar länger. Der Familienvater fragt sich: „Wie geht es weiter mit den Kindern?" Urlaub nehmen ist vom Geschäft aus nicht drin. Eine Familienpflegerin der Wohlfahrtsverbände ist zunächst nicht aufzutreiben. Offene, für die Belange ihrer Umwelt wache Menschen, Nachbarn und Bekannte helfen dem Vater, die Durststrecke zu überwinden.
Wir alle kennen solche Erfahrungen. Recht verstandene Wachsamkeit läßt Leben gelingen. Mangelnde Wachsamkeit läßt das Leben mißlingen.
Wer als Soldat schon einmal „Wache geschoben" hat, weiß, daß die Zeit des Wachens oftmals wie eine Ewigkeit erscheint. Da sehnt man das Ende der Wache herbei. Wachsam sein hat auch seine Reize, ja etwas Geheimnisvolles. Auf den Zeltlagern in meiner Kinder- und Jugendzeit waren die Nachtwachen für mich immer ein besonderes Erlebnis. Ich erwartete in der Nacht etwas Besonderes, etwas Ungewöhnliches: einen Überfall; irgendeine witzige nächtliche Aktion der Daheimgebliebenen; den Kampf um das Banner ... Andere Zeltlagerteilnehmer dagegen sehnten mit Bangen, vielleicht sogar voller Angst, das Ende der Nacht herbei.
Die Erfahrung des Wachens hat also mit der Überbrückung eines mehr oder weniger langen Zeitraums zu tun.
Wachend sitzen Menschen am Bett von (tod-)kranken Verwandten, zwischen Hoffen und Bangen. Wachend warten Verliebte aufeinander, gerade wenn sie sich längere Zeit nicht gesehen haben. Es ist zum Verrücktwerden, bis die Zeit vorüber ist, um den geliebten Partner wieder zu umarmen. Im Wachen treten innerste Sehnsüchte des Menschen hervor.
„Seht euch vor! Bleibt wach! Seid wachsam!"
Uns Christen ermahnt Jesus heute sehr eindringlich zur Wachsamkeit. Manchem erscheint diese Forderung vielleicht aufdringlich. Vielleicht denken Sie: „Typisch Kirche! Schon wieder der erhobene Zeigefinger. Das höre ich so oft in der Kirche. Wenn ich nicht ‚aufwache', dann habe ich schlechte Aussichten im Gericht. Ja, jetzt wird mir wieder der Spiegel vorgehalten. Ich soll sehen, was für ein schlechter Mensch ich bin ..."
Von alledem ist hier nicht die Rede. Jesus sagt nicht, was geschehen wird, wenn es uns an Wachsamkeit mangelt.

An den heute gehörten Abschnitt des Markusevangeliums schließt sich die Leidensgeschichte Jesu an. Jesus wird den Weg des Kreuzes gehen. Seine Jünger erweisen sich auf diesem Weg nicht gerade als wachsame Türhüter.
Jesus möchte uns mit seinem Aufruf zur Wachsamkeit nicht drohen. Er will uns ermutigen. Er nimmt uns in die Verantwortung. Wachsein bedeutet, auf die Zeichen der Zeit zu schauen und die Wirklichkeit in den Blick zu nehmen. Wachsein bedeutet, die Gegenwart bewußt zu leben. Wachsein bedeutet, den eigenen Blick für die Nöte und Sorgen der Mitmenschen zu schärfen.
Zu wachsamen Türhütern sollen wir werden – offen, nicht schlafend, so daß der Herr kommen kann.
Damit diese Adventszeit für uns eine Zeit des Wachens wird, dürfen wir sie jedoch nicht verstehen als eine Zeit des Nichtstuns oder nutzlosen Harrens auf die „Dinge, die da kommen werden". Auch nicht die Rolle des unbeteiligten Zuschauers, an dem die Bilder wie bei einem Film vorbeiziehen, kennzeichnet den wachsamen Türhüter.
Ich denke, gerade die Adventszeit mit ihrem reichem Brauchtum kann bei uns diese aktive Wachsamkeit fördern. Das Licht des Adventskranzes weist uns auf Jesus Christus, das Licht der Welt hin, das wir Menschen in die oftmals dunkle Realität des Lebens tragen sollen. Auch Zeichen der Natur, wie z. B. der scheinbar tote Ast, der zu neuem Leben erblüht, werden zum Sinnbild für das Neue, das bereits jetzt mit Jesus in die Welt gekommen ist. Aktive Wachsamkeit fördern wir durch einen gut gestalteten Adventskalender, der zum konkreten mitmenschlichen Handeln anregt.
So gibt es viele Möglichkeiten, in der Familie, in der Pfarrgemeinde, in unserem ganzen Leben, um mit wachen Sinnen durch diese Adventszeit zu gehen, damit *Er* an Weihnachten in unseren Herzen Mensch werden kann.
Wachen wir auf! Öffnen wir unsere Türen! Öffnen wir unsere Herzen!
Denn in den Herzen der Menschen, die sich dem Weg und der Botschaft Jesu nicht verschließen, wird Gott geboren werden. Gott braucht uns, offen und wach, damit er bei uns Mensch werden kann.
„Seht euch vor! Bleibt wach! Seid wachsam!"

Fürbitten

Herr, unser Gott, wachsam sollen wir dein Kommen erwarten. Du bist uns nahe und hörst unsere Bitten:

- Für alle Christen: Gib ihnen wache Herzen für deine Frohe Botschaft.
- Für die Menschen, die nicht beachtet werden. Schenke ihnen Menschen, die offene Ohren und Augen für ihre Nöte und Sorgen haben.
- Für die Menschen unserer Pfarrgemeinde: Ermutige sie zu einer aktiven Wachsamkeit in dieser Adventszeit.
- Für unsere Verstorbenen: Führe sie in deine Herrlichkeit.

Gott, du willst in uns Mensch werden. Auf dich vertrauen wir jetzt und in Ewigkeit. Amen.

Wort für die Woche

Wachend – nicht schlafend.
Wachend – nicht teilnahmslos.
Wachend – nicht Interesselosigkeit.
Wachend – nicht raushalten.

Wachend – und offen.
Wachend – und hoffend.
Wachend – den Menschen sehen.
Wachend – Liebe verschenken.

Wachend erwarten wir die Menschwerdung Gottes. Bleiben wir wach, damit Gott in uns Mensch werden kann.

Liedvorschläge

Eingang: 110
Bußakt: Jetzt ist die Zeit (z. B. „Troubadour für Gott", hg. vom Kolping-Bildungswerk, Diözesanverband Würzburg, Nr. 483, nur Refr.)
Antwortgesang: 122/1 und 2 oder 119/2
Credo: 489
Übertragung: 107, 1. 4. 5
Agnus Dei: 492
Dank: 277
Auszug: Jetzt ist die Zeit (z. B. „Troubadour für Gott", Nr. 483)

Michael Fass

2. Adventssonntag

Botschaft
Die vielen Einebnungen, Oberflächlichkeiten und Seichtheiten unserer Zeit verhindern mit Erfolg, daß wir zum Grund unseres Seins, zu Gott, vorstoßen. Im Advent können wir mehr als sonst versuchen, dem entgegenzuwirken.

Ziel
Die TeilnehmerInnen sind aufgerufen, ihrer Sehnsucht nach Leben nachzuspüren und sie nicht zuschütten zu lassen durch die Seichtheiten unserer Zeit. Daraus wächst die Bereitschaft, *Ihn* in uns Mensch werden zu lassen.

Lesungen
Jes 40, 1-5.9-11
2 Petr 3, 8-14
Mk 1, 1-8

Einleitung
Würden wir einmal die vielen Informationen sammeln, die täglich auf uns einströmen, dann käme an manchen Tagen sehr viel zusammen. Wenn wir nun die herausgreifen, die wir bewußt wahrgenommen und gespeichert haben, dann bliebe wahrscheinlich eine erschreckend kleine Anzahl übrig. Wir Menschen selektieren, wir wählen aus und müssen das auch tun. Da ist so viel Unwichtiges, was auf uns einströmt und uns das Leben schwermacht. Wir sind hier zusammengekommen, weil wir nach dem Wesentlichen suchen, dem Grund unseres Seins, nach Gott, der unser Leben schuf und erhält.
- Stille -

Bußakt / Kyrie
Herr Jesus Christus, wir bringen unser Leben und unseren Alltag mit seinen Sorgen und Mühen.
Herr, erbarme dich!

Du bist in diese Welt gekommen, um als einer von uns alles mit uns zu teilen.
Christus, erbarme dich!

Nimm alle Verwirrung von uns, und laß unsere Herzen nun auf dich hin ausgerichtet sein.
Herr, erbarme dich!

Ja, Herr, du läßt unsere Herzen zur Ruhe kommen in der Schnellebigkeit unserer Zeit. Du läßt uns in dieser Stunde von der Fülle erfahren, die du uns verheißen hast. Dafür loben und preisen wir dich, heute und alle Tage unseres Lebens. Amen.

Zugangsweise zu den Schrifttexten

1. Wir hören die Stimme: Bahnt einen Weg für den Herrn! Aber wir ebnen und bahnen für alles andere, nicht aber für Gott. Dabei planieren wir sehr viel an echtem Leben zu.
2. Jesaja merkt ähnliches bei den Israeliten im Exil. Der Glaube seines Volkes ist bedroht durch die Pracht und durch die Oberflächlichkeit der Gottesverehrung in Babylon. „Steh zu dem, was dir eigen ist!“ Das meint auch Johannes der Täufer mit seiner Umkehrpredigt.
3. Jesaja und Johannes wollen die Sehnsucht wecken, Gottes Leben in der Welt zu entdecken und in uns Mensch werden zu lassen.

Predigt

Freiweg gesagt: Ich mißtraue den vielen Einebnungen gründlich, auch wenn es die Worte eines großartigen Propheten sind, die alljährlich im Advent vorgelesen werden: „Eine Stimme ruft: Bahnt für den Herrn einen Weg durch die Wüste! Baut in der Steppe eine ebene Straße für unseren Gott! Jedes Tal soll sich heben, senken soll sich jeder Berg und Hügel. Was krumm ist, soll gerade werden, und was hügelig ist, werde eben!“
Da fallen mir Bilder ein von begradigten Flüssen und schnellen Straßen, für die so viel kahlgeschlagen wird und die mehr Verbindungsmöglichkeiten schaffen sollen zwischen Menschen. Ich denke an all die so triftigen Gründe und Sachzwänge, an Profit und den sogenannten Fortschritt. Meine Skepsis bleibt. Sie läßt sich nicht einebnen. Und ich habe den Eindruck, wir ebnen nicht den Weg für das Leben, sondern wir ebnen das Leben ein.
Ja, wir ebnen heute zuviel ein in den Landschaften der Erde und in den Landschaften der Seelen: den Sonntag zum Beispiel, der mehr und mehr zu einem Tag wird wie jeder andere auch. Wir wünschen uns zwar ab Freitag mittag ein schönes Wochenende, aber wir packen es voll mit all dem, wo wir meinen zu kurz gekommen zu sein an den Wochentagen.

Die Katerstimmung am Montag zeigt, daß man „Leben in Fülle" auch falsch verstehen kann.
Wir ebnen heute zuviel ein. Aus einer Feier machen wir ein oberflächliches und seichtes Erlebnis, wenn wir sie mit dem Fotoapparat oder der Videokamera bis ins Detail aufnehmen, um sie dann im Wohnzimmersessel nachzuerleben. Da wird eine Feier schnell zur Show und jeder, der daran teilnimmt, zum Objekt. Oft fragen wir uns nachher: Warum bleibt ein Fest seicht und geht kaum in die Tiefe? Den Augenblick des spontanen Glücks können wir nicht festhalten und in die Konserve stecken. Den kann ich nur erleben.
Wir ebnen heute zuviel ein. Wir planieren, „bringen alles unter einen Hut", bringen „alles auf die Reihe", um des lieben Friedens willen. Aber wir verlieren dabei die Tiefen und die Höhen. Das kann es nicht sein, was Jesaja gemeint hat. Wenn alles planiert ist, dann ist nichts, was sich eingeprägt hat. Da kommt keine Sehnsucht mehr auf, da wird nur noch wenig erwartet.
Der Prophet Jesaja wollte mit seinen Worten eine Sehnsucht wachhalten, er wollte das bewahren, was sich seinen Leuten eingeprägt hatte. Jerusalem und die umliegenden Städte waren von den Babyloniern zerstört worden. Der Tempel stand nicht mehr, und die meisten waren nach Babylon verschleppt worden. Zwischen ihrer Heimat und der Verbannung lagen Steppe und Wüste.
Da war die Gefahr groß, daß die Identität und der Glaube Israels eingeebnet werden könnten durch die Einflüsse in Babylon.
Da war die Gefahr groß, daß die Sehnsucht nach dem einem Gott zugeschüttet würde, einem Gott, dem sie ihre Freiheit verdankten, der ihnen ganz nahe war damals in der Wüstenzeit nach dem Auszug aus Ägypten.
Da war die Gefahr groß, daß die Sehnsucht nach einem Gott verlorenging, dessen Spur in den Herzen eines jeden zu finden ist; eine Spur, die sich eingeprägt hat und die nicht planiert werden sollte von der Seichtheit und Oberflächlichkeit großer Götterbilder auf Prozessionsstraßen in Babylon.
Durch diese Wüste „bahnt einen Weg für den Herrn". Jesaja weckt ihre Sehnsucht, er sieht tiefer. Der Glaube Israels, diese unerschütterliche Hoffnung, hat mehr zu bieten als das, was sie da erleben.
Genau das will auch Johannes der Täufer: „Bereitet dem Herrn den Weg. Macht gerade seine Pfade. – Bekehrt euch!"
Johannes, dieser Sonderling, schafft es, daß viele Menschen wachgerüttelt werden. Er bringt sie dazu, daß sie zu ihren Fehlern und Sünden stehen.

Wer seine eigenen Tiefen, seine Prägungen und Schattenseiten akzeptiert, der kann neu anfangen. Johannes deckt nicht zu, Schwamm drüber und Schluß. Er deckt auf, und damit weckt er die Sehnsucht nach mehr. Deutlich sagt er: „Nach mir kommt der, der stärker ist als ich. (...) Er wird euch mit Heiligem Geist taufen."

Er wird *euch* mit Heiligem Geist taufen. – Und da wären wir wieder bei uns. Jeder von uns ist mit Heiligem Geist getauft und gefirmt. Jeder von uns trägt Gottes Leben in sich, bereitet *Ihm* den Weg und kann dazu beitragen, daß *Er* ankommen kann.

Dieser Geist ist etwas, was wir nicht berechnen können, was wir nicht festmachen oder in eine Konserve stecken können. Wir können ihn nicht hier in die Kirche einsperren. Ich glaube, er bewirkt auch sehr viel in dieser Welt ohne uns Christen. Wir sollten nur bereit sein, mit ihm zu rechnen.

Schweren Herzens gehe ich manchmal in eine Schulklasse, und plötzlich passiert etwas, womit ich nicht gerechnet hatte. Da sind SchülerInnen, die fragen ernsthaft nach, lassen nicht alles gleichgültig über sich ergehen. Schweren Herzens lasse ich mich auf ein Gespräch mit einem Menschen ein, auf eine Beziehung, von der ich nichts erwartet hätte, und ich merke danach, daß ich beschenkt wurde.

„Bereitet dem Herrn den Weg!" – Ich glaube: Bereiten können wir ihm den Weg nur und in dem Maße, wie wir etwas erwarten und ersehnen. Bereiten können wir ihm den Weg, wenn wir es in uns brennen lassen. Bereiten können wir ihm den Weg, wenn wir unsere Sehnsucht nach Gott nicht zuschütten lassen und einebnen. Das ist Advent.

Fürbitten

Gott, du bist unser Vater; du willst Gestalt annehmen in unserer Welt; du bist offen für uns Menschen und schaust auf unser Leben mit seinen Höhen und Tiefen, mit seinen Sorgen und Nöten, auf Freude und Sehnsucht.

Deshalb bitten wir dich und rufen:
Tau aus Himmelshöhn, Heil, um das wir flehn.
Herr, erbarme dich!

- Für alle Menschen, die auf der Suche sind nach einem Sinn und Halt in ihrem Leben.
- Für alle, die einsam sind in diesen Tagen: Laß es warm werden in ihren Herzen.

- Für die aus unserer Mitte, die ein Wort des Trostes und der Hoffnung brauchen, und auch für die, die es ihnen geben können.
- Für die Familien, daß sie Orte des Vertrauens und der Geborgenheit sind.

So komm du in unsere Mitte. Sei uns nahe in unserem Leben und erleuchte unseren Alltag, so daß wir mit frohem und befreitem Herzen und voller Erwartung dir entgegengehen. Amen.

Liedvorschläge
Eingang: 106, 1-3
Kyrie: 103
Antwortgesang: 112, 7-9
Agnus Dei: 435
Dank: 115, 1+2

Heinz Weigand

3. Adventssonntag

Botschaft
Johannes der Täufer gab Zeugnis für die Anwesenheit Jesu Christi bei den Menschen. Sein Zeugnis gilt auch für uns und für heute: „Der Messias ist mitten unter euch!"

Ziel
Ich möchte die GottesdienstteilnehmerInnen für Zeichen der Anwesenheit des Messias im alltäglichen Leben sensibel machen und sie ermutigen, dem Zeugnis Johannes' des Täufers zu vertrauen.

Lesungen
Jes 61, 1-2a.10-11
1 Thess 5, 16-24
Joh 1, 6.8.19-28

Einleitung

Der Ruf „Wachet auf", den wir gerade gesungen haben, gehört ganz zentral zur Adventszeit und zur Vorbereitung auf Weihnachten. Er will uns herausreißen aus dem Alltagstrott. Er will uns aufmerksam machen für das, was eigentlich für uns und unser Leben wichtig ist. Er will uns aufrufen, unser Leben bewußt zu führen und selbst in die Hand zu nehmen. In vielen Gleichnissen fordert uns Jesus auf, wach zu sein und die Ankunft des Reiches Gottes nicht zu verschlafen, also nicht im Halbschlaf des Alltagstrottes das zu übersehen, was unsere Rettung, unser Heil, unser Glück sein könnte. Überlegen wir uns zu Beginn dieser dritten Adventswoche, wie wach und aufmerksam wir durch das Leben gehen.

Kyrie

Herr Jesus Christus, oft sind wir nicht wachsam genug, um dich und deine Botschaft zu hören. Oft nehmen wir all die Zeichen gar nicht wahr, die du uns schenkst.
Herr, erbarme dich.

Du willst uns aufwecken aus Schlaf und Trägheit, damit wir umkehren, wenn wir auf dem falschen Weg sind.
Christus, erbarme dich.

Du bist zu uns Menschen gekommen, um uns zu befreien und uns den Weg zum Heil und zum Glück zu zeigen.
Herr, erbarme dich.

Gott, du nimmst von uns Sünde und Schuld und ermöglichst uns wahres Leben. Amen.

Zugangsweise zum Evangelium

1. Geschichte
   - Von den Leuten, die auf das Glück warten
2. Frage: Wo ist etwas von der Anwesenheit des Messias zu spüren?
   - Im Blick auf die ungerechten und leidvollen Situationen der heutigen Welt
   - Im Blick auf das Leben jedes einzelnen Zuhörers, jeder einzelnen Zuhörerin mit all den Sorgen und Problemen
3. Evangelium
   - Die Menschen warten auf den Messias, auf die Rettung und das Heil

   - Johannes der Täufer bezeugt: „Der Messias ist mitten unter euch, doch ihr (er-)kennt ihn nicht!“
   - Die Abgesandten der Priester und Leviten verstehen das Zeugnis nicht
   - Zentrale Botschaft des Johannesevangeliums: „Jesus Christus ist da. Glaubt daran, dann wird euch das wahre Leben geschenkt werden!“
4. Wachsam sein für Zeichen der Anwesenheit Gottes
   - Wo sehe ich in meinem persönlichen Leben solche Zeichen?
   - Bin ich nicht oft zu unaufmerksam, um diese Zeichen wahrzunehmen?
   - Was könnten solche Zeichen sein?
   - Guter und menschlicher Umgang miteinander als Zeichen für die Gegenwart Gottes
5. Advent und Weihnachten
   - Weihnachten ist die Feier der Anwesenheit Gottes unter den Menschen und die Feier der uns eröffneten Möglichkeit, Jesu Weg zu gehen und damit zu Glück und Heil zu gelangen
6. Wunsch
   - Aufmerksam sein für diese Zeichen
   - Selbst für andere zum Zeichen werden

Predigt

Eine alte Geschichte erzählt davon, wie einem Mann im Traum verheißen wird: „Heute wirst du dem Glück begegnen!“ Vor lauter Freude ruft er gleich früh am Morgen alle seine Nachbarn und Freunde zusammen. Sie versammeln sich am Dorfplatz und warten. Eine, zwei, drei Stunden, den ganzen Tag. Doch nichts geschieht. Einige werden ärgerlich, andere traurig: „Das Glück hat uns vergessen.“ – „Immer sind wir es, die zu kurz kommen.“ – „Glück, so etwas gibt es doch gar nicht. Die Erde ist doch ein Jammertal und unser Leben nur eine Plage. Schaut euch doch nur mal um in der Welt.“

Ja, haben die Leute vielleicht recht? Wer denkt nicht manchmal ähnlich, gerade im Blick auf all die Ungerechtigkeit und Unmenschlichkeit, die an vielen Orten unserer Erde herrschen? Wer ist nicht manchmal ähnlich enttäuscht vom Leben, wenn sich eine traurige und niederschlagende Erfahrung an die andere reiht?

Und da sprechen wir – jetzt zur Advents- und Weihnachtszeit wieder ganz besonders – von einem Gott, der die Menschen liebt, der ihnen das

Heil bringen will, der es gut mit ihnen meint. Wo ist denn davon etwas zu merken?

Aber die Geschichte geht weiter: Am Abend, als die Sonne schon unterzugehen beginnt, stehen die Menschen immer noch enttäuscht am Dorfplatz und schauen nach allen Seiten, ob nicht doch noch von irgendwoher das Glück kommen würde. Mittlerweile hat einer Tee geholt, eine andere etwas zu essen, wieder ein anderer erzählt eine Geschichte, um die Zeit zu verkürzen. Da kommt ein Fremder in das Dorf und fragt die Leute, was sie alle da am Dorfplatz machen. „Wir dachten, das Glück kommt heute zu uns. Doch es kam nicht, es gibt gar kein Glück." „Ja merkt ihr es denn gar nicht", erwidert der Fremde, „schaut euch doch mal um, wie ihr hier zusammen eßt und trinkt und Geschichten erzählt. Das Glück ist doch bei euch schon lange angekommen!"

Die Geschichte erinnert mich an das heutige Evangelium. Die Menschen dort warten auf das Heil, auf das Glück. Es ist ihnen verheißen, daß ein Messias kommen wird. Er wird Gerechtigkeit, wahres und gutes Leben bringen. Und die Priester und Leviten schicken Abgesandte zu dem Mann, der da draußen in der Wüste predigt und Menschen tauft. „Bist du etwa der langersehnte Messias, der uns das Heil bringen wird?" „Nein, ich bin es nicht", antwortet Johannes der Täufer, „aber mein Auftrag ist es, Zeugnis vom wahren Messias zu geben, allen Menschen zu sagen: er ist schon da!" „Ja, wo ist er denn dann? Wir sehen ihn nicht!" „Mitten unter euch steht er doch, aber ihr erkennt ihn nicht."
Diese Begebenheit wird nicht zufällig zu Beginn des Johannesevangeliums erzählt. Vielmehr weist sie schon auf die zentrale Botschaft des ganzen Evangeliums hin: Jesus Christus, der Sohn Gottes, ist unter euch. Er will euch retten und befreien, er will euch zum Heil, zu sinnvollem Leben führen. Und das alles ist schon jetzt möglich, wenn ihr euch nur darauf einlaßt, wenn ihr euch entscheidet, den Weg Jesu zu gehen. Habt Mut und Vertrauen dazu. Wacht auf, verschließt die Augen nicht vor all den Zeichen, die auf Jesus Christus und auf seine Botschaft hinweisen. Seid nicht so, wie die Abgesandten der Priester und Leviten im heutigen Evangelium. Sie warten auf den Messias, aber erkennen nicht, daß er ja schon da ist, daß Johannes ihn verkündet. Sie glauben ihm nicht, weil sie sich den Messias anders vorstellen. Sie denken, er müßte ein großer und mächtiger König sein, ein reicher Herrscher. Dadurch sind sie wie blind für das Zeugnis des Johannes. Ihre Augen und all ihre Sinne sind wie verschlossen.

Ich denke, auch uns gilt dieser Aufruf: Seid nicht blind! Wacht auf, und verschließt eure Augen nicht. Seht doch, der Messias, das Heil ist schon mitten unter euch. Denken Sie doch bitte selbst einmal nach, wo Sie in Ihrem Leben Zeugnisse sahen und heute noch sehen, Zeugnisse für das Heil, das Jesus uns bringen will. Das muß nicht immer in spektakulären Ereignissen sein. Sind nicht die Zeichen vielmehr oft gerade in den unscheinbaren Ereignissen des Alltags verborgen, die aber letztlich das Leben wertvoll und lebenswert machen? In stillen und ruhigen Momenten, im Hören schöner Musik, im Erleben der Natur, dann, wenn mir unerwartet etwas gelungen ist, oder immer dann, wenn ich merke: Es ist ein anderer Umgang miteinander möglich, als er leider oft herrscht, ein Umgang, der auch Schwache ernst nimmt, der spüren läßt, daß hier die Würde des Menschen etwas gilt, daß ich so sein darf, wie ich wirklich bin, daß ich angenommen bin. Wenn ich auch nur hin und wieder diesen Umgang im alltäglichen Zusammenleben spüren darf, dann scheint hier dennoch schon das Heil auf, das Jesus verheißen hat. Wenn sich dies im weltweiten Zusammenleben der Menschen auch leider nur ab und zu ereignet, so zeigen doch gerade diese „Lichtpunkte“ auf, wo der Weg hingehen kann, wie die Welt wenigstens ein ganz kleines Stück menschlicher, heiler werden kann.

An Weihnachten feiern wir genau das: Der Messias ist da, das Reich Gottes ist schon jetzt angebrochen, ein anderer Umgang miteinander, ein anderes Leben ist möglich. So gesehen kann Advent und Weihnachten immer sein, auch während des Jahres, immer dann, wenn Menschen auf diese andere, auf diese heilvolle Weise miteinander umgehen.

Ich wünsche uns allen, daß es uns in dieser Advents- und Weihnachtszeit ganz besonders gelingt, aufmerksam zu sein für Zeichen, die darauf hinweisen, daß der Messias schon mitten unter uns da ist. Vielleicht können wir dann auch selbst für andere ein wenig zu solchen Zeichen werden – wir als christliche Gemeinde und jeder und jede persönlich im eigenen Lebensumfeld. Vielleicht können wir selbst dann ein wenig so werden wie der Fremde in unserer Geschichte, der den Leuten im Dorf zum Wegweiser wurde und ihnen sagen konnte. „Ja merkt ihr es denn nicht, das Glück ist bei euch doch schon angekommen!“

Fürbitten

Guter Gott, du bist auf die Welt gekommen, um den Menschen Heil und Glück zu bringen. An dich dürfen wir uns vertrauensvoll mit all unseren Bitten und Anliegen wenden.

- Laß uns wach und aufmerksam sein für die Zeichen deiner Gegenwart unter uns Menschen.
- Schenke allen Menschen, die in Hunger, Krieg und Unterdrückung leben, Frieden und Gerechtigkeit.
- Stehe allen Menschen bei, die keinen Sinn in ihrem Leben sehen, die zu verzweifeln drohen.
- Zeige uns immer wieder deinen Weg, gerade dann, wenn wir unglücklich sind und nicht mehr weiterwissen, wenn wir uns in Probleme verstrickt haben.
- Hilf allen Kranken, Leidenden und Trauernden. Schenke allen Einsamen Menschen, die sich Zeit für sie nehmen und so für sie zu Zeichen des Heils werden können.

Guter Gott, du bist wirklich für uns der Weg, die Wahrheit und das Leben. Du kannst die Welt heil machen. Dafür danken wir, jetzt und in Ewigkeit. Amen.

Wort für die Woche

„Der Messias ist mitten unter euch." Manchmal fällt es schwer, diesem Zeugnis Johannes' des Täufers zu vertrauen. Allzuleicht übersehen wir die Zeichen der Gegenwart Christi. Vielleicht können wir diese Adventszeit nutzen, um genauer hinzuschauen, um in Gebet und Meditation innerlich still zu werden und auch die leisen Töne und unscheinbaren Begebenheiten wahrzunehmen. Christsein mit allen Sinnen – Menschsein mit wachem Herzen. Dann werden wir auch das wahre Weihnachten nicht verschlafen: die Ankunft Gottes in unserem Leben.

Liedvorschläge

Eingang: 110
Antwortgesang: 106
Credo: 489
Übertragung: 108, 1-4
Agnus Dei: 482
Dank: 617
Auszug: 115, 3

Wolfgang Scharl

4. Adventssonntag

Botschaft
Gott wirkt in unserem Leben, doch er tut es nicht ohne unsere Mitwirkung: Er wartet auf das „Ja" von unserer Seite.

Ziel
Mutmachen zur Offenheit, Gott im eigenen Leben zuzulassen.

Lesungen
2 Sam 7, 1-5.8b-12.14a.16
Röm 16, 25-27
Lk 1, 26-38

Einleitung
Kinder öffnen Tag für Tag ein Türchen am Adventskalender. Wir singen „Macht hoch die Tür, die Tor macht weit". Öffnen ist etwas ganz Wichtiges im Advent. Sich öffnen – weil Gott bei uns ankommen will. Doch Menschen können sehr verschlossen sein, manchmal wollen oder können sie sich nicht mitteilen. Manchmal sind sie zu sehr mit sich und ihren Plänen beschäftigt, so daß kein anderer Mensch, kein anderer Gedanke mehr Raum zu haben scheint. Bitten wir nun, daß Gott unsere Ohren, unser Herz öffnen möge, für sein Wort, seine Ankunft bei uns:
- Stille -

Kyrie
Herr Jesus Christus, du bist vom Himmel zu uns auf die Erde gekommen.
Herr, erbarme dich.

Du bist den Menschen mit Liebe begegnet, hast dich auf uns und unser Leben eingelassen.
Christus, erbarme dich.

Du willst auch heute bei uns ankommen.
Herr, erbarme dich.

Ja, erbarme dich, Herr, unser Gott, und nimm aus unseren Herzen, was uns niederdrückt, damit wir, offen für dein Wort und deine Gnade, unser Ja sagen zu einem Leben mit dir. Amen.

Zugangsweise zum Evangelium

1. Wohl kaum einer lebt ohne eine konkrete Vorstellung, wie sein Leben verlaufen soll. Wir machen Pläne. Doch allzuoft werden sie durchkreuzt. Es kommt mal wieder anders, als man denkt.
2. Jahrelang wartet das Volk Israel auf den Messias. Und dann kommt Gott ganz unerwartet im Leben einer einfachen Frau an. Ihr Leben ändert sich, auf sie kommt es an.
3. Gott kommt anders, als wir es uns vorstellen. Kein Mensch ist so gering, daß es nicht auf ihn ankommen würde.
4. Gott sagt zu jedem Menschen ja. Er wartet auf meine Antwort.

Predigt

Daß es im Leben erstens: anders kommt und zweitens: als man denkt, ist ja sprichwörtlich geworden und heißt wohl, daß kaum jemand an dieser Erfahrung in seinem Leben vorbeikommt. Mag man an die geplatzte Urlaubsreise denken, an einen überraschend notwendig gewordenen Umzug oder an Tragischeres, z. B. eine plötzliche Krankheit: Immer wird ein sorgfältig von uns erdachter Plan durcheinandergeworfen. Zufall oder Schicksal nennen wir das dann und sind meistens eine Weile damit beschäftigt, uns mit der neuen Situation abzufinden und irgendwie damit zurechtzukommen.

Erstens kommt Er anders, und zweitens als die Menschen es sich dachten, das ist nun kein Sprichwort mehr, das ist die Erfahrung, die Menschen mit Gott machen, das Volk Israel, Maria im Evangelium heute, jeder, der sich mit ihm einläßt. Gott kommt anders, als Israel es sich ausdenkt.

Er kommt, als überraschender Besuch, zu einer jungen Frau, die gar nichts Besonderes darstellt, die ihr einfaches Leben lebt, mit den ganz einfachen Plänen einer einfachen Frau, von der, außer in der näheren Umgebung, wohl keiner Notiz nimmt.

Er sucht sich die Menschen, bei denen er ankommt, nach ganz anderen Gesichtspunkten, als Menschen es erwarten. Im Gruß des Engels erkennt Maria sich als etwas ganz Besonderes, und das läßt sie erschrecken und nachdenklich werden.

Wenn er ankommt, dann können wir uns plötzlich anders sehen, als wir es bisher von uns gedacht haben: Ein Mensch, auf den Gott sein liebendes Auge gerichtet hat, der ist nicht unbedeutend, der ist nicht mehr nur ein Rädchen im Getriebe, eine kleine Nummer: Er kennt mich beim Namen, er ist mit mir in meiner Lebensgeschichte, und die Geschichten mit Gott sind Heilsgeschichten.

Wenn wir es nur immer so erkennen könnten! Er, der mächtige Gott, kommt immer wieder anders, als wir es uns denken: Im Verborgenen und in der Stille klopft er bei uns an. Manchmal sind es sehr leidvolle Wege, die er uns gehen läßt, und erst im Rückblick erkennen wir, daß es Wege mit Gott waren, und wir können unser Ja dazu erst nachher sagen. Fragen gehören mit zu diesem Weg, auch Maria fragt erstaunt, wie das denn wohl mit ihr und Gottes seltsamen Wegen gehen soll. Jeder wird einmal oder öfter fragen, wie er denn seine persönliche Lebensgeschichte annehmen und bewältigen kann. Leben ist adventliches Leben, ein Ja-Sagen zu einem noch verborgenen Gott. Aber es ist auch ein Entdecken, daß er zu mir und meinem Leben ja gesagt hat ohne Wenn und Aber. Sein Ja zu mir geht meinem Ja zu mir und Gott voraus. „Du bist voll der Gnade, der Herr ist mit dir“: Der Gruß gilt Maria, er gilt jedem einzelnen hier und heute und in jedem Augenblick seines Lebens.

Fürbitten
Herr, unser Gott, wir öffnen dir unser Herz mit all dem, was uns bewegt, und bitten dich:

- Für alle Verzagten, Zu-Kurz-Gekommenen und Verbitterten: Schenke ihnen das Licht der Hoffnung, daß sie Wege finden aus den Mauern ihrer Verzweiflung.
- Für alle, die wegen Terminen und Arbeit keine Zeit zu haben meinen: Laß sie nicht übersehen, wo Menschen sie als Menschen brauchen und auf ihr offenes Ohr und ihre Zuneigung warten.
- Für die alten Menschen, die Kranken und Leidenden: Laß sie Wege finden, ihr Ja zu ihrem Leben sagen zu können.
- Für die Kinder und Jugendlichen: daß sie offen mitteilen können, was in ihnen vorgeht, daß Erwachsene ihre Träume verstehen und sie Wege finden, sie auszuprobieren.
- Für unsere Verstorbenen: Sage du dein endgültiges und liebendes Ja zu ihrem Leben.

Gott, wir erwarten deine Ankunft und erhoffen eine Welt, in der jeder sich angenommen fühlt. Komm in unsere Welt, und sei uns nahe, jetzt und alle Tage. Amen.

Wort für die Woche
Als ich ja sagte, Herr, wußte ich nicht,
daß dieses Ja mich so weit führen würde ...
Der immer kranke, ängstliche und besorgte Partner,

die heranwachsenden, manchmal aufmuckenden Kinder,
die wenig begeisternde, aber stets aufreibende Arbeit,
die Stunden der Nachtruhe, das stets wache Herz ...
War das alles in dem Ja enthalten?
Die ermüdende Unordnung, die hastig eingenommene Mahlzeit,
die langen Stunden des Wartens ...
Herr, dein Ja war ein Ja ohne Vorbehalt.
Das meine mußte ich mir jeden Tag abringen.
Öffne meine Augen, Herr: laß mich dich erkennen,
öffne meine Hände, Herr: laß mich dir dienen,
öffne mein Herz, Herr: laß mich dich wirklich lieben,
hier und heute, jeden Augenblick, ohne Vorbehalt.

Liedvorschläge
Eingang: 107, 1-3
Antwortgesang: 108, 1-3
Credo: 276
Übertragung: 114
Agnus Dei: 428
Kommunion: 107, 5
Dank: 261

Vera Badura

Weihnachten – Am Tag

Botschaft
Gott selbst durchbricht in Jesus Christus die Dunkelheiten unseres Lebens.

Ziel
Ich möchte die GottesdienstteilnehmerInnen ermutigen, in Jesus Christus auch im Alltag das Licht ihres Lebens zu entdecken.

Lesungen

Jes 9, 1-6 (siehe Erklärung zum Einsatz der Lesungen in den Gottesdiensten, nach der dieser Text auch möglich ist)
Hebr 1, 1-6
Joh 1, 1-18

Einleitung

„Im Dunkel unsrer Nacht entzünde das Feuer, das niemals verlöscht", so lautet ein Lied der ökumenischen Gemeinschaft in Taizé, das in eindrucksvoller Weise menschliche Grundempfindungen und Sehnsüchte anspricht.
Spüren wir sie noch: die Sehnsucht nach Licht, Wärme, Hoffnung – oder haben wir uns abgefunden mit mancher Dunkelheit unseres Lebens? In den Texten des Weihnachtsfestes begegnet uns Gott immer wieder als derjenige, der mit seinem Licht dem Dunkel entgegentritt. Besinnen wir uns, ob wir bereit sind, dieses Licht einzulassen.
- Stille -

Kyrie

Herr Jesus Christus, oft fühlen wir uns von dunklen Stunden und schwierigen Situationen wie gefangen, so daß wir deine Verheißung nicht mehr sehen.
Herr, erbarme dich.

Als Mensch hast du unser Leben geteilt, damit Gottes Hoffnung darin aufstrahlt.
Christus, erbarme dich.

Du sendest uns als Zeugen deines Lichtes, damit Gottes Freude jeden Menschen erreicht.
Herr, erbarme dich.

Durch deine Menschwerdung befreist du uns aus dem Dunkel der Sünde. Du nimmst jede Schuld von uns und läßt uns als Kinder des Lichtes leben. Amen.

Zugangsweise zur Lesung

1. Motivation zum Zuhören:
   – Abendlicher Stromausfall, plötzliche „Fremdheit" der Wohnung
   – sehnsüchtiges Warten auf das Licht

2. Lebenserfahrung
   – Licht ist lebensnotwendig
   – ohne Licht kein Zeitgefühl – nur noch Angst
   – Licht ist gleichbedeutend mit Hoffnung
3. Bezug zur Lesung
   – politische und religiöse Situation des Volkes Israel
   – Ankündigung des Propheten: Gott schenkt den Retter
4. Bezug zum Fest
   – Gottes Licht und Retter wird in Jesus greifbar
   – Beispiele: liebevolle Zuwendung, Annahme des anderen
5. Unsere Gottes-Licht-Erfahrungen?
   – Beispiele: Krankheit, Alleinsein ...
   Aussicht: die zerstörenden Mächte sind in Jesu Geburt letztlich gebrochen
6. Einladung
   – sich dem Licht Jesus aussetzen, ihm entgegengehen
   – das Licht an andere weiterstrahlen
   – Jesus Christus ist unser Licht.

Predigt

Sicherlich ist Ihnen die Situation vertraut, wenn in den Abendstunden einmal der Strom ausfällt: In der Wohnung, vielleicht auch auf der Straße ist es stockfinster, nichts ist mehr zu finden, die eigenen Wände erscheinen einem plötzlich merkwürdig fremd, stolpernd tastet man sich zu dem Schrank, wo Kerzen oder Taschenlampe aufgeräumt sind. Sie sitzen fast wie gefangen in Ihrer Wohnung und warten sehnsüchtig darauf, das Licht wieder einschalten zu können.

Licht – Helligkeit – etwas sehen: Das ist offensichtlich lebensnotwendig, notwendig, um sich frei und sicher zu fühlen, notwendig, um das eigene Leben planen, ordnen und gestalten zu können, notwendig, um echte Freude zu empfinden, not-wendig im wahrsten Sinn des Wortes. Wer gezwungen ist, längere Zeit in Dunkelheit zu leben, verliert jedes Zeitgefühl, hat keine Möglichkeit mehr, sich schöpferisch zu betätigen, bekommt Angst, wird traurig, kann nur noch warten ...

Ein Licht, das in eine solche Situation hineinstrahlt, kann zwar zunächst so blenden, daß ich ihm ausweichen will, weil die Augen sich erst wieder daran gewöhnen müssen, aber ein solches Licht schafft gleichzeitig wieder Perspektiven, weckt Hoffnungen, sich wieder bewegen zu können, zu sich selbst zu kommen. Ich gehe ihm entgegen und freue mich.

Diese Freude kommt auch beim Propheten Jesaja zum Ausdruck. Traurige politische Zustände, unter denen Israel existieren muß, das Gefühl, von Gott verraten und im Stich gelassen zu sein, der Zweifel, ob der Herr seine Bundes- und Schutzzusage überhaupt noch einhalten will, dies bedeutet eine große Not für das doch auserwählte Volk, so groß, daß es für seine Zukunft nur noch schwarzsieht. Aber all das geht jetzt zu Ende, denn dem Volk Gottes wurde ein Retter geschenkt, ein Messias, ein vom Herrn berufener starker Herrscher, der mit Gottes Kraft eine neue, lichtvolle Zukunft eröffnet; Hoffnungen auf ein neues Leben in Frieden, Freiheit, Gerechtigkeit werden wahr; persönliches Glück auf der Sonnenseite des Lebens wird durch diesen Herrscher wieder möglich. Ein Grund für Jubel und Freude, für ein Loblied auf den rettenden Gott.

Wir feiern Weih-Nacht, die Nacht, in der Gott selbst endgültig das schreckliche Dunkel der Gottverlassenheit des Menschen durchbrochen hat. Mit dem Kommen Jesu ist konkret und greifbar geworden, was es bedeutet: Gott hat Licht zu den Menschen gebracht. Gott selbst wird Mensch und kommt zu den Menschen, nicht nur, um ihnen Freude, Gerechtigkeit, Nächstenliebe zu predigen, sondern, um es unter ihnen vorzuleben: in der täglichen Zuwendung zu dem, dem es schlechtgeht, in der vorurteilsfreien Annahme auch des Menschen, der vielleicht nicht immer so gut und ehrlich lebt. Hier schimmern immer wieder Lichtpunkte auf, die dem einzelnen sagen: Ich bin als Mensch ernstgenommen, ich darf leben. Auch für uns ein Grund zu großer Freude.

Sind wir uns dessen eigentlich bewußt? Spüren wir heute noch Freude darüber, daß Gott in Jesus für immer ein Licht in unsere menschlichen Dunkelheiten gebracht hat? Hoffnungslosigkeit, Krankheit, Alleinsein brauchen uns im letzten nicht mehr zu bedrücken, weil ihre zerstörende Macht in Jesu Geburt zerbrochen worden ist. Auch wenn uns diese Aussichten ungewohnt geworden sind, trauen wir uns doch, diesem Licht entgegenzugehen, uns hineinzustellen, uns anstrahlen zu lassen, es auszunützen für unseren Umgang miteinander.

Ich wünsche Ihnen, daß Sie bei allem, was Sie, besonders jetzt an den Festtagen, unternehmen, etwas von diesem Licht spüren und viele Lichtpunkte entdecken, die Ihnen Freude schenken.

Fürbitten

Herr, unser Gott, im Kommen deines Sohnes Jesus hast du die Nacht unserer Hoffnungslosigkeiten zum Tag deiner Freude gemacht. Im Vertrauen auf dein ewiges Licht bitten wir dich:

- Für die Regierenden aller Völker: Schenke ihnen das Licht deines Geistes, und hilf ihnen, Frieden, Sicherheit und Hoffnung zu bewahren.
- Für unsere Kirche und unsere Gemeinden: Hilf ihnen, glaubwürdig Zeugnis für Jesus Christus zu geben.
- Für unsere Familien: Laß sie die Freude der Weihnacht erleben und weitergeben an die Menschen, denen sie begegnen.
- Für uns selbst: Halte uns den Blick offen für die Leuchtkraft deines Lichtes, Jesus Christus, und hilf uns, täglich daraus zu leben.
- Für unsere Toten: Schenke ihnen die Hoffnung ihres Lebens, die Freude in deinem Licht.

Guter Gott, du machst unser Leben hell. Hilf uns, immer darauf zu vertrauen, jetzt und alle Zeit. Amen.

Wort für die Woche
„Die Nacht zum Tag machen", so sagen wir, wenn jemand den normalen Lebensrhythmus umkehrt. Gott hat an Weihnachten unseren Lebens- und Geschichtsrhythmus umgekehrt, indem er in unserer Dunkelheit das Feuer seiner Liebe, Jesus Christus, lebendig werden ließ. Ich könnte es versuchen, jeden Tag ein wenig näher an dieses Feuer zu rücken ...

Liedvorschläge
Eingang: 137, 1-3
Gloria: 134, 1.3.4
Agnus Dei: 442
Kommunion: Instrumental, z. B. „Im Dunkel unsrer Nacht" (35 neue Gesänge aus Taizé, Herder-Verlag, Freiburg)
Dank: 144, 1-3
Auszug: 144, 4+5

Eva-Angelika Herbst OP

Stephanus (26. Dezember)

Botschaft
Krippe und Kreuz liegen nah beieinander. Das Leben des hl. Stephanus zeigt uns, daß das Ausrichten auf Jesus Konsequenzen nach sich zieht.

Ziel
Ich möchte die GottesdienstteilnehmerInnen ermutigen, sich in ihrer Umgebung den anfallenden Herausforderungen zu stellen, auch wenn damit Unbequemlichkeiten verbunden sind.

Lesungen
Apg 6, 8-10; 7, 54-60
Mt 10, 17-22

Einleitung
In die Weihnachtsfreude und die scheinbare Harmonie dieses Festes kommt heute ein Mißklang: Wir hören von Stephanus, der als erster die Nachfolge Jesu mit seinem Leben bezahlen mußte.
Doch bereits in der Weihnachtsgeschichte steckt ein solcher Mißklang. Denn Jesus kam nicht im besten Hotel von Betlehem zur Welt, sondern in einem kalten und unbequemen Stall. Und am Ende seines Lebensweges stand das Kreuz.
Wir wollen kurz innehalten und uns überlegen, wo wir gerade in der letzten Zeit, den Weihnachtstagen, bequem waren und den Konsequenzen unseres Christseins aus dem Weg gegangen sind.
- Stille -

Kyrie
Herr Jesus Christus, der du verstoßen im armen Stall zur Welt kamst.
Herr, erbarme dich.

Du bist Mensch geworden, um unsere Begrenztheit zu weiten.
Christus, erbarme dich.

Du kennst unseren Kleinmut und unsere Ohnmacht.
Herr, erbarme dich.

Der Herr, der sich klein machte und zu uns als Mensch kam, er nehme von uns alles Versagen und stärke uns in der Schwachheit. Amen.

Zugangsweise zur Lesung

Zu der Festtagslesung gibt es verschiedene Zugangsmöglichkeiten. Die hier gewählte ist das Bild „Christi Geburt" von Sieger Köder aus dem Rosenberger Altar. Krippe und Kreuz werden darin eindrucksvoll in einem Bild verbunden.

Ein anderer Zugang wäre denkbar, wenn man das Leben von Stephanus mit dem von anderen Heiligen oder markanten Gestalten aus der alten oder neuen Kirchengeschichte parallelisiert (z. B. Oscar Romero). Daraus ließen sich dann Schlußfolgerungen für heute ableiten.

Man könnte auch zu Beginn der Predigt ein Kreuz an eine im Altarraum aufgestellte Krippe stellen.

Predigt

Der Glanz und die Freude über die Geburt des Herrn und das Martyrium liegen sehr nah zusammen. Dies bringt der Künstler Sieger Köder in einem Weihnachtsbild sehr gut zum Ausdruck. In diesem Krippenbild fallen bei genauerem Hinsehen zwei Dinge auf: Die Balken des Stalles erinnern an die Kreuze von Golgota, und in das Holz der Krippe sind die Buchstaben „INRI" eingeritzt. Ein Mißklang in diesem schönen Bild!

Ebenso ein Mißklang ist die Geschichte von Stephanus, die wir jedes Jahr an Weihnachten hören. Stephanus war zum Diakon gewählt worden mit dem Auftrag, sich um die Ärmsten der Armen zu kümmern. Dabei entwickelte er ein feines Gespür für die Not der Menschen. Kraftvoll setzte er sich für sie ein und bewirkte wahre Wunder. Doch die Parteinahme für die Ärmsten gefiel – damals wie heute – manchem Menschen nicht. Und so spitzte sich der Konflikt zu. Als die „Mächtigen" merkten, daß sie mit Worten nicht gegen Stephanus ankamen, gerieten sie so in Wut, daß sie ihn packten, vor die Stadt schleppten und zu Tode steinigten.

Das war die traurige Konsequenz seines Lebens, weil er erkannte, was seine Zeit verlangte. Und dafür setzte er sich furchtlos ein. Er sprach es an und stellte sich auf die Seite der Armen.

Das ist die Botschaft, die Stephanus an uns heute hat:

Wir sollen das Herz, die Augen und den Mund öffnen für das, was heute bei uns dran, was gefordert ist.

Jeder soll an dem Platz, an dem er steht, die scheinbare Idylle um sich herum genau anschauen. Dann wird er schnell das Kreuz und die Kreuzwege seiner Mitmenschen entdecken.

So zum Beispiel:

- den Arbeitslosen, der die Bewerbungen und Absagen schon nicht mehr zählen kann, kaum noch eine Zukunftsperspektive sieht, oder
- die Witwe in der Nachbarschaft, die kaum mehr Kontakt hat und von der kaum jemand versteht, daß sie immer noch dem Tod ihres Mannes nachtrauert, oder
- den Behinderten, der sich über einen Besuch freuen würde, oder
- das Kind, das aus der Klassengemeinschaft ausgeschlossen wird, oder
- die Frau von nebenan, die mißhandelt wird, oder
- den Asylanten, den Obdachlosen, die alleinerziehende Mutter, den Suchtkranken, den Aidsinfizierten ...

Wer heute an der Krippe steht, muß sich fragen, welches seine persönliche Aufgabe ist. An welcher Stelle kann er sich für Entrechtete und An-den-Rand-Gedrängte einsetzen – ohne Streit zu suchen, aber mit aller Deutlichkeit.

Das wird nicht nur auf Gegenliebe stoßen, wie wir heute im Evangelium gehört haben.

Ich wünsche Ihnen deshalb nicht eine frohe und friedvolle Weihnachtszeit ohne Mißklänge, sondern daß Sie den Glauben an den Sohn Gottes vertiefen, der keine Angst hatte, unter König Herodes Mensch zu werden. Er helfe uns, den Auftrag unserer Tage zu erkennen und ihn mit unseren Möglichkeiten in aller Einfachheit durchzuführen.

Fürbitten

Gott, du hast es gewagt, als armes, ohnmächtiges Kind auf die Welt zu kommen. Du hast Stephanus den Mut und die Kraft geschenkt, für dich und die Armen einzustehen. Zu dir kommen wir mit unseren Bitten:

- Stephanus hat die Konsequenzen der Botschaft Jesu nicht gescheut.
  Herr, gib uns die Kraft, daß wir uns den täglichen Anforderungen des Christseins stellen.
- Stephanus hat frei und offen vom Glauben geredet.
  Herr, verleih uns den Mut, von der frohen Botschaft zu erzählen und unseren Glauben zur Sprache zu bringen.
- Stephanus wußte, daß es nicht leicht ist, sich für Arme und An-den-Rand-Gedrängte einzusetzen.
  Herr, schenke uns offene Augen, Ohren und Herzen für die Nöte der Menschen bei uns und in aller Welt.
- Stephanus hatte einen weiteren Horizont als viele Schriftgelehrten seiner Zeit.

Herr, gewähre du der Kirche immer wieder Frauen und Männer, die Begrenztheit und Engstirnigkeit überwinden.
- Stephanus mußte um der Wahrheit willen sterben.
  Herr, laß auch uns versuchen, um der Wahrheit willen den Kopf hinzuhalten.
- Stephanus hat noch im Sterben für die, die ihn töteten, gebetet.
  Herr, schenke uns die Bereitschaft zur Versöhnung und Verzeihung.

Herr, unser Gott, nimm unsere Bitten an, und verwandle sie in Segen. Amen.

Kommunionmeditation

Weihnachten ist immer dann,
wenn man sich auf die Seite der Armen stellt.

Weihnachten ist immer dann,
wenn man sich für die Mundtot-Gemachten einsetzt.

Weihnachten ist immer dann,
wenn man die Not in den Augen der Mitmenschen erkennt und zu lindern hilft.

Weihnachten ist immer dort,
wo ein Fest der Versöhnung gefeiert wird.

Weihnachten ist immer dort,
wo aus Totem wieder Leben entspringt.

Weihnachten ist jeden Tag,
denn Weihnachten ist das Fest der Liebe.

Liedvorschläge

Eingang: 134, 1-4
Glaubensbekenntnis: 140, 1+4
Liedruf zur Anbetung: 143 (Refr.)
Agnus Dei: 141, 1
Dank: 143
Auszug: O du fröhliche ...

Vorschlag für die Gottesdienstgestaltung

- Das Bild von Sieger Köder, Geburt Christi aus dem Rosenberger Altar, gibt es als kleines Gebetsbild. Man könnte dieses Bild für die

ganze Gemeinde bestellen und zu Beginn des Gottesdienstes austeilen lassen.
Bestelladresse: Rottenburger Kunstverlag VER SACRUM
Postfach 4; 72101 Rottenburg
Telefon: (07472) 3011
– Während der Einleitung in den Gottesdienst ein Kreuz zur Krippe stellen lassen.

Lorenz Hummel

Sonntag in der Weihnachtsoktav – Fest der Heiligen Familie

Botschaft

Die Gottesdienst feiernde Gemeinde soll erkennen, daß jede Familie, so wie sie ist, heilig ist. Die Heilige Familie zeigt uns, daß im Leben nicht alles glatt laufen muß. Trotzdem wird an ihrem Beispiel erkennbar, daß Gott im Leben (der Familien) mitgeht.

Lesungen

Sir 3, 2-6.12-14
Kol 3, 12-21
Lk 2, 22-40

Einführung

Zu unserem Gottesdienst am Fest der Heiligen Familie begrüße ich Sie und euch ganz herzlich.
Jeder von uns kennt seine Familie, in der er aufgewachsen ist und die ihm Geborgenheit geschenkt und Entwicklung ermöglicht hat. Gerade jetzt in der Weihnachtszeit erfahren viele Menschen ihre Familien als lebensnotwendig. Und jeder, der in einer guten Familie lebt oder Anschluß an eine solche hat, ist zu beglückwünschen.
Deshalb dürfen wir jetzt dankbar das Fest der Heiligen Familie feiern, an unsere Familie denken und uns freuen, daß wir sie haben. Gleichzeitig beten wir für die Familien, die es schwer miteinander haben und wo der „Haussegen schief hängt“.

Die erste Lesung aus dem Buch Jesus Sirach gibt den damaligen Menschen Lebenshilfen für den Umgang zwischen Kindern und Eltern. Vielleicht können auch wir etwas von jenen Weisheitslehren in unserer Zeit und zum Wohle unserer Familien umsetzen.

Kyrie

Herr Jesus Christus, du bist in einer Familie aufgewachsen, die keine Privilegien hatte oder etwas Besonderes war. So verstehst du auch unsere Familien und kannst bei uns sein.
Herr, erbarme dich.

Deine Liebe zu den Menschen kann auch uns Hilfe in unseren Alltagsproblemen sein.
Christus, erbarme dich.

Durch dein Leben hast du uns gezeigt, wie auch wir leben können, damit etwas vom Reich Gottes auf unserer Welt sichtbar wird.
Herr, erbarme dich.

Ja, Herr, du erbarmst dich unser, wenn wir zu dir rufen und dich um deine Nähe bitten. So sei jetzt in unserer Mitte und bei unseren Familien, verzeih uns unsere Schulden und unser Versagen, damit wir gut miteinander auskommen. Heute und alle Tage unseres Lebens. Amen.

Zugangsweise zur Lesung

Der Lesungstext aus dem weisheitlichen Buch Jesus Sirach wird mir von Jahr zu Jahr deutlicher, vielleicht gerade deshalb, weil ich älter werde, weil meine Kinder größer werden und ich von der Kind-Rolle jetzt in die Vater-Rolle gewechselt bin.
Ruhe und Gelassenheit bei all den Ansprüchen, die der Text an mich und unsere Lebenssituationen stellt, gibt mir die Gewißheit, daß unsere heutigen Probleme auch schon bei der Abfassung des Buches Jesus Sirach thematisiert wurden (ca. 180 v.Chr.). Wenn ich mich als Jugendlicher gegen wohlgemeinte Ratschläge wehrte, so bin ich heute als Mittdreißiger (bivi = bis vierzig-jähriger) dankbar, daß ich viele weisheitliche Menschen in meiner Erziehung erleben durfte. Vielleicht können WortgottesdienstleiterInnen für ihre Gottesdienstgemeinde oder auch nur in ihrem engeren Lebensbereich zu solchen weisheitlichen Lebensbegleitern werden.

Predigt

Das Fest der Heiligen Familie, das wir heute feiern, gehört für uns selbstverständlich zum Weihnachtsfestkreis dazu, weil es eben eine weitere Komponente zur „heilen Welt“ von Weihnachten hinzufügt.

Die Heilige Familie – Maria und Josef und das Jesuskind – steht als Prototyp eines optimalen Familienlebens.

Jeder von uns hat seine Erfahrungen mit Familie gemacht und ist jeden Tag von neuem dabei, Familienerfahrungen zu machen. Ich kann mir gut vorstellen, was jetzt los wäre, wenn jeder eine Geschichte aus seiner Familie erzählen würde oder sagen würde, was ihm seine Familie wert ist.

Es gibt ja ganz verschiedene Familien: solche, wo alles in Ordnung ist; solche, wo es ab und zu ganz schön „Stunk“ gibt; solche, wo alles klappt und das Haus und der Haushalt läuft, und solche, wo der „Haussegen schief hängt“.

Jede Familie ist – Gott sei Dank – etwas Besonderes und lebt so, wie es für sie gut ist.

Wenn ich mir heute mit Ihnen Gedanken über „heile Familie“ mache, möchte ich jene miteingeschlossen wissen, die als Alleinerziehende ihre Familie leben, und auch an jene denken, deren Familiensituation zerbrechlich geworden ist.

Was macht aber eine gute Familie aus?

Welche Rollen sind auf die Familienmitglieder verteilt?

Wie geht die Familie miteinander um – die Eltern mit ihren Kindern und umgekehrt?

Was haben unsere Familien mit der Heiligen Familie gemeinsam?

Kann uns heute die Heilige Familie ein Vorbild sein?

In gewissem Maße schon; denn jede Familie, die es bei uns gibt, ist so heilig, daß sie von Außenstehenden unantastbar ist.

Jede Familie ist so heilig, daß ihre Sorgen und Nöte und ihre Freuden nicht an den Wirtshaustisch oder in den Dorftratsch gehören.

Jede Familie ist so heilig, daß sie es wert ist, mit allen möglichen – auch politischen – Mitteln geschützt zu werden.

Jede Familie ist heilig, weil sie von Gott und durch die Liebe der Eheleute geheiligt ist.

Und deshalb ist die Familie auch so wichtig in unserer Gesellschaft und in unserer Kirche.

Heile und heilige Familien sind der Grundstock und der Nährboden für ein gelingendes Leben. – Und wir sehen ja täglich die Auswirkungen, das Unheil, das von kaputten und gestörten Familien ausgeht.

Deshalb ist es die Aufgabe von uns allen, unser Bestes zu geben, daß unsere Familien gut bleiben oder wieder gut werden.
Die Lesung aus dem Buch Jesus Sirach hat uns dazu einige Ratschläge gegeben, die m.E. nach wie vor Geltung haben.
Da ist davon die Rede, daß die Kinder ihren Vater und ihre Mutter ehren sollen, daß in den Familien gebetet werden soll und daß man seine alt werdenden Eltern nicht abschieben oder verlachen soll.
Alles Ratschläge, die heute in vielen Familientherapien mühsam herausgearbeitet werden müssen, weil es oft unmöglich geworden ist zwischen Kindern und Eltern, miteinander zu reden; weil oft nur gegenseitige Vorwürfe gemacht werden, anstatt daß man sich zusammensetzt und in Ruhe über die Probleme redet, die halt nun mal in jeder Familie anstehen und die auch ganz natürlich sind.
Ich denke, wenn jeder etwas ab- und zugibt und sich um wirkliche familiäre Liebe bemüht, dann haben solche Familien die Ausstrahlungskraft, um auch die Gesellschaft um sie herum beeinflussen zu können.
Wenn wir in diesem Gottesdienst ein klein wenig erfahren, wie heilig und wichtig unser aller Familien sind, und unser Bestes zu tun versuchen, dann ist das Fest der Heiligen Familie nicht nur eine idyllische Abrundung von Weihnachten, sondern ein Schritt in eine gute Zukunft unserer Familien.

Fürbitten

Guter Gott, du hast deinen Sohn Jesus dem Schutz einer konkreten Familie anvertraut. Durch ihn vertrauen wir dir heute unsere Bitten an:

- Stärke die christlichen Eheleute in ihrer Liebe und Treue, und gib unseren Familien den Geist, der ihr Zusammenleben gelingen läßt ...
- Erfülle die Sehnsucht der Menschen nach Geborgenheit und Glück; schenke ihnen Kraft, Schwierigkeiten und Konflikte im Umgang miteinander zu überwinden ...
- Schenke den Familien, in denen die Jungen und Alten nicht miteinander auskommen, Gesprächsbereitschaft und gegenseitiges Verständnis ...
- Nimm dich der Sorgen und Nöte der alleinerziehenden Väter und Mütter und ihrer Kinder an ...
- Laß unsere Familien zu einem Ort guter Glaubensweitergabe werden ...
- Denke an unsere verstorbenen Familienangehörigen, und nimm sie in deinen Frieden auf ...

Gott und Vater, erhöre unser Gebet, und erhalte unsere Familien in deiner Gnade und in deinem Frieden. Darum bitten wir dich durch unseren Herrn und Bruder Jesus Christus. Amen.

Kommunionmeditation

Herr, ich danke dir,
daß du mich berufen hast.

Ich danke dir,
daß du mich als Mann –
als Frau berufen hast.

Ich danke dir,
daß du mich in meine Familie berufen hast.

Meine Familie,
in der ich reden und schweigen darf.

Meine Familie,
die für mich Ort des Friedens und der Versöhnung ist.

Meine Familie,
die für mich Gabe und Aufgabe ist.

Meine Familie,
in der ich – ich selbst sein darf.

Meine Familie,
mit der ich lebe, leide und liebe.

Wort für die Woche

Unsere Welt wird wieder mehr heil, wenn wir es schaffen, daß es mehr heilige Familien in ihr gibt.

Liedvorschläge

Eingang: 135
Antwortgesang: 134, 1+3
Übertragung: 141
Dank: 144

Zur Gottesdienstgestaltung

In der Weihnachtszeit und vor allem am heutigen Fest der Heiligen Familie sollte der Gottesdienst besonders auf Familien mit Kindern ausgerichtet sein. Ohne größere Vorbereitungen kann man die Kinder zum Evangelium um den Ambo bitten und beim Vaterunser um den Altar versammeln. Kinder und Eltern können in der Anrede besonders bedacht werden.

Bernhard Hopf

Neujahr
Oktavtag von Weihnachten – Hochfest der Gottesmutter Maria

Botschaft

Segen und Heil haben für uns einen Namen: Jesus Christus.

Lesungen

Num 6, 22-27
Gal 4, 4-7
Lk 2, 16-21

Einleitung

„Das alte Jahr verflossen ist,
wir danken dir, Herr Jesu Christ“,
so haben wir gestern gesungen.
„Im neuen Jahr nach deiner Treu'
uns wieder Hilf' und Rat verleih“,
so singen wir heute.

Freuen wir uns auf das neue Jahr? Oder haben wir Angst davor, was die Zeit uns bringen mag? Wird die Zeit unsere Wunden und Schmerzen heilen? Wird die Zeit uns Heil oder Unheil bescheren?
Als Christen können wir darauf vertrauen, daß wir durch gute und schlechte Zeiten einen treuen Begleiter haben: Jesus Christus.

Kyrie/Bußakt

Herr Jesus Christus, wir verherrlichen die Vergangenheit und sagen: „Damals war es schön“; „Damals waren wir glücklich“. Wir verschließen unsere Augen vor der Gegenwart, denn da sehen wir nur Unrecht und

Probleme, die uns hilflos machen.
Herr, erbarme dich.

Herr Jesus Christus, wir haben in der Vergangenheit Schuld auf uns geladen. Wir sagen: „Damals hätten wir anders handeln können, aber jetzt ist es zu spät.“ Oder: „Daran kann man nichts ändern, wir sind eben so!“ Wir wollen mit unserer Schuld nichts mehr zu tun haben, aber wir wollen uns auch nicht ändern.
Christus, erbarme dich.

Herr Jesus Christus, wir wollen etwas ändern, und wir wollen uns verbessern, aber wir verfallen immer wieder in die gleichen Gewohnheiten. Unsere guten Vorsätze für das neue Jahr werden uns nur wieder zeigen, daß wir schwach sind. Wir schaffen es wieder nicht, wir resignieren.
Herr, erbarme dich.

Zugangsweise zu den Schrifttexten
An einem solchen Tag stellen sich viele Fragen:
- Jahresanfang
- Der achte Tag nach der Geburt Jesu
- das Hochfest der Gottesmutter
- Die Hirten suchen und finden das Kind Jesus:
  Was erwarten sie von diesem Kind? Die Rettung.
- Wie deutet Paulus die Geburt des Kindes Jesus?
  Durch Jesus werden wir Söhne und Töchter Gottes.
  Die Hirten staunen und freuen sich über das Kind.
  Paulus lebt in der Gewißheit, Erbe Gottes durch Jesus Christus zu sein.
  Und wir?

Predigt
Heute ist Jahresanfang: Wie soll dieses Jahr werden? Was bringt dieses Jahr? Heil und Glück oder Entbehrungen und Leid? Was wird aus uns?
Heute ist der achte Tag nach der Geburt des Kindes Jesus: Wer ist dieses Kind? Was bestaunen die Hirten? Wieso ist es wichtig, daß einfache Leute schon bei der Geburt dabei sind? Was wird von diesem Kind alles erwartet?
Heute ist das Hochfest der Gottesmutter:
Ist es nicht sehr schwer, die Mutter des Erlösers zu sein, zumal wenn die Geburt bereits in einem Stall stattfindet? Darf Maria eine eigene

Meinung haben, oder muß sie alles nur ertragen? Wie steht es um die Frau in unserer Kirche?
Es stellen sich viele Fragen an einem solchen Tag. Und viele Gedanken kommen einem in den Kopf bei soviel Festinhalten. Ich möchte zwei davon herausgreifen, die für mich heute in den Lesungen im Mittelpunkt stehen.
Der erste Gedanke ist dem Evangelium entnommen. Lukas berichtet, daß die Hirten in Betlehem Maria, Josef und das Kind, das in der Krippe lag, fanden. Ferner berichtet Lukas, daß dieses Kind nach acht Tagen den Namen Jesus bekam. Lukas versetzt uns so mitten in die Geschichte. Ein Kind ist geboren, ein besonderes. Die Hirten, also einfache Leute, suchen dieses Kind, denn sie haben viel über es gehört. Sie finden das Kind und erzählen den erstaunten Eltern, was sie alles von ihm wissen. Freudig verlassen sie dann den Ort der Geburt. Die Erwartungen und Hoffnungen der Hirten werden hier nicht aufgezählt, aber sie werden greifbar, denn dieses Kind bekommt den Namen Jesus (Jeschua, Josua). Und dieser Name bedeutet: Jahwe rettet. Damit ist alles klar: Das Kind Jesus wird in die Geschichte Israels hineingeboren, und die Menschen erwarten von Anfang an, daß es sein Volk rettet.
Der zweite Gedanke, den ich herausgreifen möchte, steht im Brief des Apostels Paulus. Paulus deutet hier die Geburt Jesu aus seiner eigenen Lebensgeschichte; nach Jesu Kreuzestod. Er sagt, daß Gott seinen Sohn in die Welt sandte, geboren von einer Frau, damit auch wir Kinder Gottes werden. Paulus geht es also nicht mehr um Erwartungen gegenüber einem Kind, sondern er stellt fest: Durch Jesus ist alles anders geworden. Jesus hat mehr geleistet, als die Erwartungen zu erfüllen, die die Menschen Israels hatten. Er hat sich als der Sohn Gottes erwiesen. Durch sein Leben und sein Sterben hat uns Jesus aus alten Zwängen befreit und zu Söhnen und Töchtern Gottes gemacht. Das ist die Gewißheit des Paulus.
Das neue Jahr wird eingeleitet mit zwei zentralen Aussagen für uns Christen:
Erstens: Jesus ist der Retter, der alle Erwartungen erfüllt.
Zweitens: Wir sind Töchter und Söhne Gottes.
Ich wünsche uns, daß wir diese Gewißheit von Paulus, Kinder Gottes zu sein, hineinnehmen in jeden Tag des neuen Jahres und daß wir es schaffen, darauf zu vertrauen, daß Gott, der Vater, es gut mit seinen Kindern meint. Außerdem wünsche ich uns die Freude der Hirten, die uns nicht resignieren läßt, sondern unsere Schritte auf das Reich Gottes hin hoffnungsvoll unterstützt.

Fürbitten

Gott, du hast uns nach deinem Bild erschaffen und durch Jesus Christus zu deinen Kindern gemacht. So bitten wir dich:

- Laß die Liebe in unseren Herzen stärker werden als das gierige Streben nach eigenen Vorteilen, damit wir miteinander und mit allen Geschöpfen fürsorglicher umgehen.
- Laß unsere Kirche immer mehr zum wirksamen Zeichen der geschwisterlichen Solidarität werden, deren unsere Welt so sehr bedarf.
- Entzünde in uns allen deinen schöpferischen Geist, damit wir Wege suchen und finden, wie wir zum Gelingen des Lebens beitragen können.
- Festige im Vertrauen auf dich alle, die angesichts wachsender persönlicher und gesellschaftlicher Probleme in lähmende Resignation zu verfallen drohen.
- Gib den Verantwortlichen in unserer Gesellschaft den Mut und die Bereitschaft, sich auch dort für Gerechtigkeit und Frieden einzusetzen, wo es sich nicht in Wählerstimmen auszuzahlen verspricht.

Herr, befreie deine Geschöpfe und alle Menschen aus Sklaverei und Verlorenheit zur Herrlichkeit und Freiheit der Kinder Gottes, damit sie dich verherrlichen in Ewigkeit. Amen.

Segen

Unser Gott,
der Mächtige,
Ursprung und Vollender
aller Dinge,

segne dich,
gebe dir Gedeihen und Wachstum,
Gelingen deinen Hoffnungen,
Frucht deiner Mühe,

und behüte dich
vor allem Argen,
sei dir Schutz in Gefahr
und Zuflucht in Angst.

Unser Gott lasse leuchten sein Angesicht über dir,
 wie die Sonne über der Erde
 Wärme gibt dem Erstarrten
 und Freude gibt dem Lebendigen,

und sei dir gnädig,
 wenn du verschlossen bist in Schuld,
 er löse dich von allem Bösen
 und mache dich frei.

Unser Gott erhebe sein Angesicht auf dich,
 er sehe dein Leid
 und höre deine Stimme,
 er heile und tröste dich

und gebe dir Frieden,
 das Wohl des Leibes
 und das Wohl der Seele,
 Liebe und Glück.
Amen.
 So will es Gott,
 der von Ewigkeit zu Ewigkeit bleibt.
 So steht es fest nach seinem Willen
 für dich. *Jörg Zink*

Bruno Schuster

2. Sonntag nach Weihnachten

Botschaft

Gott spricht durch Jesus Christus zu uns – er ist das Wort, der Logos. Gott hält sein Versprechen.

Ziel

Die GottesdienstteilnehmerInnen sollen die weihnachtliche Botschaft von der Leibhaftigwerdung des Wortes Gottes auf neue Weise aufnehmen – Gottes Zusage ist wahr geworden.

Lesungen
Sir 24, 1-2.8-12
Eph 1, 3-6.15-18
Joh 1, 1-18

Einleitung
Worte können viel bewirken. Worte können treffen, innerlich töten, angst machen. Worte können aber auch trösten, zusagen, Hoffnung wecken.
Das Evangelium stellt heute das Wort in den Mittelpunkt. Der Evangelist Johannes mißt dem Wort Gottes großen Wert bei. Ja, das Wort bedeutet ihm „Alles“. Hören wir heute diese vielleicht schon oft gehörten Worte wieder einmal neu.

Kyrie
Herr, unsere Worte gleichen oft einem leeren, nichtssagenden Gestammel.
Kyrie eleison.

Herr, unsere Worte treffen manchmal die anderen. Wir gehen oft zu achtlos mit unseren Worten um.
Christe eleison.

Herr, deine Worte sind Worte des Lebens. Doch wir hören sie nicht mit dem Herzen.
Kyrie eleison.

Herr, unser Gott, du bist das Wort des Lebens. Du hast uns Leben gebracht. Schenke uns deshalb das Leben in Versöhnung mit unseren Mitmenschen und mit dir. Amen.

Zugangsweise zum Evangelium
1. „Alles leere Worte, nichts dahinter.“ ...
2. Leere Versprechungen – wer kennt sie nicht? Tag für Tag finden wir Beispiele dafür:
   – Politik: Wahlversprechungen
   – Wirtschaft: Konjunkturversprechungen
3. Nichts ist fester als ein gehaltenes Versprechen.
   Wenn Worte nicht leer bleiben, sondern mit Leben gefüllt werden:
   z.B. Treueversprechen von Freunden, Eheleuten, Ordensleuten

4. Gottes Wort ist *das* Wort.
   Gottes Wort ist eine Zusage: Jahwe – Der „Ich-bin-da-bei-dir“.
5. Gott hält sein Wort. Er hält sein Versprechen. Seine Zusage ist leibhaftig geworden: Jesus.

Predigt

„Alles leere Worte, nichts dahinter.“ „Auf diese leeren Versprechungen kann ich verzichten.“ „Heute so, morgen so. Wer weiß denn noch morgen, was er heute gesagt hat?“

Redensarten, die jeder von uns benutzt. Sie zeigen den Unmut über die Vergänglichkeit von Worten. Leere Versprechungen – wer kennt sie nicht? Da verspricht uns der Parteimann das Gelbe vom Ei, nur damit er wieder in den Bundestag gewählt wird. Und die Parteifrau verspricht die Grundgesetzänderung, damit sich die Situation Benachteiligter zum Guten hin wendet. Aber nach der Wahl wissen beide nichts mehr von ihren Versprechungen. Da versprechen die Wirtschaftsinstitute eine niedrigere Inflationsrate und einen Konjunkturaufschwung, aber wenn es nicht eintrifft, weiß keiner mehr von den Prognosen. Tja, man konnte ja nicht ahnen, daß ... Alles leere Worte und Versprechungen, niemals ernst gemeint, Zweifel sind erwünscht.

Erlauben Sie mir die Aussage: Nichts ist fester als ein gehaltenes Versprechen.

Wie gut das tut, ein Versprechen als gehalten zu erfahren. Ge-halten, voll Gehalt, gefüllt, erfüllt. Gäbe es nicht diese Erfahrung, daß sich jemand an sein Versprechen erinnert und es hält, wir könnten verzweifeln. Glücklich die, die in einer gehaltenen Beziehung leben dürfen. Sowohl Eheleute als auch Ordensleute haben Treue versprochen. Solch eine Beziehung ist fest und gehalten. Auch Kinder merken es sofort, ob ihnen ein Erwachsener nur so einfach etwas versprochen und dann vergessen hat oder ob er sich tatsächlich daran hält. Sie können schnell zwischen leeren Worten und erfüllten Worten unterscheiden. Das Wort Gottes ist *das* erfüllte Wort überhaupt. Er hat schon dem Volk Israel seine Worte mitgeteilt. Er hat keine leeren Worte gemacht, er hat Versprechungen gehalten. Und eine Zusage hat er für immer gehalten, die in seinem Namen grundgelegt ist: „Jahwe“ – ich bin der „Ich-bin-bei-dir“, „Ich-bin-doch-da, hab-keine-Angst“.

Die schönste Zusage Gottes ist die weihnachtliche Zusage. Er hält sein Wort. Sein Versprechen ist sogar leibhaftig geworden: in Jesus, seinem Sohn. Gott hat sein Versprechen gehalten.

Fürbitten

Herr, unser Gott, du hast Worte des ewigen Lebens. Höre unsere Bitten:

- Für alle von uns, die wir oft leere Versprechungen machen. Schenke uns den Mut, unseren Worten treu zu bleiben, wie du es uns gezeigt hast.
- Für die Menschen in Politik, Wirtschaft und Kirche: daß sie erkennen, wie wichtig die Wahrheit ist und welche Bedeutung Worte haben können.
- Für unsere Kirche: daß sie deine Worte hört.
- Für uns, die wir deinen Worten glauben wollen: Schenke uns in dieser weihnachtlichen Zeit Begegnungen mit deinem Wort.
- Für unsere Verstorbenen: Schenke ihnen dein ewiges Wort der Liebe.

Guter Gott, du hast uns deinen Sohn als das Wort des Lebens geschenkt. Bleibe bei uns hier und jetzt und alle Zeit in Ewigkeit. Amen.

Kommunionmeditation

Gib mir die richtigen Worte

Gib mir die richtigen Worte, gib mir den richtigen Ton.
Worte, die deutlich für jeden von dir reden – gib mir genug davon.
Worte, die klären, Worte, die stören, wo man vorbeilebt an dir;
Wunden zu finden und sie zu verbinden – gib mir die Worte dafür.

Manfred Siebald

Liedvorschläge

Eingang: 147
Antwortgesang: 298
Agnus Dei: 482
(Kommunion: siehe Kommunionmeditation, oder instrumental)
Dank: 131
Auszug: 134

Sabine Mehling-Sitter

Erscheinung des Herrn

Botschaft
Der Stern ist Gottes Zeichen, Wegweiser, daß Menschen ihn finden können.

Ziel
Ich möchte die Gläubigen ermutigen, Gottes Stern in ihrem Leben zu sehen und ihm zu folgen.

Lesungen
Jes 60, 1-6
Eph 3, 2-3a.5-6
Mt 2, 1-12

Einleitung
„Mich locken viele Sterne an meinem Horizont", heißt es in einem modernen religiösen Lied, „und jeder sagt mir, daß sein Weg sich lohnt". Trifft das nicht haargenau unsere Lebenssituation? Die Vielfalt der unterschiedlichsten Angebote unserer Zeit und Gesellschaft wird oft zu einem Irrgarten, der uns den Weg zu einem wirklich sinnerfüllten Leben zu verstellen droht.
In den Texten unseres Festes scheint Gott als *der Stern* auf, der seine Menschen zu diesem Leben in Fülle führen will.
Besinnen wir uns, welche Sterne unser Leben leiten.
- Stille -

Kyrie
Herr Jesus Christus, oft haben wir den Weg zu uns selbst, zum Mitmenschen und zu dir aus dem Auge verloren.
Herr, erbarme dich.

Wir wissen oft nicht mehr, welchen Angeboten wir folgen und welche wir beiseite lassen sollen.
Christus, erbarme dich.

Unser Vertrauen in deine Führung wird manchmal schwach.
Herr, erbarme dich.

Herr Jesus Christus, durch dein Offenbarwerden unter uns gibst du unserem Leben Orientierung und Sinn. Darum löse du uns jetzt von jeder Sünde, der du lebst und herrschst in Ewigkeit. Amen.

Zugangsweise zum Evangelium

1. Bericht über ein Glaubenszeugnis
   - Pastor Martin: Entscheidung für oder gegen Gott
   - Junge Leute leben Jesu Wort am Bau, bei Obdachlosen, im Büro ...
2. Konfrontation mit der eigenen Wirklichkeit
   - Vorstellung: Gott will mit mir leben?
   - Beispiele: Gott am Arbeitsplatz, Engagement in der Gemeinde
3. Bezug zum Evangelium
   - Die Sterndeuter – wir
   - Herodes
   - Gott überschreitet Grenzen, blitzt in unserem Leben auf
4. Brauchtum zum Fest
   - Sternsinger
   - Unsere Möglichkeit, Gott erfahrbar zu machen
   - Gott ist Stern auf unserem Weg

Predigt

„Ich weiß nicht, ob man's ausprobieren kann, mit Jesus zu leben; ich glaube: Entweder du lebst mit ihm oder du lebst nicht mit ihm ... das hat mein Herz getroffen: Ich wußte, ich mußte eine Entscheidung treffen für Gott oder gegen Gott ..." Das sind Worte von Martin Dreier aus Hamburg. Sie erraten vielleicht, wie er sich entschieden hat? Martin ist Pastor einer Gemeinde von Menschen, die sich „Jesus-Freaks" nennen – sie wurden vor einiger Zeit im Fernsehen vorgestellt. Es sind junge Leute, totale Jesus-Fans, die ganz alltäglich am Arbeitsplatz, auf dem Bau, als Sekretärin, Taxifahrer usw. mit den Leuten über Gott reden, über das, was in ihrem Leben von ihm aufgeblitzt ist. In der Freizeit kümmert sich mancher von ihnen um Drogensüchtige, Obdachlose, Strafgefangene; redet nicht nur, sondern bringt auch in seinem Tun Jesus nahe, so, wie er ihn und seine Botschaft aus der Bibel verstanden hat. Bei allem ist die Begeisterung zu spüren, die sie in ihrem Leben mit Jesus erfahren.
Machen Sie sich das einmal bewußt: Gott will *mit mir* leben! Können Sie sich vorstellen, am Arbeitsplatz Gott zu erwähnen? Davon zu erzählen, warum Sie im Kirchenchor mitsingen, was Ihnen der Bibelkreis gibt, warum Sie sich als Lektor oder Lektorin engagieren?

Die Menschen im heutigen Evangelium stehen vor der gleichen Entscheidung: mit Gott – ohne Gott.
Die Sterndeuter entscheiden sich, dem zu folgen, was in ihrem Leben aufgeblitzt ist. Sie spüren: Der Stern lockt heraus aus alten Denkgewohnheiten, hin zu neuen Erfahrungen und Begegnungen. Sie dürfen endlich sehen, was ihnen aus alten Schriften längst bekannt ist! Der Stern lockt sie, Grenzen zu überschreiten: Grenzen ihres Landes, ihrer Wissenschaft, ihrer Lebenserfahrungen. Mehr noch: Gott selbst kommt mit seinem Licht in ihren normalen Berufsalltag, holt sie ab, führt sie zu Jesus, seinem Geschenk an uns! Gott selbst überschreitet hier Grenzen: von Volk, Religion, sozialer Schicht.
Und sie lassen sich rufen, abholen, beschenken und werden dabei mit großer Freude erfüllt. Durch diese Begegnung hat sich in ihrem Leben etwas gewandelt, sie gehen anders nach Hause.
Und wir? Können wir glauben, daß in einem Menschen, einem Ereignis, einer Situation gerade Sein Stern für uns aufblitzt? Können wir uns noch abholen und beschenken lassen von Gott? Haben wir in unserem Alltag mit Gott schon andere, verwandelte Lebens-Wege entdeckt: Hoffnung, Gelassenheit für die persönliche Zukunft; Geduld, Versöhnlichkeit in Beziehungen; Freude am Engagement „um der Sache willen" ohne Angst, „was die anderen sagen" ... Sehen wir's noch, oder haben wir manchmal die „Kappe über dem Objektiv"?
Herodes hat sich anders entschieden. Er fürchtet den Stern, den Einbruch Gottes in seine Welt; er ahnt, daß sie zu Bruch geht, so wie er sie sich eingerichtet hat.
In diesen Tagen besuchen die Sternsinger Sie in Ihren Häusern. Sie gehen gleichsam den Weg der Magier nach, die *in Freude* über die Begegnung mit Gott auf dem Heimweg waren. Die Sternsinger werden Sie an diese Freude erinnern und Sie bitten, mit Ihrer Gabe etwas vom Licht Gottes im Leben von Kindern aufgehen zu lassen, die ihre Wege in Angst gehen vor Krieg, Hunger, Armut. Wenn Sie die Sternsinger nicht mit leeren Händen gehen lassen, werden Sie selbst gleichsam zu Hand-langern Gottes, die mit der praktischen Gabe einen Licht- und Hoffnungsstrahl mitschicken. Gott hat sich an Weihnachten für uns entschieden, unser ganz normales, werktägliches Leben mit uns zu teilen. Ich wünsche uns, daß wir immer wieder seinen Stern aufblitzen sehen und ein Stück weiter mit ihm gehen.

Fürbitten

Herr, unser Gott, den Sterndeutern hast du durch dein helles Licht den richtigen Weg gewiesen. Auch wir brauchen deine Hilfe auf unserem Weg. Darum bitten wir dich:

– Für die Bischöfe und alle, die Verantwortung in der Kirche tragen: Führe sie in deinem Geist den Weg, den deine Botschaft weist ...
– Für die Völker der Erde: Laß sie erkennen, was ein friedvolles, mitmenschliches Zusammenleben fördert ...
– Für alle, die sich auf ein Sakrament vorbereiten: Laß sie deine Liebe spüren, und hilf ihnen, deine Führung zu erkennen ...
– Für uns selbst: Hilf uns, immer neu nach dir zu suchen, und bewahre uns auf deinem Weg ...
– Für unsere Toten: Schenke ihnen die Vollendung ihres Weges in deiner Herrlichkeit ...

Ohne dich, unser Gott, wird unser Weg plan- und ziellos. Darum bitten wir um deine Führung jetzt und alle Zeit. Amen.

Wort für die Woche

Probier's nicht nur, mit Jesus zu leben, nein, entscheide dich für ihn. Dein Leben wird in ungeahnter Weise reicher, spannender, frischer. Belaste dich nicht mit „Soll ich – soll ich nicht"; wenn du dich entschieden hast, wirst du frei, den Weg mit Ihm nach vorn zu gehen.

Liedvorschläge

Eingang: „Zion auf, werde licht" (z.B. Gotteslob, Diözesananhang Würzburg, 847)
Gloria: 138, 1.3.5.8
Antwortgesang: 153, 1+2; 530, 8
Credo: 356
Lobpreis/Anbetung: „In deinem Haus bin ich gern" (z. B. „Troubadour für Gott", Nr. 93)
Dank: 135
Auszug: 144, 1.2.5

Eva-Angelika Herbst OP

Sonntag nach Erscheinung – Taufe des Herrn

Botschaft
In der Taufe sagt Gott zu mir: Du bist mein geliebter Sohn, meine geliebte Tochter.

Ziel
Ich möchte die ZuhörerInnen ermutigen, gut miteinander umzugehen, sich gegenseitig zu zeigen, daß sie sich gern haben, damit auch die Erfahrung gemacht werden kann: Gott liebt mich und geht meinen Weg mit mir.

Lesungen
Jes 42, 5a.1-4.6-7
Apg 10, 34-38
Mk 1, 7-11

Einleitung
Mit Wasser kommen wir täglich in Berührung. Um mich morgens und abends zu waschen, brauche ich es. Wasser ist lebenswichtig, ohne Wasser gibt es kein Leben. Es erfrischt und reinigt und läßt die Früchte auf den Feldern wachsen.
Wasser kann jedoch auch das Gegenteil bedeuten. Bei Überschwemmungen ertrinken jedes Jahr viele Menschen.
Viele von uns haben vorhin Weihwasser genommen, als wir zur Kirche hereingekommen sind. Ob wir uns wohl immer im klaren darüber sind, was dieses Zeichen bedeutet? Es erinnert uns an unsere Taufe, als wir mit Wasser übergossen wurden.
Im Evangelium hören wir heute, daß Jesus zum Jordan kommt und sich von Johannes taufen läßt. Durch unsere Taufe sind wir mit Jesus verbunden und haben teil an seinem Leben, an Tod und Auferstehung.
Was die Taufe eigentlich für uns bedeutet, darüber wollen wir heute nachdenken. Zuerst aber wollen wir das Erbarmen Gottes auf uns herabrufen.

Kyrie
Herr Jesus Christus, du bist vom Himmel gekommen und kennst unser menschliches Leben.
Herr, erbarme dich.

Du hast dich für uns Menschen eingesetzt.
Christus, erbarme dich.

Du willst uns helfen, daß auch unser Leben gelingen kann.
Herr, erbarme dich.

Zugangsweise zum Evangelium

Jesus beginnt einen neuen Lebensabschnitt.
Menschen haben oft Angst, etwas Neues zu beginnen, im Leben einen Schritt weiterzugehen.
Das ist, wie zum ersten Mal durch eine Tür zu gehen.
Menschen haben oft das Gefühl, allein unterwegs zu sein.
Gott zeigt Jesus, daß er ihn begleitet und liebt.
In der Taufe hat Gott auch uns seine Liebe und Begleitung zugesagt.
Menschen sollten sich öfter sagen, daß sie sich gern haben und in Gedanken beieinander sind. Dadurch machen sie Gott erfahrbar.

Predigt

Leben heißt eigentlich, durch Türen zu gehen. Immer wieder gehen wir in unserem Leben durch Türen.
Die größte Tür, durch die wir gehen, ist wohl die Geburt. Wir treten ins Leben ein und wissen überhaupt nicht, was auf uns zukommt. Sind wir willkommen, freuen sich die Eltern über uns? Wird es gutgehen im Leben? Was hält das Leben für uns bereit? Die nächste Tür ist vielleicht, wenn ein Kind den Kindergarten verläßt und in die Schule kommt. Es weiß meist nicht so recht, was auf es zukommt, wie es in der Schule aufgenommen wird, ob es sich dort wohl fühlt oder ob es vielleicht Probleme haben wird. Haben wir die Schule hinter uns gebracht, stehen wir sofort vor der nächsten Tür: Wir steigen in das Berufsleben ein. Haben wir den richtigen Beruf gewählt? Schaffen wir die Ausbildung? Können wir später in diesem Beruf auch Arbeit finden?
Die nächste Tür ist vielleicht die Partnerschaft, die Hochzeit. Werde ich mit diesem Menschen glücklich werden? Gelingt unser gemeinsames Leben? Sind wir vielleicht in ein paar Jahren wieder auseinander?
Im Leben von uns Menschen gibt es viele solcher Türen, durch die wir hindurchgehen müssen. Und jedesmal fragen wir uns: Was liegt hinter dieser Tür, werde ich das schaffen, was da auf mich zukommt? Jedesmal gehen Erwartungen und Hoffnungen und auch Verunsicherung und Verzweiflung mit.
Im heutigen Evangelium erleben wir mit, wie Jesus durch eine Tür

hindurchgeht. Jesus steht vor einer Tür und weiß nicht, was ihn dahinter erwartet. Er verläßt seine Familie, in der er 30 Jahre lang gelebt hat. Er verläßt seine Heimatstadt Nazaret und geht zum Jordan, um sich von Johannes taufen zu lassen und sein öffentliches Wirken zu beginnen. Auch Jesus hat wohl mit einer gewissen Portion Unsicherheit und Skepsis diese Tür durchschritten und einen neuen Lebensabschnitt begonnen. Aber wie sieht bei Jesus diese Tür aus? Der Evangelist Markus will uns mit seiner Schilderung der Taufe wohl sagen, daß Jesus einen gelungenen Start hatte. Der geöffnete Himmel, die Taube und die Stimme aus dem Himmel kommen mir vor wie eine Liebeserklärung Gottes: „Du bist mein geliebter Sohn, an dir habe ich Gefallen gefunden." Mit anderen Worten: Ich gehe mit dir. Was dich auch hinter dieser Tür erwarten wird, du bist nicht allein, ich begleite dich auf allen deinen Wegen. Jesus kann sich voll und ganz auf seinen Vater verlassen. Aus dieser Kraft heraus, aus dieser Geborgenheit in Gott heraus konnte Jesus seinen Weg gehen, aus dieser Sicherheit heraus konnte er durch Türen gehen, von denen er nicht wußte, was ihn dahinter erwarten würde, konnte er die Menschen lieben, an das Gute im Menschen glauben, die Aussätzigen berühren, der Ehebrecherin vergeben und bei Zachäus einkehren.
Und wir selbst? Können wir auch diese Sicherheit und Geborgenheit in Gott haben, daß wir durch Türen gehen und Neuland betreten können ohne allzu große Angst und Verunsicherung?
Eines ist klar: Wir sind ja auch einmal getauft worden, Gott sagt ja auch zu uns: Du bist mein geliebter Sohn, du bist meine geliebte Tochter, an dir habe ich Gefallen gefunden.
Die Zeichen und Symbole bei der Taufe wollen uns diese Zuwendung Gottes deutlich machen. Die Taufkerze zum Beispiel sagt uns, daß Gottes Licht unser ganzes Leben lang für uns leuchtet, daß seine Güte und sein Wohlgefallen uns begleiten, daß er uns Geborgenheit und Sicherheit schenkt und daß er uns annimmt, so wie wir sind. Durch keine einzige Tür müssen wir allein hindurchgehen, denn Gott geht mit uns.
Ich denke aber, das reicht noch nicht aus. Mit der Taufe allein ist es noch nicht getan. Ein Zeichen wie das Wasser oder wie eine Kerze ist noch keine handfeste Erfahrung, so ein Zeichen allein gibt noch keine Sicherheit. Wie aber können wir erfahren, daß wir von Gott geliebt sind? Daß er an uns Gefallen gefunden hat? Sicher nicht mit so imposanten Zeichen und so unmittelbar, wie es Jesus erfahren hat.

Wir erfahren die Zuwendung Gottes wohl hauptsächlich über Erlebnisse mit Menschen, die uns gern haben, die uns so annehmen, wie wir sind. Eltern schenken diese Erfahrung ihren Kindern, wenn sie mit ihnen zärtlich sind und mit ihnen spielen, wenn sie Zeit für sie aufbringen. Wenn Kinder ihren Eltern ein Bild malen und es ihnen schenken, wenn der Mann seiner Frau Blumen mitbringt, wenn uns ein Freund zum Essen einlädt oder wenn sich jemand an mein Bett setzt, wenn ich krank bin, dann heißt das immer: Ich mag dich. Viele solcher Erfahrungen verdichten sich in uns zu der Gewißheit: Gott geht mit mir, in Gottes Hand bin ich geborgen.

Und weil Gott uns so annimmt, weil er uns ohne Bedingungen liebt, können auch wir uns gegenseitig annehmen, können auch wir uns mit Liebe beschenken. Und dazu möchte ich uns ermutigen: mit kleinen Zeichen und Gesten dem anderen zu sagen: Ich hab' dich lieb, den anderen spüren zu lassen, ich mag dich so, wie du bist, ich freue mich, daß du da bist.

Ich glaube, so eine Haltung den anderen gegenüber, den Menschen in meiner Familie, im Dorf oder an meinem Arbeitsplatz, macht unser Zusammenleben froher, angenehmer und auch schöner. Wenn andere Menschen mit dieser Einstellung auf mich zukommen, dann finde ich den Mut, mit Zuversicht und ohne Angst durch Türen in meinem Leben hindurchzugehen und Neues zu wagen. Trotz des Unbekannten und Beängstigenden, das mich vielleicht erwartet, weiß ich Menschen an meiner Seite, die mir beistehen werden.

Ich weiß, daß es nicht immer möglich ist, auf andere so zuzugehen; manchmal ärgere ich mich auch über jemanden, ich habe eine Stinkwut auf sie ,oder ihn oder will einfach nur meine Ruhe haben. Das ist normal und menschlich und im ersten Moment auch verständlich, aber dann muß ich mir wieder innerlich einen Ruck geben und dem anderen zeigen, daß ich ihn trotz allem gern habe.

Wir tragen alle einen großen Rucksack an erfahrener Geborgenheit, Zärtlichkeit und Liebe mit uns herum; machen wir doch einfach den Rucksack auf und teilen großzügig davon aus. Dann können Menschen erfahren, daß sie von Gott geliebt sind und mit Vertrauen und ohne Angst durch die Türen ihres Lebens gehen.

Fürbitten

Herr Jesus Christus, du bist für uns das Brot des Lebens, weil du dein Leben für uns hingegeben hast. Wir bitten dich:

- Steh allen Menschen bei, die vor einer schwierigen Entscheidung stehen, und gib ihnen Mut, das Neue zu wagen.
- Schenke allen Menschen die Erfahrung, daß sie geliebt sind.
- Sei bei denen, die sich für andere aufopfern. Schenke ihnen das rechte Maß an Nächstenliebe und Selbstliebe, und hilf ihnen, auch sich selbst etwas Gutes zu tun!
- Hilf den Christen, daß sie sich in den Anliegen der Menschheit engagieren, nämlich für Frieden, Gerechtigkeit und Bewahrung der Schöpfung!

Jesus, wir haben dir unsere Bitten gesagt. Erhöre uns, der du lebst und regierst von Ewigkeit zu Ewigkeit.

Wort für die Woche

Türen liegen hinter uns, und Türen warten noch auf uns. Vielleicht erinnern wir uns daran, wie uns Eltern und Freunde mit ihrer Liebe durch unsere ersten Türen begleiteten. Die Erinnerung soll uns Mut machen, bei den vor uns liegenden Türen fest mit der Zuneigung lieber Menschen und der Begleitung Gottes zu rechnen.

Liedvorschläge

Eingang: 635, 1-3
Gloria: 464
Antwortgesang: 614, 2+3
Credo: „Fest soll mein Taufbund immer stehen“ (In verschiedenen Diözesananhängen des Gotteslob)
Übertragung: 620
Agnus Dei: 470
Kommunion: 493
Dank: 638
Auszug: 267

Thomas Schmitt

Fasten- und Osterzeit

1. Fastensonntag

Botschaft
Umkehr zum Evangelium kann sich an der jüdischen Trias „Fasten, Beten, Almosengeben“ orientieren. Umkehr bedeutet, Einseitigkeiten aufzudecken und auszugleichen.

Ziel
Ich möchte den GottesdienstteilnehmerInnen die jüdischen Regeln zur Fastenzeit näherbringen und ihnen anhand konkreter Beispiele zeigen, in welche Richtung die Gestaltung der christlichen Fastenzeit gehen kann.

Lesungen
Gen 9, 8-15
1 Petr 3, 18-22
Mk 1, 12-15

Einleitung
Vor wenigen Tagen wurden wir mit dem Aschenkreuz gezeichnet. Der Spruch, der uns dabei zugesagt wurde, geht auf das heutige Evangelium zurück: „Kehre um, und glaube an das Evangelium.“
Umkehr ist uns aufgetragen. Viele empfinden das als Last. Und sicher; es ist nicht leicht, einen inneren Kassensturz zu machen, die eigenen Gewohnheiten anzuschauen und das, was nötig ist, auf neuen Kurs zu bringen. Positiv gesehen bietet uns die Fastenzeit die Chance, nicht stehenzubleiben, sondern die Möglichkeiten unserer Weiterentwicklung und unseres inneren Wachsens auszuloten und anzugehen.

Kyrie
Guter Gott! Umkehr ist schwer, weil sie mit Ehrlichkeit geschehen muß. Deine Liebe öffnet uns die Chance, den Mut zur Umkehr aufzubringen.
Herr, erbarme dich.

Guter Gott! Eingefahrene Gleise, unangenehme Gewohnheiten nerven uns immer wieder. Du gibst uns den Anstoß, aus den ausgetretenen Pfaden auszubrechen.
Christus, erbarme dich.

Guter Gott! Wir wollen umkehren und unser Leben neu gestalten. Dein Evangelium gibt uns Orientierung und die Gewißheit, daß wir auf dem richtigen Weg sind.
Herr, erbarme dich.

Zugangsweise zum Evangelium

1. Ausgehend vom Satz „Kehrt um, und glaubt an das Evangelium" wird gefragt, was denn genau und konkret die Richtung der Umkehr sein kann.
2. Die jüdische Trias von Fasten, Beten und Almosengeben wird als konkrete Orientierungshilfe vorgestellt.
3. Umkehr heißt, sich von Einseitigkeit im Tun zu lösen.
4. Konkrete Beispiele von Einseitigkeiten werden aufgezeigt.
5. Die ZuhörerInnen werden nochmals zur Umkehr zu einem gotterfüllten Leben aufgerufen.

Predigt

„Kehrt um, und glaubt an das Evangelium", so lautet der Aufruf aus dem eben gehörten Text. Als wenn das so leicht wäre. Woran genau sollen wir uns orientieren? Das Evangelium scheint ein schier endloses Wort zu sein, und es macht Mühe, es in unser heutiges, konkretes Leben umzusetzen. Was heißt Umkehr zum Evangelium?
Wenn wir auf den Hintergrund des Textes schauen, steht er im Zusammenhang mit der religiösen Lebensführung der Juden. Da Jesus Jude war, sind auch ihm drei Dinge wichtig gewesen: Fasten, Beten und Almosengeben. Diese drei bildeten das Gerüst des religiösen Lebenswandels und werden auch uns immer wieder für die Fastenzeit empfohlen.
Fasten, Beten und Almosengeben. Grundsätzlich ist zu sagen, daß diese drei Säulen untrennbar zusammengehören. Sobald das eine getan und dadurch ein anderes vernachlässigt wird, bildet sich eine Fehlhaltung heraus, eine Fehlhaltung, die auch Jesus scharf kritisiert hat.
Was verbirgt sich nun genau hinter dem Fasten, Beten und Almosengeben? Fasten hat für uns den negativen Geschmack des Sichknechtens. Vom Ursprung ist damit jedoch die Besinnung auf das Eigentliche, das Wesentliche gemeint. Fasten heißt also, sich von Dingen zu enthalten,

die mich von mir entfernen. Das kann sich zum Beispiel auf das Essen beziehen, das als Ersatzbefriedigung für unerfüllte Sehnsucht nach Nähe, als Mittel gegen Einsamkeit und Langeweile dient.

Beten heißt sich vor Gott stellen, um die eigene Menschlichkeit und Begrenztheit zuzugeben und anzunehmen. Jeder Mensch braucht die Sicherheit, daß jemand hinter ihm steht und ihm den Rücken stärkt. Im Beten besinne ich mich auf Gott, besonders dann, wenn ich nicht mehr weiterweiß, keinen Ausweg finde.

Almosengeben heißt: Ich erkenne an, daß ich nicht alleine lebe. Ich brauche Menschen, und andere Menschen brauchen mich. Ich gebe von dem, was ich habe, und da ist nicht nur das Geld gemeint. Den Trauernden gebe ich Mut, den Hungernden Speise, den Stummen und Totgeschwiegenen gebe ich Stimme. Almosengeben heißt also, sich auf die Mitmenschen zu besinnen.

Die Umkehr, die Jesus im heutigen Evangelium fordert, kann sich für uns auf einen bestimmten Aspekt beziehen. In unserer Zeit der Spezialisierung und Vereinseitigung geraten wir immer wieder in Gefahr, auch unser religiöses Tun zu vereinseitigen. Doch jede Einseitigkeit birgt Gefahr, und es ist unsere Pflicht, sie auszugleichen.

Zum Beispiel das einseitige Fasten: Einseitig fasten heißt sich selbst, seinen eigenen Leib vergewaltigen. Also einen endlosen unerbittlichen Kampf gegen sich selbst zu führen. Dann strebe ich nicht danach, ich selbst zu sein, sondern ich will der Mann und die Frau aus den Medien sein. Immer schön, immer schlank, immer strahlend, nie mit Problemen belastet, immer fit. Die Gefahr dabei ist, sich selbst immer mehr unter Druck zu stellen, anstatt sich zu befreien. Immer bin ich am Warten, immer im Streß und verpasse so mein eigentliches Leben.

Oder zum Beispiel das einseitige Beten:

Frömmelei ist, wenn ich sage: Ich bin gut, doch um mich herum ist die ach so böse Welt. Andere Sprüche zu diesem Thema lauten: Wenn alle so fromm wären wie ich, dann gäbe es keine Erziehungsschwierigkeiten, keine Drogentoten, keinen Alkoholismus usw. Aber auch: Ich muß nichts tun. Der Herr ist Richter der Welt, der soll das mal machen ..., ich habe damit nichts zu tun. Solches Beten ist nicht Nachfolge, nicht Aufstehen und Schrittetun, sondern ein Hinter-dem-warmen-Ofen-sitzen-Bleiben und Vor-sich-hin-Spinnen.

Oder die dritte Gefahr: Einseitigkeit beim Almosengeben. Darunter ist ein ungutes Fixiertsein auf andere gemeint, und zwar im Sinne eines entmündigenden Bevormundens. Dem anderen wird dann nicht die Chance gegeben, sich auf die eigenen Kräfte zu verlassen. Deutlich sieht

man das zum Beispiel bei jener Frau, die immer fixiert war auf ihren Mann und ihre Kinder, und zwar so sehr, daß die Kinder jetzt nicht mehr nach Hause kommen, weil sie dieses Begluckt-Werden nicht mehr aushalten können. Dabei hat die Frau es wirklich gut gemeint, und immer gab sie ihr Bestes. Doch sie hat bei allem Geben das Nehmen vergessen. In ihr bohrt jetzt das Gefühl, immer zu kurz gekommen zu sein, das Leben verpaßt zu haben, alles falsch gemacht zu haben.
Fasten, Beten und Almosengeben sind eine Dreiheit, die nicht getrennt werden darf. Kein Teil davon ist unwichtig. Alle drei gehören auch zu einem christlichen Leben. Zusammengefaßt finden wir sie im Evangelium unter dem Satz: Liebe den Herrn, deinen Gott, und deinen Nächsten wie dich selbst. Gott lieben im Gebet, den Nächsten lieben im Almosengeben, sich selbst lieben im Fasten, im Sich-Besinnen auf das, was mir Gott an eigentlicher Lebensfülle zuwachsen lassen will. Kehren wir um, und beginnen wir in diesem Sinne die Fastenzeit. Amen.

Fürbitten

Gemeinde betet im Wechsel:

1. Meine engen Grenzen, meine kurze Sicht bringe ich vor dich: Wandle sie in Weite;
   Herr, erbarme dich.

2. Meine ganze Ohnmacht, was mich beugt und lähmt, bringe ich vor dich: Wandle sie in Stärke;
   Herr, erbarme dich.

3. Mein verlorenes Zutrauen, meine Ängstlichkeit bringe ich vor dich: Wandle sie in Wärme;
   Herr, erbarme dich.

4. Meine tiefe Sehnsucht nach Geborgenheit bringe ich vor dich: Wandle sie in Heimat;
   Herr, erbarme dich.

(Nach GL 997, Diözesananhang Würzburg)

Kommunionmeditation

Liebe Gott und deinen Nächsten wie dich selbst, das ist das Evangelium, zu dem wir umkehren wollen. Vielleicht gelingt es uns in der kommenden Woche, darauf zu achten, daß wir nicht in Einseitigkeiten verfallen, sondern der Fülle des Lebens im Fasten, Beten und Almosengeben auf die Spur kommen.

Liedvorschläge
Eingang: 165
Antwortgesang: 160
Agnus Dei: 161
Dank: 618

Monika Schraut

2. Fastensonntag

Botschaft
Beide Texte des heutigen Tages transportieren die gleiche Botschaft: Der Mensch, auch der gläubige, ist in seinem Leben immer wieder vor Situationen gestellt, in denen es darum geht, „loszulassen". Auch Gott wird uns vor Verlusterlebnissen nicht bewahren.

Ziel
Die GottesdienstteilnehmerInnen sollen solche Situationen des „Loslassens" im eigenen Leben entdecken und dazu ermutigt werden, sich auf den Prozeß „Leben" einzulassen.

Lesungen
Gen 22, 1-2.9a.10-13.15-18
Röm 8, 31b-34
Mk 9, 2-10

Einleitung
Ginge es darum, das Vorurteil der Blutrünstigkeit und Brutalität des Alten Testaments mit schriftlichen Beweisen zu belegen, dann wäre die heutige Stelle aus dem Buch Genesis ein Paradebeispiel – oberflächlich betrachtet.
Gott fordert von Abraham seinen eigenen Sohn als Opfer – es ist dies einer jener Stellen, die ich als Kind und als Jugendlicher nie verstehen konnte und die Widerstand erzeugten.
Heute sehe ich diese Geschichte anders, irgendwann führten Menschen mich hinter die Bühne und ließen mich erfahren, welches Stück der

Menschheitsgeschichte da eigentlich gespielt wird. Unser Gott ist manchmal sehr unverständlich und unseren gewohnten Denkschemata fremd. Wie sagte Theresia von Avila so passend: „Unser Gott ist so groß, daß es sich lohnt, ihn ein Leben lang zu suchen." Und so mag ich Sie einladen, mit mir in der nächsten knappen Stunde auf Spurensuche zu gehen.

Kyrie

Herr Jesus Christus, wir gehen oft den leichteren Weg, auch bei unserem Glaubensweg, statt uns den Fragen des Lebens und Glaubens zu stellen.
Herr, erbarme dich.

Auch für dich war dein Lebensweg wohl kaum von Beginn an in aller Konsequenz klar vor Augen, und doch bist du ihn gegangen, im Vertrauen auf die tragende Kraft Gottes.
Herr, erbarme dich.

Du willst, daß auch wir unseren Weg gehen im Vertrauen auf die gleiche sorgende Hand unseres Gottes.
Herr, erbarme dich.

Guter Gott, du willst ein Begleiter unseres Lebens sein, du trägst unseren Weg in all seinen Irrungen und Sackgassen mit, du schenkst uns trotz aller Erfahrung von Schuld und Versagen einen neuen Anfang und unendlichen Mut. Amen.

Zugangsweise zum Evangelium

1. Motivation zum Zuhören
   – die Sternstunden unseres Lebens: Beispiele
2. Gemeinsamkeiten
   – Sternstunden entziehen sich oft der Beschreibung mittels Sprache
   – Sternstunden sind nicht machbar
   – Sternstunden sind ein Geschenk
   – Sternstunden bergen in sich das Verlangen, sie festhalten zu wollen
3. Bezug zum Evangelium
   – auch die „Verklärung" Jesu ist sprachlich schwer faßbar
   – auch Petrus will festhalten
   – auch Petrus wird, oberflächlich betrachtet, enttäuscht und muß lernen zu lassen
4. Brücke zum eigenen Leben
   – Sternstunden sind dazu da, bewußt gelebt zu werden

- das „Hier und Jetzt“ ist entscheidend, nur das liegt in der Kraft meiner Gestaltungsfähigkeit
- das Leben ist ständig im Fluß und gekennzeichnet durch Veränderung und Wandlung

Predigt

Wer kennt sie nicht, die Sternstunden menschlichen Lebens, jene Momente voller Glück und Zufriedenheit, die so groß, voll und tief sind, daß sie sich jeder Beschreibung entziehen, daß sie von menschlicher Sprache nicht erfaßt und begriffen werden können. Jeder Versuch des Einfangens und Festhaltens mittels Worten ist mehr ein Scheitern denn ein Erfolg.

Ich will deutlicher werden, auf den Punkt kommen, obgleich es nur eine Annäherung sein wird – mehr geht leider nicht, wenn mensch von Sternstunden zu sprechen versucht, doch vielleicht hilft uns die Phantasie und die Erinnerung an eigene, vergangene Sternstundenerfahrungen:

- Liebende im Augenblick der Erfüllung ihrer Sehnsucht
- Eltern im Moment der Geburt des Kindes
- Verfeindete im Prozeß einer gelingenden Versöhnung oder
- Kinder in der Selbstvergessenheit ihres Spiels.

Sicher könnten Sie die Aufzählung erweitern, die Liste fortsetzen, denn es sind ihrer viele. Gott sei Dank, bilden diese Sternstunden doch ganz wichtige Kraftquellen unseres Lebens. Und trotz aller Verschiedenheit haben sie doch auch Gemeinsamkeiten:

Sie sind nicht machbar, nicht reproduzierbar im Sinne von: Man nehme einen lauen Sommerabend, eine romantische Musik, Mann oder Frau, zwei Gläser Rotwein, eine anregende Umgebung ... die Rezeptliste kann noch so umfassend, die Bemühungen mögen noch so intensiv sein, es wird nie gelingen, Liebe zu machen. Das entzieht sich unseren Fähigkeiten, steht außerhalb menschlicher Allmachtsphantasien. Sternstunden sind Geschenke wie Geburt, wie Versöhnung, wie spielerische Selbstvergessenheit, wie die Liebe.

Ähnliches erzählt Markus im Evangelium des heutigen Tages, er versucht in Worte zu fassen, was für Petrus, Jakobus und Johannes jene Qualität erfüllter Sehnsucht hatte, die sich eigentlich unseren Worten entzieht. Und so finden sich in diesem Text viele Umschreibungen und Bilder.

Vom Berg ist da die Rede, einem Ort, der schon im Alten Testament für die Nähe Gottes zu den Menschen stand; von weißen Kleidern, strahlend und hell; von der Wolke, durch die Gott ja auch schon beim Auszug der

Israeliten aus Ägypten seinem Volk nahe war; und endlich ist da noch die Stimme.
Das waren die Bilder, die für eine Botschaft stehen: Es war etwas Phantastisches, etwas ganz Großes, eine Begegnung mit dem Urgrund unseres Lebens, mit den Vorvätern unseres Glaubens. „Schön" ist zu wenig. Es war eine Sternstunde, so groß und voll und tief!
Und Petrus zeigt sich als Mensch, tut, was wir alle getan hätten, typisch für die Gattung Mensch. Er will Hütten bauen, er will festhalten, bewahren, konservieren. „Es ist doch so wunderschön – laßt uns Hütten bauen", damit wir da wieder herkommen können und wiederholen und uns wieder holen können, was so phantastisch war – diese Begegnung!
Aber genau das geht nicht, denn schon im nächsten Augenblick waren sie wieder mit Jesus allein, ohne Mose und Elija, ohne weiße Kleider und Stimme aus den Wolken, und auch den Berg steigen sie wieder hinab, in die Niederungen des Alltags – ohne die Hütte gebaut zu haben!
Jesus hat ihnen wieder einmal ein wichtiges Element des Lebens vermittelt: Menschen können ihr Leben nicht festhalten, der Augenblick ist dazu da, gelebt zu werden und dann wieder loszulassen. „Denn das Halten ist der Tod", so singt ein deutscher Liedermacher über das Phänomen der Liebe. Das Leben ist ein Fluß, ständig in Bewegung, und die Veränderung ist ein Kennzeichen für die Lebendigkeit. Und so nah uns das Verhalten des Petrus auch sein mag, es dient nicht dem Leben, es stellt sich quer, es konserviert, bewahrt vielleicht für die Ewigkeit – Nutzen hätte es keinen. Glaube muß gelebt werden, im Alltag, und nicht in Hütten zelebriert in Erinnerung an längst vergangene Tage.
Wir leben von den Sternstunden, von ihrer Tiefe und ihrer Erfüllung, aber nur solange wir nicht den Versuch machen, sie festzuhalten: Ich wünsche uns allen den Mut und die notwendige Kraft, den Prozeß des Loslassens in unser Leben zu integrieren: „denn das Halten ist der Tod"!

Fürbitten

Guter Gott, wir leben in einer Welt ständiger Veränderungen, in der wir alle nach Sicherheit und Grund suchen. Nimm unsere Bitten als Anruf an deine Begleitung.

- Wir müssen alle in unserem Leben neben den Sternstunden auch die Situationen der Enttäuschung und der Verlassenheit erleben. Schenke uns Kraft für diese schwere Zeit!
- Das Glück von gestern verleitet uns immer wieder dazu, es zurückholen zu wollen, im Gestern zu leben, statt das Heute zu

gestalten. Schenke uns einen Blick für die Bedeutung des heutigen Tages.
- Wir suchen die Sternstunden immer wieder. Laß sie uns manchmal auch finden!
- Auch in unserem Glauben kennen wir die Tendenz des Konservieren-Wollens, und doch wissen wir, daß auch unser Glaube sich verändern muß. Schenke uns den Mut, uns auf neue Glaubenserfahrungen einzulassen.

Guter Gott, laß uns das Beispiel deines Sohnes Bestärkung sein. Er hat alles losgelassen, letztlich sogar sein Leben am Kreuz – und er hat alles gewonnen. Schenke uns deshalb immer wieder Zeichen deiner Begleitung und Nähe, jetzt und in Ewigkeit. Amen.

Wort für die Woche
Lebe im Heute, schleppe nicht die Last der Vergangenheit bei jedem deiner Schritte mit, und bürde dir nicht schon jetzt die Befürchtungen von übermorgen auf, von denen du ja gar nicht sicher weißt, ob sie denn eintreten. Lebe das Jetzt, nur darüber kannst du verfügen, und nur hier hast du die Möglichkeit zu gestalten.

Liedvorschläge
Eingang: 614, 1-3
Antwortgesang: 269, 1+2
Credo: 467
Übertragung: 620, 1-4
Agnus Dei: 470
Dank: 624, 1-3
Auszug: 638, 1-3

Klaus Hofmann

3. Fastensonntag

Botschaft
Wo die Sache Gottes auf dem Spiel steht und der einzelne im religiösen Betrieb auf der Strecke bleibt, protestiert Jesus voller Zorn im Sinn alttestamentlicher, prophetischer Kultkritik.

Ziel
Ich möchte den Zuhörerinnen und Zuhörern vermitteln, daß es Situationen gibt, in denen Zorn und Provokation christliches Verhalten im Sinne Jesu sein können – in Parteinahme für bedrängte Menschen.

Lesungen
Ex 20, 1-17
1 Kor 1, 22-25
Joh 2, 13-25

Einleitung
„Kein Problem wird gelöst, wenn wir träge darauf warten, daß Gott allein sich darum kümmert.“ Der das sagte, war ein Prophet unserer Zeit: der amerikanische Pastor und Bürgerrechtler Martin Luther King. Er war wütend über die Behandlung seiner schwarzen Schwestern und Brüder als Menschen zweiter Klasse. Seine Wut hat er umgesetzt in provozierende Aktionen, die aufrüttelten, und in wortgewaltige Ansprachen, in denen seine Träume von Gerechtigkeit die Herzen der Menschen berührten.
Vor welchen Problemen, Aussprachen und notwendigen Konfrontationen haben wir in der vergangenen Woche einen Bogen gemacht?
Wir besinnen uns.

Kyrie
Herr, du kennst uns. Vor dich treten wir und bitten um dein Erbarmen.

Wir weichen gerne aus, weil unangenehme Situationen uns angst machen.
Herr, erbarme dich.

Wir halten unsere ehrlichen Gefühle zurück, weil uns die Fassade nach außen wichtiger ist.
Christus, erbarme dich.

Wir mischen uns nicht ein, weil wir es ja mit niemandem verderben wollen.
Herr, erbarme dich.

Herr, unser Gott, erbarme dich unserer Ängste, Schwächen und Bequemlichkeiten. Schenke uns Mut, Aufrichtigkeit und neue Tatkraft. Amen.

Zugangsweise zum Evangelium

1. Gegenüberstellung:
   - Szene aus dem Film „Jesus von Montreal“: Zornige Aktion des Hauptdarstellers bei Probeaufnahmen in einem „Werbe-Tempel“.
   - Szene aus dem Evangelium: Zornige Aktion Jesu im Jerusalemer Tempel.
2. Ein zorniger Jesus paßt nicht ins gängige Jesusbild.
   Beispiel: Umfragen in zehnten Klassen zu Eigenschaften Jesu.
3. Hintergrund Kindererziehung:
   - Wut zu zeigen gilt als ungehörig.
   - Kinder fühlen sich mit ihrer Wut oft nicht ernstgenommen.
   - Folge: Unterdrücken von Wut und Zorn.
4. Die Unfähigkeit, offen zu den eigenen Gefühlen zu stehen, ist oft (Mit-)Ursache von Krankheit oder Beziehungsstörungen.
5. Heiliger Zorn Jesu kann befreiend sein.
   Biblischer Hintergrund:
   - Begrenzte provozierende Aktion mit klarer Zielrichtung gegen Tempel als „religiös-ökonomisch-politischer Großbetrieb“ und falsche Heilsgewißheit.
   - Jesus in der Tradition prophetischer Kultkritik.

   Filmische Parallele:
   - Protest gegen „Lustobjekt Frau“ in der Werbeindustrie.
6. Auftrag für Christen heute:
   - Dem Zorn Jesu nicht ausweichen.
   - Gefahr ist auch heute gegeben, daß religiöse oder staatliche Institutionen bloße funktionierende Betriebe sind und in ihnen Menschen zu Opfern werden.
   - Manchmal sind Mut und Provokation gefordert.
     Beispiele:
     - Nicht ernstgenommene Frauen in der Kirche.
     - Kirchenasyl als Kritik gegenüber dem staatlichen Gesetzgeber.
     - Eigene Gewissenserforschung: Setzen wir uns für ungerecht Behandelte ein, oder schweigen wir aus Angst?
7. Auch eine Fastenübung: Heiligen Zorn wie Jesus zeigen, wenn Menschenwürde mißachtet wird.

Predigt

1989 ist in Kanada der preisgekrönte Film „Jesus von Montreal“ gedreht worden. Es ist ihm gelungen, die Jesusgeschichte auf spannende und nachdenkliche Weise in unsere Zeit hineinzuweben: Daniel Colombe (gespr.: Colomb), ein junger talentierter Schauspieler aus Montreal, erhält den Auftrag, die Fassung der alljährlich stattfindenden Passionsspiele zu modernisieren.

Nicht nur im Passionsspiel selbst, das die Zuschauer mit einbezieht, sondern auch in der Rahmenhandlung des Films tauchen Szenen der Bibel im Gewand unserer Zeit auf.

Mireille (gespr.: Mirei), eine der im Passionsspiel mitwirkenden Schauspielerinnen, macht neben anderen Bewerberinnen bei Probeaufnahmen für einen Werbefilm mit. Entgegen der Abmachung wird sie vom Produktionsteam aufgefordert, sich zu entkleiden. Genüßlich wird mit ihr gespielt, wird sie als Lustobjekt bloßgestellt. Um das Engagement zu bekommen, ist sie schon dabei, der Aufforderung nachzukommen. Da schreitet Daniel ein: „Nein, tu's nicht! Du bist zu schade dafür", fleht er sie an. Als die Produktionsleitung dies als kleine Störung beiseite schieben will, erhält sie eine Aufführung der anderen Art:

Voller Wut wirft Daniel einen vollbeladenen Tisch um; danach gehen eine Kamera und ein Monitor mit Zischen und Funken zu Bruch. Als die Produktionsleiterin ihn hämisch provoziert, erhält sie eine Ohrfeige. Chaos bricht aus, das Produktionsteam flüchtet. Mit einem abgerissenen Mikro samt Leitung will Daniel hinter ihnen her. Mireille gelingt es, Daniel davon abzuhalten, die Verfolgung fortzusetzen. In einem ungeheuer dichten Moment blickt sie Daniel ins Gesicht. Mit seiner provozierenden Aktion hat er ihr die Selbstachtung als Frau wiedergegeben.

Diese Austreibung aus einem „Werbe-Tempel" kann als Aktualisierung des heutigen Evangeliums gelten. Nicht mit einem Mikrofonkabel, sondern mit einem zu einer Geißel gebundenen Strick treibt Jesus damals die Verkäufer aus dem Tempel und stößt die Tische der Geldwechsler um. Ein Jesus außer Rand und Band, gepackt von Zorn und Wut, tritt da vor uns:

Ein „Filmausschnitt" aus dem Evangelium, der so ganz und gar nicht in das gängige Jesusbild hineinpaßt.

Schülerinnen und Schüler der 10. Klassen haben bei mir schon seit Jahren die Gelegenheit, in einem Raster *die* Eigenschaften anzukreuzen, die sie Jesus zuschreiben. Die Hitliste wird angeführt von den Eigenschaften: „verständnisvoll", „intelligent", „freundlich", „selbstbewußt", „hilfsbereit" und „sanft". Sogar „humorvoll" liegt im Mittelfeld der Einschätzungen. Abgeschlagen belegt die Eigenschaft „zornig" den letzten Platz. Aber gerade diese Eigenschaft bricht bei Jesus im heutigen Evangelium aus wie ein Vulkan.

Wie kommt es, daß ein zorniger Jesus so gar nicht in das gängige Jesus-Bild paßt? Liegt es daran, daß wir schon als kleine Kinder vermittelt bekommen haben, daß es sich nicht gehört, seine Wut zu zeigen? Wenn wir als Kind vor Zorn rot angelaufen sind, haben wir wahrscheinlich die beiden gängigen Umgangsweisen der Erwachsenen damit erlebt: Das war zum einen die Zurechtweisung und das Verbot: „So etwas macht man nicht!" Und so haben wir aus Angst vor Strafe und Liebesentzug gelernt, unseren Zorn zurückzuhalten oder hinunterzuschlucken. Das war zum anderen das Lachen und Sich-lustig-Machen der Erwachsenen über unsere wutverzerrte Grimasse und den roten Kopf. Und so haben wir aus Angst vor der Bloßstellung gelernt, unsere Wut zu unterdrücken.
Mit beiden Verhaltensweisen nehmen Erwachsene (ihre) zornige(n) Kinder nicht ernst. Heute wissen wir: Viele Menschen werden krank oder unglücklich in ihren Beziehungen, weil sie nie wirklich lernen konnten, zu ihren Gefühlen zu stehen und sie zu zeigen.
Ich gestehe Ihnen: Mir tut der zornige Jesus gut. Und ich ahne: Es gibt wohl so etwas wie einen heiligen Zorn.
Es ist keine blinde, unkontrollierte Wut, die sich da entlädt. Über die sogenannte Tempelreinigung sagen uns die Bibelwissenschaftler: Es ist wohl eine begrenzte, bewußt provozierende Aktion gewesen, die auf etwas Entscheidendes aufmerksam machen wollte.
Dem Schauspieler Daniel geht es darum, daß eine Frau mit ihrer Selbstachtung nicht im Räderwerk der Werbeindustrie auf der Strecke bleibt und den Voyeuren zum Opfer fällt. Jesus geht es darum, daß der einzelne mit seinem Glauben nicht in den Ordnungen des Tempelkultes untergeht. Der Jerusalemer Tempel war ein „religiös-ökonomisch-politischer Großbetrieb" geworden, „von den Betriebsangehörigen, und zwar vom einfachen Tempeldiener oder Tempelsänger, bis hinauf zur höchsten Spitze, dem Hohenpriester" (Josef Blank). Religiöse Juden konnten sich nach den Vorschriften des Opferkultes und der Frömmigkeitsübungen ihres Heils gewiß sein. Die hierarchische Institution verbürgte sich dafür. Damit wurden vielleicht uralte menschliche Ängste beschwichtigt, aber lebendiger Glaube wurde nicht geweckt. Gegen diesen Religionsbetrieb und die mit ihm verbundene Macht der Hierarchie macht Jesus Front. Er stellt sich damit in die provozierende Kritik alttestamentlicher Propheten, die uns erstmalig beim Propheten Micha 750 Jahre vorher begegnet:
„Hört doch dies, ihr Häupter des Hauses Jakob und ihr Gebieter des Hauses Israel, die ihr das Recht verabscheut und das Gerade krumm macht, ... aber euch dabei auf Jahwe verlaßt, indem ihr sagt: Wir haben

doch Jahwe in unserer Mitte, uns kann kein Unheil treffen" (Micha 3, 9ff).

Jesus hat genau gewußt: Wer wie die Propheten Micha oder Jeremia die politisch-religiöse Ordnung kritisiert, lebt gefährlich.

Aber Jesus konnte nicht anders. Ihm geht es um den Menschen und um das „Haus" seines Vaters, um die Sache Gottes. Seine erschreckten und nach einer Erklärung suchenden Jünger erinnern sich an das Schriftwort: „Der Eifer für dein Haus verzehrt mich" (Ps 69,10).

Uns allen, die sich heute auf Jesus berufen und Kirche bilden, ist aufgetragen, daß wir dem heiligen Zorn Jesu nicht ausweichen und ihn auch nicht verharmlosen. Religiöse und staatliche Institutionen sind damals wie heute in Gefahr, nur funktionierende Großbetriebe zu sein, in denen Menschen auf der Strecke bleiben.

Wer die Dinge beim Namen nennt, braucht Mut und manchmal auch die Provokation, zum Beispiel:

- Da sind (nicht nur) Frauen in unserer Kirche.
  Die fühlen sich nicht ernstgenommen. Die macht es zornig, daß offizielle kirchliche Dokumente, die das Wesen und die Rolle der Frau zum Thema haben, nur von Männern verfaßt werden. Die klagen ein, daß die Forderung der Würzburger Synode nach dem Diakonat für Frauen seit mehr als 20 Jahren unbeantwortet in römischen Schubladen verschwunden ist.
- Da sind katholische und evangelische Kirchengemeinden.
  Die riskieren bewußt die Kritik des staatlichen Gesetzgebers. Sie bieten Kirchenasyl für Familien, die abgeschoben werden sollen und in ihrer Heimat von Verfolgung und Folter bedroht sind. (Vielleicht sind solche Provokationen für einen demokratischen Staat sogar notwendig, denn selbst die besten Gesetze können im konkreten Einzelfall auch Ungerechtigkeit zulassen.)
- Da ist jeder einzelne und jede einzelne von uns.
  Schweigen wir aus Angst vor Nachteilen, wenn in einer Schulklasse über andere, die sich nicht wehren können, hergezogen wird?
  Oder: Geben wir der Angst und der Wut eines Arbeitskollegen unsere Stimme, wenn er von einem Höhergestellten ungerecht behandelt und abgekanzelt wird?

Ich wünsche mir, daß der Zorn des Schauspielers Daniel nicht nur im Film die provozierenden Worte und Taten Jesu ins Heute übersetzt. Ich wünsche Ihnen und mir den heiligen Zorn Jesu, wenn Gesetze und Institutionen die Würde des Menschen mißachten.

Die Fastenzeit bietet noch genügend Gelegenheiten für uns alle, in diesem Sinn einmal Tempelreinigung und persönlichen Hausputz zu halten.

Fürbitten
Gott, dein Haus will keine Markthalle sein, in der Geld und Geschäfte regieren. Dein Haus will einen Markt der Möglichkeiten bieten, wie wir uns in gegenseitiger Achtung und Hilfe begegnen können.
Dir tragen wir unsere Bitten vor:

- Für alle, die in Staat und Gesellschaft an Verordnungen und Gesetzen mitwirken: daß sie die Würde des Menschen zum Ausgangspunkt ihrer Entscheidungen machen.
- Für alle, die ihren Platz in der Hierarchie der Kirche haben: daß sie sich leiten lassen von der Vorgabe Jesu, daß groß ist, wer anderen dient.
- Für unsere Pfarrgemeinden: daß sie Orte werden, in denen Menschen mit ihren Hoffnungen, Nöten und Ängsten ein Zuhause finden.
- Für unsere Eltern: daß sie die Gefühle ihrer Kinder ernst nehmen und sich Zeit nehmen, miteinander zu reden.
- Für uns selbst: daß wir mutig sind, Ungerechtigkeit beim Namen zu nennen und für Schwächere einzutreten.

Gott, du hast uns im Leben Jesu, deines Sohnes, gezeigt, daß heiliger Zorn Antrieb zu prophetischem Handeln sein kann. Zeige uns, wo du uns heute auf der Bühne des Lebens in seine Nachfolge rufst.
Amen.

Wort für die Woche / eventuell auch als Segenswunsch

Wut, Mut und Tränen

Wut, Mut und Tränen
wünsche ich Dir.
Auf daß Du's nie verlernst,
Dich nach Utopien zu sehnen,
das wünsche ich Dir.

Hoffnung und auch Sehnsucht
sollen Dich begleiten
auf Deinem Weg.
Auf daß Du nie die Flinte
ins Korn wirfst,
das wünsche ich Dir.

Ehrliche Freunde sollen mit Dir sein
in guten und in schlechten Tagen,
und daß ihr Euch wärmt und tröstet,
lacht und weint,
und braucht nicht zu verzagen.

Unrecht und Macht
in falschen Händen,
wenn Du sie siehst,
laß' sie nicht bestehen.
Geh' sie an mit Deinen eigenen Waffen,
dann kannst Du weitersehen.

Wut, Dich gegen
alles längst Verfaulte aufzulehnen,
Mut, zu träumen und Dich
Deiner Träume wegen nie zu schämen,
Tränen, die ein Zeichen sind
für die Kraft Deines Lebens,
ich wünsche Dir auf Deinem Weg
Wut, Mut und Tränen.

Tobias Verch

Liedvorschläge

Eingang: 644, 1+2
Kyrie: „Herr, erbarme dich unserer Zeit" (z. B. „Troubadour für Gott", Nr. 197), alternativ: 495, 4
Antwortgesang: 644, 4+5, alternativ: „Ich will gegen das Geläut der Leute" (z. B. „Troubadour für Gott", Nr. 158)
Credo: 489
Übertragung: 621, 1+3
Agnus Dei: 498
Dank: 538, 4-6
Schluß: „Du kannst der erste Ton" (z. B. „Troubadour für Gott", Nr. 735), alternativ: 616, 1+5

Burkhard Fecher

4. Fastensonntag

Botschaft und Ziel

Wir stehen in der Mitte der 40tägigen Fastenzeit. Halbzeit. Ein Grund zur Freude? Ja! Gottes Erbarmen und seine Liebe zu uns sind der Grund. Die Botschaft über seine Hin- und Zuwendung zu seinem Volk (1. Lesung) und zum einzelnen (2. Lesung und Evangelium) führen uns dazu, um einen „hochherzigen Glauben" zu bitten, um das vor uns liegende Ostern an uns geschehen zu lassen. (Das Schlußgebet der Meßfeier führt diesen Akzent weiter mit der Bitte um Heilung des nicht-sehenden – d.h. nicht erkennenden – Herzens und mit der Bitte, Gott aufrichtig zu lieben.)
Die frohe Botschaft dieses Tages ist die unbegreifliche Liebe Gottes zum Menschen. Wir sind eingeladen, dies zu bedenken. Diese Liebe im eigenen Leben entdecken, sich ihr aussetzen, das heißt sie annehmen und dadurch bleibendes (= ewiges) Leben empfangen, dazu werden wir umworben.
Gott aufrichtig lieben ist eine seltene Bitte des Gottesvolkes geworden, aber die wirklich gemäße Antwort auf das Angebot ihres Herrn.

Lesungen

2 Chr 36, 14-16.19-23
Eph 2, 4-10
Joh 3, 14-21

Einleitung

Am Anfang der 40tägigen Fastenzeit wurden wir mit dem Aschenkreuz aufgefordert umzukehren, das Böse zu lassen und das Gute zu tun. Es gibt keinen Zweifel daran, daß wir uns dazu anstrengen müssen; dennoch gelingt uns das Gute und die Abkehr vom Bösen häufig nicht.
Heute, in der Mitte der 40 Tage, dürfen wir für eine Weile jedes noch so berechtigte Tugendstreben hintanstellen. Das Gute geschieht nicht zuerst *durch* uns. Das Gute geschieht zuerst *an* uns, durch Gott. Das wollen wir in unserem Gottesdienst bedenken, auf uns einwirken lassen, annehmen und mit unserer Liebe erwidern. Dazu sind wir von Gott eingeladen.
Halten wir einen Moment inne, bevor wir vor Gott hintreten und um sein Erbarmen bitten.

Bußakt / Kyrie

Gott, wir stehen vor dir mit unserem Mühen und Versagen.
Herr, erbarme dich.

Gott, wir zeigen dir unsere leeren Hände und unseren schwachen Glauben.
Christus, erbarme dich.

Gott, wir bitten dich um dein Erbarmen und deine Liebe.
Herr, erbarme dich.

Gott, unser Schöpfer und Erlöser, du heilst, was in der Tiefe unseres Herzens krank ist. Heile auch, was krank ist an unserer Liebe zu dir und zu unseren Mitmenschen, durch dein erlösendes Wort, Jesus Christus, unseren Herrn. Amen.

Zugangsweise zu Lesung, Antwortgesang und Evangelium

L: – Meine eigene Lebensgeschichte – auch da ist Untreue von mir und Einladung von Gott, genauso wie in der Geschichte Israels.
– Gott rechnet unsere Vergehen nicht auf. Er ist Liebe und kommt uns immer wieder entgegen mit dem Angebot der Versöhnung.

A: – Der Babylon-Psalm wurde einmal als Schlager berühmt. Er erzählt von der Sehnsucht und Erinnerung an bessere Zeiten.
– Welche Sehnsucht nach Gott ist in mir? Welche Erinnerung an gute Vergangenheit mit ihm?

E: – Nikodemus fragt Jesus: Wie kann es geschehen, daß ich geboren werde im Hl. Geist? Dies kann auch meine Frage sein. Wie nehme ich die Antwort Jesu auf? Welche andere Frage habe ich an Jesus?
– Als weitere Möglichkeit: Kurzgeschichte „Die Liebe des Fischers“ von Werner Bergengruen, z.B. in: Geschichten zwischen Himmel und Erde, Patmos Verlag, Düsseldorf 1985

Predigt

„Denn also hat Gott die Welt geliebt, daß er seinen eingeborenen Sohn gab, damit alle, die an ihn glauben, nicht verloren werden, sondern das ewige Leben haben“ (Joh 3, 16).

Es war ein Mann, der hatte einen Garten am Meer, den hatte er selbst gepflanzt und gebaut, und sein Herz hing an jeder Pflanze, die er eingesetzt, und er hoffte, daß der eine oder andere Baum alsbald Früchte tragen werde. Zwar kann man nicht sagen, daß er den Garten bitter nötig hatte, nein, das war es nicht. Allein die flache Öde der Landschaft nahe am Meer schien ihm traurig und nichtssagend. So war der Wunsch nach Freude der letzte Grund gewesen, den Garten anzulegen. Der Wunsch, sich über etwas freuen zu können, sein Herz an etwas hängen zu können. Es war aber in einer stürmischen Winternacht, daß Sturmflut drohte und der Mann, wodurch auch immer gehindert, nicht selbst sich um seinen Garten kümmern konnte. Die Wellen waren fast mannshoch, und jedermann warnte davor, ans Meer zu gehen. Doch ungeachtet alles dessen beschloß der Mann, seinen vertrauten und einzigen Sohn zu dem bedrohten Garten zu schicken. Der Sohn erhielt den Auftrag, mit Sandsäcken zu retten, was zu retten war. Indes mußte jedes Pfund Sand erst dem Meer selbst abgerungen werden, und es war nicht nur kalt und stürmisch, sondern der Mann wußte, daß sein Sohn sicher in Gefahr kam. Der älteste Knecht sagte: Es ist Wahnsinn, jetzt den Sohn zu schicken, er wird umkommen durch die Flut. – Und ein anderer sagte: Was ist dir mehr wert, der Garten oder der Sohn? Bist du so in deinen Garten verliebt, daß du deinen Sohn nicht schonst? – Und ein anderer sagte gar: Du bist wahnsinnig, das zu tun, du weißt ja doch, wie gefährlich es ist. Liebst du nicht deinen Sohn? Was liegt dir an dem Garten, den du doch gar nicht nötig hast? Wie kann man so närrisch in seinen Garten verliebt sein, daß man das Liebste dafür hingibt. Nein, wir verstehen dich nicht! – Und ein anderer sagte: Jedes Gericht würde dich schuldig sprechen wegen Fahrlässigkeit. Vielleicht würden sie dir mildernde Umstände geben, weil du verrückt bist. – Und der Mann sagte: Mein Sohn ist wie ich selbst. Meine Freude ist auch seine. Er weiß, wie sehr ich den Garten liebe, und er tut es für mich. Es geht darum, daß überhaupt Freude sein kann. Und den Garten liebe ich nun einmal, denn er ist mein Werk. – Und der älteste Knecht antwortete: Aber du kannst doch deinen Sohn lieben und dich an ihm freuen! Warum setzt du ihn aufs Spiel für das weit geringere Gut – einen Garten am Meer? – Und der Mann antwortete: Wenn eine Pflanze von Salzwasser überflutet und zerfressen ist, vom Meer verschlungen oder ihrer Blüte beraubt, dann ist sie unwiederbringlich verloren, meinem Sohn dagegen schadet das tödliche Salzwasser nicht, auch wenn es ihn berührt. – Und der Knecht sagte: Aber der Garten ist schon überspült, das Wasser ist schon bis an den Schaft der Pflanzen eingetreten. Es hat doch keinen Zweck mehr. – Der Mann: Wenn das Wasser nicht zu lange einwirkt, kann man den Garten noch retten. Um so eiliger werde ich meinen Sohn senden. Ich weiß, daß der Garten geflutet ist, aber man kann noch alles retten. – Ein Knecht: Vielleicht fasziniert dich gerade diese Möglichkeit zu retten? Vielleicht ist das noch faszinierender als die Anlage des Gartens, ihn gewissermaßen neu und nun aus der tödlichen Bedrohung zurückzugewinnen. Ihn noch einmal zu empfangen. – Der Mann: Ich gebe es zu: Retten ist doppelte Freude. Das Retten fasziniert mich in der Tat so, daß ich darüber die Gefahr für meinen Sohn, und das heißt ja am Ende: für mich selbst, geringachte. Ich kann mich selbst ganz vergessen dabei und damit auch die Gefahr für meinen Sohn, der ganz eng zu mir gehört. – Ein anderer Knecht: Freude am Werk und doppelte Freude über das Retten-Können wird jeder dir zugestehen, aber muß dafür der Sohn gesandt werden? – Der Mann: Nur der Sohn weiß in dem Garten Bescheid, er war maßgeblich bei der Anlage des Gartens, er hat den ganzen Plan in sich. – Ein anderer Knecht: Aber wie kannst du ihn so leiden lassen dafür, wie kannst du dich und wie kann er sich mit dir so vergessen, daß man für ein wenig Freude so viele Strapazen auf sich nimmt? – Der Mann: Ich will dir ein Gleichnis sagen: Es ist wie mit einem Hirten, der eine Schafherde hatte, die von Wölfen bedroht wurde. Und er geht hin, als die Wölfe kommen, tritt vor die Tür des Schafstalls und lenkt die Wölfe auf sich, weg von den Schafen, und sie zerfleischen ihn. – Der älteste Knecht: Kein Hirte tut das! Denn ein Mensch ist mehr wert als Schafe. – Der Mann: Außer wenn er die Schafe so liebt, so irre und wahnsinnig liebt, daß er sich selbst vergißt und sich opfert. Es geht um die Liebe, die der hat, der so etwas tut. – Der Knecht: Aber es ist eine verrückte Liebe, die keine Verhältnismäßigkeit kennt, eine ungerechte und eine Liebe ohne Vorsicht und Augenmaß. – Der Mann: Kennst du eine Liebe, die anders ist? Ist diese meine Verrücktheit nicht mein letztes, tiefstes Geheimnis, ist sie nicht das, was ich bin? Nichts davon zu haben außer der Freude, daß die Schafe leben, und in dieser Freude selig zu sein ... ist das nicht das, was ich bin?

Klaus Berger

Fürbitten

Zu Gott, unserem Schöpfer, der uns so sehr liebt, daß er seinen Sohn für uns hingab, wollen wir beten:
Herr, erbarme dich.

- Für alle, die heute seine Botschaft der Liebe hören.
- Für die Verkündiger und Amtsinhaber in unserer Kirche.
- Für Israel, das auserwählte Volk Gottes.

- Für alle, die die Sehnsucht nach Gottes Liebe in ihrem Herzen wachhalten.
- Für die, denen es schwerfällt, an einen liebenden Gott zu glauben.
- Für die in der Liebe Betrogenen.

Gütiger Gott, ohne deine Liebe kann unser Leben nicht gelingen und nicht glücklich sein. Wir danken dir, daß du an jeden von uns glaubst und unsere Wege begleitest mit deiner Sorge und Barmherzigkeit, durch Jesus Christus, unseren Herrn. Amen.

Kommunionmeditation
Teile aus der Litanei von der Gegenwart Gottes (GL 764) beten oder vorbeten, mit entsprechender Musik begleiten, oder die GottesdienstteilnehmerInnen einladen, einen Satz laut zu beten, der sie aus dieser Litanei besonders anspricht.

Liedvorschläge
Eingang: 165
Kyrie: 160
Antwortgesang: 297
Übertragung: 550
Dank: 621
Moderne Lieder:
Ich hebe meine Augen auf zu den Bergen – Psalm 121 (z.B. in „Troubadour für Gott“, Nr. 276)
By the Rivers of Babylon
Gottes Liebe ist wie die Sonne (z. B. „Troubadour“, Nr. 4)
Vergiß nicht zu danken (z. B. „Troubadour“, Nr. 48)
Liebte Gott der Herr uns nicht (z. B. „Troubadour, Nr. 9)
Liebe ist nicht nur ein Wort (z. B. „Troubadour“, Nr. 2)
Herr, deine Liebe ist wie Gras und Ufer (z. B. „Troubadour“, Nr 1)

Wort für die Woche
Als Impuls für die Woche eines der angegebenen Lieder in der Woche nachbeten. Einen besonders ansprechenden Satz wie ein Mantra öfters am Tag für sich wiederholen oder singen, z. B. „Sag ja zu mir, wenn alles nein sagt“ GL 165.

Vorschläge für die Gottesdienstgestaltung
Impulspredigt mit Stille zum persönlichen Nachdenken z. B. zu den Fragen unter „Zugangsweise“.

Eines der angegebenen Lieder einmal nicht singen, sondern sprechen, um so den Text besser nachbeten zu können.

Marie Jeanne Poos

5. Fastensonntag

Botschaft
Wir leben von Beziehungen. Jesus ermöglicht uns eine Beziehung durch ihn zu Gott.

Ziel
Die GottesdienstteilnehmerInnen sollen auf den „peripheren" Aspekt der Beziehungsfrage aufmerksam werden und Punkte in ihrem eigenen Leben entdecken.

Lesungen
Jer 31, 31-34
Hebr 5, 7-9
Joh 12, 20-33

Einleitung
Die heutigen Lesungen verdeutlichen, daß Gott einen ewigen Bund mit den Menschen (zunächst mit Israel) geschlossen hat. Jesus weiß sich in diesem Bund und kann seinen Auftrag erfüllen. Der Bund ist die stärkste Form einer Beziehung. Jesus und sein Handeln ermöglicht es uns Menschen, diesen Bund zu begreifen und in Beziehung zu Gott zu treten. Im Misereor-Hungertuch von 1996/97, gemalt von Sieger Köder, macht eine Szene diesen Bund deutlich: Noah erfährt durch den Regenbogen den Bund Gottes mit den Menschen. Auf diesen Bund werden wir heute wieder aufmerksam gemacht.

Bußakt
Herr, wir wollen dich sehen, verschließen aber die Augen vor der Wirklichkeit.
Herr, erbarme dich.

Herr, wir wollen dich verstehen, scheuen aber die feste Beziehung zu dir. Christus, erbarme dich.

Herr, wir wollen zu dir gehen, haben aber Angst vor dem letzten Schritt. Herr, erbarme dich.

Zugangsweise

1. Erst der Rahmen macht das Bild.
2. Erkenntnis der Wissenschaft: Säuglinge erkennen Bild durch den Rahmen
3. Wichtig für das heutige Evangelium: die Rahmenhandlung: Griechen in Jerusalem wollen Jesus sehen.
4. Nehmen Vitamin „B“ in Anspruch: Philippus muß helfen.
5. Alltagserfahrung auch von uns: ohne Vitamin „B“ läuft nichts ...
6. Johannes baut diese Alltagserfahrung um die tiefe theologische Rede Jesu vom sterbenden Weizenkorn.
7. Jesus stellt fest: Wer ihm nachfolgen will, muß von seinem Leben lassen.
8. Schlußfolgerung: Vitamin „B“ allein genügt nicht – die letzte Konsequenz ist gefragt; wer weiß, ob die Griechen überhaupt Jesus gesehen oder verstanden haben?

Predigt

Interessant finde ich die Erkenntnis der Wissenschaft, daß Säuglinge im Alter von sechs Wochen bereits Bilder sehen können. Sie können dies aber nur, wenn sie einen Rahmen um die Bildmitte erkennen.
So ähnlich ging es mir auch bei der Beschäftigung mit dem heutigen Evangeliumstext. Die eigentliche Mitte berührte mich zunächst nicht, der Rahmen erschien mir interessanter. Ohne diesen Rahmen konnte ich auch nicht die Mitte verstehen. Vielleicht geht es Ihnen ja auch so?
Die Rahmenhandlung des Textes beschreibt, daß einige Griechen in Jerusalem waren und Jesus sehen wollen. Sie wagen es aber nicht, ihn direkt anzusprechen. Vielleicht haben sie vor seiner scharfen Zunge Angst, oder sie scheuen den Kontakt mit ihm. Egal, jedenfalls nehmen sie ein bekanntes Vitamin in Anspruch: Das Vitamin „B“. Das heißt, sie sagen Philippus, der ja einer der Ihren war, daß sie Jesus sehen wollen. Philippus geht, so erzählt uns der Evangelist Johannes, nun aber auch nicht direkt zu Jesus, sondern er holt sich quasi noch Verstärkung. Philippus geht zu Andreas. Dann erst gehen beide zu Jesus und erzählen ihm von den Griechen.

Das ist auch eine Alltagserfahrung von uns: Ohne Vitamin „B“ läuft nichts, oder es läuft viel langsamer, als uns lieb ist. Da soll doch die Schwester lieber mit der Mutter reden, wenn der Bruder etwas zertrümmert hat. Oder der Ehemann soll mit seiner Mutter am Telefon sprechen, bevor die Schwiegertochter etwas Falsches sagt. In unserer harten Zeit der Arbeitslosigkeit zählt die Beziehung noch viel mehr als ein gutes Zeugnis. Die Lehrstelle wird an den Sohn des Bekannten vergeben; der Aussiedlerdeutsche bleibt auf der Straße stehen. Beziehung bevorzugt, Beziehungslose sollen schauen, wo sie bleiben.
Diese Alltagserfahrung baut Johannes um die tiefe theologische Rede Jesu vom sterbenden Weizenkorn und von der Stunde der Verherrlichung. Auffällig ist, daß Jesus keine Antwort auf das Begehren des Philippus und Andreas gibt. Er sagt nicht, ja, die Griechen sollen kommen, oder, nein, ich habe keine Zeit. Er beginnt gleich, von seiner Stunde zu reden. Die Stunde der Verherrlichung, die Stunde der letzten Konsequenz: der Tod für das Leben. Wer also Jesus sehen will, der muß damit rechnen, daß Jesus ihn auf das „Letzte“ stößt: Wer Jesus nachfolgen will, muß von seinem Leben lassen.
Vitamin „B“ allein genügt also nicht. Der eigene Glaube, die eigene Entscheidung sind gefragt. Wer weiß, ob die Griechen überhaupt Jesus gesehen oder gar verstanden haben? Die wahre Beziehung zu Gott ist nur durch Jesus möglich, und das, so haben wir gesehen, ist gar nicht so einfach.

Fürbitten
Herr, unser Gott. Wir dürfen zu dir kommen und unsere Anliegen vor dich bringen:

- Für alle Menschen, die ohne oder in lieblosen Beziehungen leben müssen. Schenke ihnen Menschen, die zu ihnen halten.
- Für alle Menschen, die dich suchen. Zeige ihnen Wege, die ihnen helfen, dich zu finden.
- Für die Menschen, die in ihrem Leben leiden müssen. Gib ihnen Zuversicht, daß du bei ihnen bist.
- Für uns alle, die wir versuchen, dir nachzufolgen. Stärke uns auf diesem schwierigem Weg durchs Leben.
- Für unsere Verstorbenen, laß sie in deiner Liebe wohnen.

Guter Gott, du kennst unsere Bitten. Wir glauben, daß du uns liebst und uns auf unserem Lebensweg beistehst. Hilf uns, in deinem Namen zu leben. Darum bitten wir dich durch Christus, unseren Bruder und Herrn.

Wort für die Woche

Erst der Rahmen zeigt die Mitte.
Erst der Dank erfüllt die Bitte.
Erst die Suche läßt uns finden.
Liebe kann uns erst verbinden.
Jesus ist für uns das Korn, das stirbt,
und so für neues Leben wirbt.

Liedvorschläge

Eingang: 640, 1+2
Antwortgesang: 620, 1-4
Gabenbereitung: Nimm, o Herr, die Gaben (z. B. „Troubadour für Gott“, Nr. 156)
Sanctus: 481
Agnus Dei: 482
Dank: 289
Auszug: 640, 3

Sabine Mehling-Sitter

Palmsonntag

Botschaft

Im Leben Jesu gehören Königsein und Leiden, Kreuz und Auferstehung untrennbar zusammen. Gerade deshalb kann Jesus für alle Menschen, auch für die Schwachen und Leidenden, zum Retter und zum Zeichen des Heils und der Auferstehung werden.

Ziel

Ich möchte die GottesdienstteilnehmerInnen dazu anregen, über Jesu Lebensweg und von daher auch über ihren eigenen Lebensweg nachzudenken, und sie ermutigen, diesen im Vertrauen auf Jesus und seine Verheißung konsequent zu gehen und dabei auch die leidvollen Momente anzunehmen.

Lesungen
Mk 11, 1-10
Jes 50, 4-7
Phil 2, 6-11
Mk 14, 1-72; 15, 1-47

Einleitung
Palmen, ausgestreute Kleider, Jubel und Hosannarufe stehen im Vordergrund des heutigen Festtages. Gleichzeitig aber betrachten wir die Passion Jesu, sein schreckliches Leiden und seinen grausamen Tod. Beides gehört zum Leben Jesu. Beides, Freude und Leid, gehört auch zum Leben eines jeden Menschen. Der heutige Gottesdienst möchte Sie dazu einladen, nachzudenken über Freude und Leid – Freude und Leid im Leben Jesu und Freude und Leid in Ihrem eigenen Leben.

Gebet vor dem Evangelium (Mk 11, 1-10)
Jesus Christus, unser Bruder,
dir zu Ehren tragen wir Zweige in unseren Händen.
Sie sind Zeichen des Lebens,
denn du schenkst wahres und erfülltes Leben.

Wir loben dich und preisen dich als König,
denn du bist wirklich ein König,
nicht aber ein König, dem es um Macht und Unterdrückung geht,
sondern ein König, der uns alle liebt,
der uns auf unserem Weg begleitet
und uns zu Heil und Glück führen will.

Dir rufen wir „Hosanna“ zu,
denn du bist für uns Weg, Wahrheit und Leben,
jetzt und in alle Ewigkeit. Amen.

Zugangsweise zum Evangelium
1. Leben Jesu als „Erfolgsstory“?
   - Erfolgsstories unserer Zeit
   - Traum vom „Königsein“
   - Einzug Jesu in Jerusalem: „Jesus Christ, Superstar“
2. Jesus ist König, aber auf eine andere Art und Weise
   - er denkt auch an Arme und Schwache
   - er will uns zu sinnvollem Leben führen (nach dem Willen Gottes)
   - er ist nicht nur König, sondern auch Prophet

  - er geht unbeugsam und kompromißlos seinen Weg
  - deshalb stößt er auch auf Ablehnung
3. Jubel und Leid gehören zusammen (im Leben Jesu und im Leben jedes Menschen)
  - Liturgie des Palmsonntags
  - Gefahr für den Menschen, der nur Jubel und Triumph kennt
  - Gefahr eines elitären Christentums
  - Gefahr der ständigen Suche nach Anerkennung
  - Jesu Vorbild: den Menschen zugewandt, seinen Weg konsequent und entschieden gehen
  - Bereitschaft, auch schwierige und leidvolle Momente auf sich zu nehmen
  - Hoffnung auf die Verheißung Jesu: Jubel und Auferstehung werden siegen:
    am Ende des irdischen Lebens
    aber auch schon in den vielen hoffnungsvollen alltäglichen Begebenheiten
4. Die Karwoche zum Nachdenken nutzen
5. Wunsch
  - Kraft Gottes für eigenen Lebensweg und Vertrauen in die Verheißung Jesu
  - Gelingendes Leben („Erfolgsstory", im anders verstandenen Sinn)

Predigt

Wer hat nicht auch schon von solchen Erfolgsstories gehört: vom Tellerwäscher zum umschwärmten Filmschauspieler; aufgewachsen in Armut und Not, aufgestiegen zu einem der mächtigsten und einflußreichsten Wirtschaftsbosse des Landes; vom einfachen Mädchen aus dem Volk zum millionenschweren Star der Medien und der Musikindustrie? Wer hat als Kind nicht davon geträumt, ein mächtiger König, eine mächtige Königin zu sein? Ja, träumen wir Erwachsene nicht immer noch davon, wenn auch in etwas abgewandelter Form? Von Geld, Reichtum, Macht, Einfluß? Vom Umschwärmt- und Bejubeltwerden?

Jesu Einzug in Jerusalem klingt wie der Höhepunkt einer Erfolgsstory ganz besonderer Art. Dem armen Zimmermannssohn aus einfachsten Verhältnissen rufen nun die Leute zu: „Jesus Christ, Superstar", wie es in einem erfolgreichen modernen Musical heißt. Sie jubeln ihm zu, legen ihre Kleider vor ihm auf den Weg und streuen Zweige und Grasbüschel vor ihm aus. „Du bist unser Retter; du bist der, auf den wir schon so

lange gewartet haben; du bist der, der uns das Reich Gottes, das Glück und Heil bringt!"
Und damit haben die jubelnden Menschen auch recht. Aber Jesus bringt Glück und Heil auf eine ganz andere Art, als manche von ihnen es erwarten. Er will Glück und Heil für alle Menschen, ganz besonders für die Schwachen und Zu-kurz-Gekommenen, nicht nur für die Reichen und Mächtigen, nicht nur für die obersten Schichten, zu denen aufzusteigen ihm nun die Möglichkeit gegeben wäre. Für ihn ist Glück und Heil nicht gleichbedeutend mit Macht und Reichtum, sondern geht viel tiefer: die Möglichkeit zu einem sinnvollen Leben, das nicht nur Spaß und Unterhaltung, sondern wirkliche Erfüllung bringt; mich nicht nur egoistisch um mich selbst zu drehen, sondern mich anderen zu öffnen und für sie dazusein; zu spüren, daß ich von Gott geliebt bin und daß er mir die Kraft schenkt, mein Leben gut zu führen und zu bestehen. Weil ihm dies so wichtig ist, ist Jesus eben nicht nur der gefeierte König, sondern auch der Prophet, der Mahner, der aufzeigt, wo es ungerecht und unmenschlich zugeht, wo Menschen unterdrückt und schlecht behandelt werden. Deshalb ist er der Menschenfreund, der sich all denen zuwendet, die ihn brauchen, auch wenn sie von allen verachtet und ausgestoßen sind. Deshalb redet er niemandem nach dem Mund, wie es mancher tut, der nach Reichtum, Macht und Anerkennung strebt. Deshalb läßt er sich nicht nur als glorreichen König feiern und übergeht dabei den Schmerz der Notleidenden und Traurigen. Deshalb macht er den Mund auf und sagt deutlich, wie die Menschen leben und miteinander umgehen sollten, und ist unbeugsam und kompromißlos, wenn es gilt, den Willen Gottes durchzusetzen. Davon allerdings wollen viele nichts hören. Die Erfolgsstory Jesu nimmt eine tragische Wendung. Bald heißt es: „Kreuzigt ihn, den Störenfried!"
Die Liturgie des Palmsonntags bringt diese zwei Seiten des Lebensweges Jesu deutlich zum Ausdruck: Dem Evangelium vom triumphalen Einzug des Königs Jesus Christus in Jerusalem wird die Schilderung seines Leidens und Sterbens zur Seite gestellt. Beides, was doch so gar nicht zusammenzupassen scheint, Jubel und Leiden, Kreuz und Auferstehung, gehört unverzichtbar zu seinem Leben. Und beides gehört, so meine ich, auch zum Lebensweg eines jeden Christen, der versucht, Jesus nachzufolgen – zum Lebensweg eines jeden von uns. Wenn ich nur auf der Seite des Jubels und Triumphes stehe, kann es leicht passieren, daß ich all diejenigen übersehe, die keinen Anlaß zum Jubeln und zur Freude haben. Auch die Christen waren im Laufe ihrer Geschichte nicht immer vor der Gefahr gefeit, sich als die glücklichen Auserwählten zu betrachten

und verächtlich auf alle anderen Menschen herabzuschauen. „Die sind ja selbst schuld, wenn es ihnen so schlechtgeht. Sollen sie doch mehr beten oder mehr arbeiten.“ Wer nie Leid spürt und an sich heranläßt, ist wenig einfühlsam für die Leiden und Nöte anderer. Und auch wer nur darauf aus ist, anerkannt und gefeiert zu werden, ist in Gefahr, allen nach dem Mund zu reden, sein Fähnchen nach dem Wind zu hängen. Jesus zeigt uns einen anderen Lebensweg: offen, einfühlsam und den Menschen zugewandt, gleichzeitig konsequent und entschieden seinen Weg gehen und dabei auch schwierigen und leidvollen Situationen nicht immer von vornherein ausweichen. Das mag zwar manchmal nicht gerade einfach sein, aber führt letztlich, das ist die Botschaft und Verheißung Jesu, zu Glück und Zufriedenheit. So ist es ja auch bei seinem eigenen Lebensweg: Sein Leiden und Sterben ist nicht das letzte Wort. Am Ende siegt doch der Triumph und Jubel, denn Jesus wird wieder auferweckt vom Tod. Und Gott verspricht uns: Wie Jesus von den Toten auferweckt wurde, so soll es auch uns geschehen. Das gilt für die Auferstehung am Ende der Zeiten, aber auch für die vielen kleinen Auferstehungen während des Lebens: dann, wenn ich einen Lichtblick sehe in Situationen der Verzweiflung; wenn zwischen zwei Menschen nach langer Zeit erstmals wieder ein Wort der Versöhnung und des Verständnisses möglich ist; wenn ich nach dem Winter einen schönen Frühlingstag erleben kann; wenn ich spüre, ich kann für jemanden dasein, kann ihm helfen; wenn ich ein gutes Wort von einem lieben Menschen höre, gerade zu einem Zeitpunkt, wo ich es besonders dringend benötige. Ich denke, all diese kleinen Momente der Auferstehung können Mut machen, unseren Lebensweg zu gehen, auch die schwierigen und schmerzlichen Situationen auf uns zu nehmen und die Hoffnung nicht zu verlieren. Sie können ermutigen, beide Seiten anzunehmen, die unverzichtbar zum Menschsein dazugehören: Freude und Leid, Kreuz und Auferstehung.

Wir stehen am Anfang der Karwoche. Sie ist geprägt vom Nachdenken über Leid und Tod. Sie ist auch eine Chance, wieder einmal über meinen eigenen Lebensweg nachzudenken: Was ist mir wichtig, welches Ziel strebe ich an? Welches Leid, welches Kreuz muß ich auf mich nehmen? Wo habe ich mich schwierigen und schmerzlichen Situationen zu stellen? Wo gibt es Menschen, die meine Zuwendung und meine Offenheit nötig haben?

Für diese Karwoche und für unseren ganzen Lebensweg wünsche ich uns allen die Kraft Gottes und das Vertrauen in die Verheißung Jesu Christi: Tod und Leid gehören zum Menschsein und zu unserem Leben. Sie sind aber nicht das letzte Wort. Das Kreuz wird überwunden durch die Auferstehung. Am Ende steht nicht der Karfreitag, sondern Ostern. Jesus verheißt uns somit, daß unser Leben doch eine Erfolgsstory werden kann, wenn auch nicht unbedingt solch eine, von der in den Klatschspalten der Regenbogenpresse berichtet wird, sondern eine, die zu Zufriedenheit und Glück, Lebendigkeit und Mitmenschlichkeit, zu wahrem und erfülltem Leben führt.

Fürbitten

Guter Gott, du liebst uns Menschen und begleitest uns auf unserem Lebensweg. Auch wenn wir manchmal nicht mehr weiterwissen, auch wenn nicht immer alles nach unseren Plänen läuft, läßt du uns nicht allein. An dich können wir uns vertrauensvoll mit all unseren Bitten und Anliegen wenden.

– Zeige uns den richtigen Weg, hilf uns, mutig und konsequent unseren Lebensweg zu gehen und die richtigen Entscheidungen zu treffen.
– Hilf uns, auch die schmerzlichen und schwierigen Situationen unseres Lebens im Vertrauen auf dich und deine Verheißung zu bestehen.
– Sei allen Menschen nahe, die auf der Schattenseite des Lebens stehen, den Einsamen und Verzweifelten, den Überforderten und Verachteten.
– Schenke allen Menschen, die in Hunger, Not und Krieg leben müssen, Gerechtigkeit und Frieden.
– Stehe allen Kranken bei. Laß sie nicht verzweifeln an all ihren Schmerzen und ihrem Leiden.

Guter Gott, du bist Mensch geworden und hast dich dem Leben mit all seinen guten und schlechten Seiten gestellt. Auch dem Leiden und dem Tod am Kreuz bist du nicht ausgewichen. Für uns wurdest du dadurch der Weg zu wahrem und erfülltem Leben. Dafür danken wir dir, jetzt und in Ewigkeit. Amen.

Wort für die Woche

Nicht, daß ich Leid um des Leides willen suche und mir zufüge,
ist der Wille Gottes,
denn er ist ein Gott des Lebens.

Aber auch nicht, daß ich allen Schwierigkeiten, jedem Kreuz aus dem Weg gehe,
ist sein Wille,
daß ich nur oberflächlicher Lust und schnellem Vergnügen hinterherrenne,
verfangen in blinder Selbstsucht und hilfloser Sinnlosigkeit,
denn er ist der Gott des erfüllten und sinnvollen Lebens.

Nicht, daß ich am Leid der Menschheit zerbreche und verzweifle,
ist der Wille Gottes,
denn er ist der Gott der Hoffnung.

Aber auch nicht, daß ich vor dem Leid und den Schmerzen anderer meine Augen verschließe,
ist sein Wille,
denn er ist der Gott der Liebe.

Er ist der Gott, der das Kreuz auf sich nimmt, der Leid und Schmerz aushält und mit uns trägt.
Er ist aber auch der Gott, der Leid und Tod überwindet, der Gott der Auferstehung und des Lebens in Fülle.

Liedvorschläge
Eingang: 258
Prozession: 197
Antwortgesang: 183 oder 616, 1.2.3
Übertragung: 165
Agnus Dei: 470
Dank: 553
Auszug: 168

Wolfgang Scharl

Karfreitag

Botschaft

Das alttestamentliche Lied vom leidenden Gottesknecht stellt uns einen „weggeworfenen" Menschen vor Augen, dessen Geschick die Christen später auf Jesus übertragen haben, auf sein Leben und Sterben für uns.

Ziel

Ich möchte mit den Bildern der Wegwerfgesellschaft und der weggeworfenen Menschen die GottesdienstteilnehmerInnen aufmerksam machen, daß die Gesichtszüge des Gekreuzigten uns auf den Gesichtern der „Weggeworfenen" heute begegnen.

Lesungen

Jes 52,13-53,12
Hebr 4,14-16; 5,7-9
Joh 18,1-19,42

Einführung und Kyrie

Sie entfallen als gesprochene Einstimmung. Nach dem Einzug, dem Niederwerfen bzw. dem Niederknien und dem stillen Gebet leitet das Eröffnungsgebet vom Tage den Wortgottesdienst ein. Möglich ist danach ein kurzer Hinweis auf die besondere dreiteilige Form der Karfreitagsliturgie (GL 202).

Zugangsweise zur Lesung und zur Johannespassion

1. Der Titel „Wegwerfgesellschaft" charakterisiert unsere Art, mit den Dingen unseres täglichen Gebrauchs und mit der Schöpfung umzugehen.
   Karfreitag der Schöpfung: Sichtbare und spürbare ökologische Folgen.
2. „Weggeworfen" ist auch die Lebenserfahrung und das Lebensschicksal von Menschen.
   Beispiele:
   - Alte, alleinstehende Frau
   - Arbeitsloser Mann
   - Abgetriebenes Kind
   - Familie ohne Zukunft in der sogenannten „Dritten Welt"
3. Das Bild vom leidenden Gottesknecht der alttestamentlichen Lesung kann die modernen Erfahrungen des Weggeworfenseins in sich

aufnehmen. Die Bibel ergänzt sie durch den Sühnecharakter des leidenden Gottesknechtes und durch seine Fürsprecherrolle bei Gott für uns.

4. Die ersten Christen haben den leidenden Gottesknecht auf die Person Jesu hin gedeutet.
   Für diesen Weggeworfenen ergreift Gott Partei.
5. Die Passionserzählung und die Kreuzverehrung der Karfreitagsliturgie können uns die Erfahrung von Betroffenheit vermitteln:
   Lassen wir uns von *den* Menschen in Anspruch nehmen, in deren Schicksal uns Jesus heute begegnet?

Predigt

Einer der Titel, die unserer Gesellschaft gegeben wurden, lautet „Wegwerfgesellschaft". Was alt, unmodern, unbrauchbar oder lästig geworden ist, wird weggeworfen: Einwegverpackungen, Kleider und Möbel, die nicht mehr dem neuen Trend entsprechen, viele Abfälle in Haushalt und Industrie, Giftstoffe in Tonnen, von der ausgelaufenen Batterie bis hin zu Giftfässern, die illegal „entsorgt" werden ...
Schlagwörter wie „Wegwerfgesellschaft" sind immer einseitig, aber sie werfen ein Licht auf unseren Lebensstil, in diesem Fall: unseren Umgang mit den Dingen. Wir kennen die Folgen: Der Regen wird sauer, der Wald stirbt, die Flüsse müssen es ausbaden. Karfreitag der Schöpfung. Und der Mensch?
Wo Dinge achtlos weggeworfen werden, bleibt das nicht ohne Folgen für den Umgang von Menschen miteinander:

- Da ist eine alte Frau.
  Sie sagt: Meine Kräfte sind verbraucht. Manchmal plagen mich arge Schmerzen. Ich kann mir nicht mehr in allem selber helfen. Ich bekomme deutlich zu spüren, wie ich eine Last bin im Haus. Manchmal muß ich weinen und fühle mich abgeschoben.
- Da ist ein Mann um die 50.
  Er klagt: Vor ein paar Monaten ist mir gekündigt worden. Man hat mich weggeworfen wie eine verrostete Schraube. Einen neuen Arbeitsplatz finde ich nicht. Auf die Straße getraue ich mich schon bald nicht mehr – aus Angst vor dem Gerede der Leute. Den ganzen Tag hänge ich trüben Gedanken nach.
- Da ist ein Kind.
  Es kann noch nicht reden, denn es lebt erst seit sechs Wochen, aber es wird nie geboren werden. Es ist nicht erwünscht. Abtreibung heißt die Lösung der Eltern, gesetzlich kein Problem.

Das Kind ist nicht allein. Hunderttausende werden jedes Jahr zum Wegwerfen verurteilt.

– Da sind Eltern.
Sie leben in einer Blechhütte am Rande von La Paz in Bolivien.
In einem Interview sagen sie: Wir haben fünf Kinder. Alle sind krank. Sie haben ständig Hunger. Auf dem Müllplatz vor der Stadt suchen wir, was wir noch verwerten können. Wir arbeiten 16 Stunden, aber sehen trotzdem keine Zukunft.

Liebe Christen! Diesen Menschen ist eines gemeinsam: Sie fühlen sich wie weggeworfen oder sind es – Menschen-Müll in unserer Zeit.
Solche Menschen kommen mir in den Sinn, Gesichter, die ich zum Teil persönlich kenne, wenn mir in der Lesung der leidende Gottesknecht vor Augen tritt.
Welche Gesichter fallen Ihnen dabei ein?

Lesung: Jes 52,13-53,12, danach Antwortgesang

Der Prophet Jesaja malt da das Bild eines entstellten Menschen:
Er wird verachtet und gemieden, obwohl er gerecht ist.
Er ist ein Mensch, der Schmerzen kennt und das Leid auskosten muß bis zum Rand.
Es ist nicht angenehm, mir so einen Menschen vorzustellen, aber ich kann ihn nicht aus meinen Gedanken verdrängen. Dieses vierte Lied vom Gottesknecht geht mir unter die Haut, weil ich spüre, daß *ich* im Geschehen mit dabei bin. Denn von diesem Menschen wird ja gesagt: Er hat unsere Schmerzen auf sich geladen und unsere Krankheit getragen – mehr noch: unsere Schuld hat er auf sich genommen und tritt vor Gott für uns ein.
Und vielleicht begreifen wir, daß dieser Mensch für die ersten Christen ein Gesicht bekam und einen Namen: Jesus aus Nazaret.
Er, der wie ein Verbrecher hingerichtet wurde, weil er im Namen Gottes für *die* Menschen eintrat, die man auf den Schuttplatz der Gesellschaft abgeschoben hatte.
Er, der verlassen wurde von seinen besten Freunden.
Er, der der Gewalt nur die Wahrheit und seine offenen Hände entgegensetzte.
Er, der das Kreuz als letzte Konsequenz auf sich nahm – für uns.
Wenn Sie anschließend die Leidensgeschichte nach Johannes hören, dann betrachten Sie, was da geschieht, doch einmal unter dem Blickwinkel: Es geschieht für uns, für mich.

Unser Leben ist untrennbar verknüpft mit diesem Drama, das sich vor den Stadttoren Jerusalems, auf dem Schutthügel Golgota, abspielt.
Gott ergreift Partei für diesen zerschlagenen Menschen. Und in ihm ergreift er Partei für uns, wer wir auch sind und was immer wir auf dem Kerbholz haben. Ich bin mir sicher: Wenn Sie die Passion Jesu so an sich heranlassen, dann wird die Kreuzverehrung danach nicht bloß eine fromme Erinnerung sein oder ein eindrucksvoller Brauch im Kirchenjahr. Es wird Sie viel tiefer treffen.
Sie werden spüren können: Das Kreuz verehren wir nur dann wirklich, wenn wir uns auch in Anspruch nehmen lassen von dem Gekreuzigten. Er ist der Mensch, in dem Gott sein Gesicht offenbart hat im tiefsten Leid, in der größten Ohnmacht. Seitdem trägt jeder Mensch, der abgeschrieben oder weggeworfen wird auf den Schuttplatz unserer Welt, die Gesichtszüge Jesu.
Seitdem sind diese Menschen, ob sie in Bolivien, bei uns in N. oder anderswo leben, der bevorzugte Ort, an dem wir Jesus begegnen können. Amen.

Kurze Stille, dann: *Johannespassion*

Fürbitten
Große Fürbitten (*eine* stille Fürbitte für persönliche Anliegen)

Wort für die Woche
Die Mülltonne vor die Tür zu stellen ist *eine* Sache.
Die Entsorgung ist die Sache anderer.

Der Karfreitag stellt uns vor das Kreuz und vor die Verantwortung.
Er trägt uns die Sache Jesu auf:
- Dasein für abgestellte und weggeworfene Menschen.
- Sich dafür auch einmal die Hände schmutzig machen.
- Das Kreuz annehmen, wenn es sein muß.
- Wegbereiter sein für neues Leben.

Liedvorschläge
Antwortgesang: 659, 3 oder 179, 2
Zur Passion:
Nach Vers 18, 14: 180, 1
Nach Vers 19, 5: 179, 1
Nach Vers 19, 16: 185, 1+2
Nach Vers 19, 30: Stille, dann 178, 1+2

Zur Kreuzverehrung: 204, 1
Zur Kreuzverehrung der Gemeinde: 206, 182
Zur Kommunionausteilung: 179, 3+4+5, 546
(dazwischen Stille)

Burkhard Fecher

Ostersonntag

Botschaft
Als Christen wachsen wir durch das Scheitern hindurch zu neuem Leben. So erfahren wir an uns die Kraft der Auferstehung, die uns befreit zum Einsatz für das Leben.

Ziel
Ich will den Blick meiner ZuhörerInnen auf die Kraft und das Geschenk des neuen Lebens lenken, die aus Durchlittenem erwachsen können.

Lesungen
Apg 10,34a.37-43
Kol 3, 1-4
Joh 20, 1-9

Einleitung
Beginnen wir unseren Gottesdienst im Zeichen, das Tod und Auferstehung umspannt: Im Namen des Vaters ...
„Der Herr ist wahrhaft auferstanden!“ – so begrüßen sich heute Millionen orthodoxer Christen. Möge das Osterfest unser Leben verwandeln. Wer wirklich glaubt, hofft und liebt, vermag diese Welt zu verändern. Denn wir gehen nicht auf den Tod zu, sondern auf „das Leben“. Diese Glaubensgewißheit wollen wir uns schenken lassen und sie im Gottesdienst feiern. – Stille –

(eventuell „Taufgedächtnis“ – vgl. Meßbuch)

Wir loben den Gott unseres Lebens, der sich unser erbarmt hat und uns unverbrüchliches Leben schenkt!

(Bußakt und Kyrie fallen aus; es folgt das Gloria)

Zugangsweise zur Lesung

- Frage: Sind Sie schon mal gestorben?
- Koran-Wort: „Stirb, bevor du stirbst."
- Paradox: Ihr seid gestorben, und euer neues Leben ist mit Christus verborgen in Gott.
  Aus Durch-Leiden wächst neue Kraft, neues Leben.
- Grundhaltung der Christen: Hoffnung (Indikativ), denn Auferstehung ist Gottes Ja-Wort zum Leben (Indikativ)
- Imperativ: „Strebt nach dem, was im Himmel ist", das heißt, streckt euch nach dem Leben aus, werdet „Täter des Lebens"!

Predigt

Sind Sie schon mal gestorben? – Sie werden denken: Vertut der (die) sich denn im Tag? Karfreitag ist doch vorbei.
Doch ich frage Sie ganz bewußt heute am Ostersonntag: Sind Sie schon mal gestorben?
Ich meine nicht den körperlichen Tod. Ich meine den Tod in anderer Hinsicht: Eine Beziehung kann sterben, eine gute Hoffnung, ein berechtigter Wunsch kann sterben, mein Kinderglaube kann sterben. Vielleicht fällt Ihnen ein, was in Ihnen tief drinnen schon einmal gestorben ist ...
Ein Weisheitsspruch aus dem Koran, der heiligen Schrift der Muslime, heißt: Stirb, bevor du stirbst! – Stirb, bevor du stirbst, das meint: den Prozeß des Scheiterns, des Zugrundegehens aushalten. Das ist der Sinn, in dem ich „Sterben" in dieser Predigt gebrauche.
Ein Beispiel: Eine Ehe kann zerbrechen, sterben. Zwei Menschen verlieren den gemeinsamen, tragenden Grund ihrer Beziehung. So wird die Beziehung nur noch Last. Es gibt mindestens zwei Möglichkeiten, damit umzugehen: Die eine ist das pure Aushalten, um sich und den Kindern Lebensraum zu erhalten. Die andere Möglichkeit des Umgangs ist, Veränderung zu suchen, um Lebensraum erst zu ermöglichen. Was angemessen und richtig ist, können nur die Betroffenen individuell entscheiden. Beides sind Möglichkeiten, mit dem Sterben umzugehen. Egal wie, beides will durchgestanden sein, beides will durchlitten werden.
Es geht um ein aktives Sterben, lange bevor man körperlich stirbt, und hinterher ist man nicht mehr der- oder dieselbe. Das Durch-Leiden hat etwas verändert.
Wer im Durch-Leiden standhält, wer es aushält und nicht in die Oberflächlichkeit flieht, sondern dem Sterben ins Gesicht schaut, der

macht eine erstaunliche Erfahrung: Durch diesen Prozeß hindurch wächst eine neue Kraft, ein neues Leben in uns. Man kann es sich nicht selbst machen oder antrainieren. Es wird geschenkt, und es ist darum um so mächtiger gegenwärtig.
Da holen wir die Erfahrung ein, die Jesus gemacht hat: Er ist den Kreuzweg gegangen, er hat unendlich gelitten bis zum Tod, hat im Grab gelegen. Er hatte wirklich aus-gelitten. Und so konnte ihn Gottes Kraft erfüllen und auferwecken zu einem neuen, unzerstörbaren Leben. Lebenskraft, die aus Durchlittenem erwächst, ist durch nichts zu zerbrechen. Paulus drückt das so aus: Ihr seid gestorben, und euer neues Leben ist mit Christus verborgen in Gott. – Wer sich der Erfahrung seines Sterbens gestellt hat, der darf wie Jesus die Erfahrung machen, auferweckt zu werden aus dem Tod: eine neue Art von Kraft und Leben zu haben, die er/sie vorher nicht kannte. So schwingen wir uns ein auf die Lebenslinie Jesus. Darum gilt: Ihr seid gestorben, und euer neues Leben ist mit Christus verborgen in Gott.
Wer sich als Christ von der Aussage „Ihr seid gestorben" getroffen weiß, für den geht blanker Jubel-Optimismus an der Lebenswirklichkeit vorbei. Paulus ist da wohl aus eigener Erfahrung sehr nüchtern. Doch er sagt auch, und zwar gleich zu Beginn der Lesung: „Ihr seid mit Christus auferweckt!" – So gibt es keinen Grund mehr, im Tod, in der Schwarzseherei, im Pessimismus steckenzubleiben. Das geht gleichermaßen an der Lebenswirklichkeit vorbei. *Die* Grundhaltung für uns Christen ist die Hoffnung. Hoffnung sieht Leid und Tod und bleibt doch nicht dabei stehen. Sie streckt sich nach neuem Leben aus, denn die Auferstehung ist Gottes Ja-Wort zum Leben.
In dieser Hoffnung steht Paulus, wenn er schreibt: Ihr seid mit Christus auferweckt, darum strebt nach dem, was im Himmel ist. – Wenn wir die Kraft der Auferstehung aus dem erfahren, was wir wirklich durch-litten haben bis zum Tod, dann wird diese Kraft sich erweisen im Einsatz für ein menschenwürdiges Leben, so wie Gott es für uns will.
Strebt nach dem, was im Himmel ist, sagt Paulus.
Streckt euch aus nach dem Leben,
werdet Täter des Lebens – kraft der Auferstehung.
Amen. Halleluja!

Fürbitten
Herr Jesus Christus, du bist uns durch Leiden und Tod ins unvergängliche Leben vorausgegangen. In österlicher Freude rufen wir zu dir:

Antwortruf: GL 358, 3 Herr, erbarme dich ...

- Erfülle alle Christen mit der Kraft deiner Auferstehung, damit wir Zeugnis geben können für das Leben.
- Lenke die Herzen der Verantwortlichen in Kirche und Gesellschaft, damit sie sich für Gerechtigkeit und Frieden einsetzen.
- Laß alle, die ein schweres Leid an Leib oder Seele tragen, dein österliches Licht erfahren, damit sie in Hoffnung leben.
- Nimm unsere lieben Toten auf in dein Ewiges Leben, damit sie ans Ziel ihres Lebens gelangen.

Durch die Taufe sind wir mit dir, Herr Jesus Christus, verbunden im Leben und im Tod. Dafür loben wir dich und danken dir heute und in alle Ewigkeit. Amen.

(Anregung für die Anbetungsphase im Wortgottesdienst:)
Wir wollen in Stille dem Herrn danken, wo er uns in der Erfahrung des Leidens ihm gleichgestaltet hat; und wir wollen ihn loben, wo er uns Anteil an der Kraft seiner Auferstehung gibt.

Meditation nach der Kommunion
Tot – das heißt: ich bin am Ende.
Tot – das heißt: alles war vergeblich.
Tot – das heißt: ich werde vergessen.
Tot – das heißt: ich lasse alle Hoffnung fahren.
Auferstanden – das heißt: ich habe etwas vor mir.
Auferstanden – das heißt: alles bekommt einen Sinn.
Auferstanden – das heißt: einer vergißt mich nicht.
Auferstanden – das heißt: ich gewinne wieder Hoffnung.
Und das ist seit Ostern verknüpft mit dem, von dem die Bibel sagt:
„Ich war tot, und siehe, ich bin lebendig ..." *Peter Klever*

Liedvorschläge
Einzug: 213
Gloria: 223, 1-3
Halleluja: 530, 7. + Vers (Ps 118)
Credo: 226, 1-3
Übertragung: 540, 1+4
Agnus Dei: 538, 3+4
Dank: „Manchmal feiern wir mitten im Tag ein Fest der Auferstehung" (z. B. in: „Troubadour für Gott", Nr. 31)

Lucia Kehr OP

Ostermontag

Botschaft

Die Botschaft der Auferstehung Jesu ist für die Jünger so gewaltig und unfaßbar, daß sie sie zunächst weder aufgrund der Berichte der Frauen noch aufgrund der Hinweise durch Jesus selbst in ihrer Bedeutung gänzlich erfassen. Erst im Zeichen des Brotbrechens wird ihnen bewußt, was geschehen ist.

Ziel

Die GottesdienstteilnehmerInnen sollen die Bedeutung des „Sich-auf-den-Weg-Machens" in ihrem eigenen Leben wiedererkennen und zu der Unvorstellbarkeit der Auferstehungsbotschaft für die Jünger damals hingeführt werden.

Lesungen

Apg 2, 14.22-33
1 Kor 15, 1-8.11
Lk 24, 13-35

Einleitung

Aufgabe: Verbinden Sie drei untereinanderliegende Punktreihen mit je drei Punkten (= ein Quadrat aus neun Punkten) mit vier geraden Linien.

Nicht so einfach, zumindest hatte ich so meine Mühe und kam denn auch erst mit fremder Hilfe zu des Rätsels Lösung. Nur wenn ich einen Punkt außerhalb der neun anvisiere, gelingt mir das Vorhaben. Manchmal liegen die Lösungen außerhalb des Gewohnten, sind völlig unerwartet und doch so nah.
Jesus war solch ein Mensch der unerwarteten Lösungen, der neuen Wege und der unkonventionellen Antworten. Lassen wir uns anstecken, auch an diesem Ostermontag!
(Anm.: Um den GottesdienstteilnehmerInnen deutlich jenes graphische Spiel vor Augen zu halten, könnten Sie leicht auf einem Kartonpapier die Aufgabe und auf der Rückseite die Lösung aufzeichnen. Falls Sie darüber hinaus auch noch etwas mit nach Hause geben wollen, böten sich ebenso jene neun Punkte auf stärkeres Papier kopiert mit einem Satz aus dem Gottesdienst an. Übrigens: Die Lösung finden Sie am Ende dieses Gottesdienstes.)

Kyrie
Herr Jesus Christus, wir glauben so oft, schon alles zu wissen und begraben das Leben mit todbringenden Sätzen wie: das haben wir alles schon probiert, oder: das ist doch alles sinnlos.
Herr, erbarme dich.

Du warst ein Mensch, der in seinem Leben unbeirrt der Liebe gefolgt ist – auch auf unwegsamem Gelände.
Christus, erbarme dich.

Du willst, daß wir das Leben haben, und zeigst uns immer wieder neue Wege.
Herr, erbarme dich.

Gott, durch die Auferstehung des Jesus von Nazaret hat auch unser Leben eine neue Perspektive gewonnen, über den Tod hinaus. Dafür danken wir dir. Amen.

Zugangsweise zum Evangelium
1. Motivation zum Zuhören
   - die wahre Weisheit des Professors
   - „Wenn nichts mehr geht, dann gehen!"
2. Lebensbezug
   - das Sich-in-Bewegung-Setzen als Antwort auf drohende Resignation
   - Gehen schafft Veränderung und neue Lösungsperspektiven
3. Bezug zum Evangelium
   - trotz aller Resignation machen sich zwei Jünger auf den Weg
   - Jesus bleibt unerkannt, zu abwegig und unvorstellbar ist das, was Auferstehung bedeutet
   - Jesus benutzt das Zeichen des Brotbrechens, um die Brücke zum Leben zu schlagen
4. Konsequenz für unser Leben
   - unterwegs bleiben und offen für Begegnungen
   - sensibel für die Zeichen, Symbole und Sakramente Gottes – auch heute!

Predigt
Professoren, kluge Leute allesamt, geben von sich Wohlbedachtes, gut Geprüftes, Ausgewogenes und zumeist doch – wen wundert's nach all

den Sieben, durch die es geflossen – leider allzuoft am Ende etwas Langweiliges und in der Regel schwer Verständliches.
Ein Vorurteil vielleicht, bestätigt durch die berühmte Ausnahme, als ein Professor der Religionspädagogik einmal – fast unbemerkt – den kurzen Satz fallen ließ:
„Wenn nichts mehr geht, dann gehen!"
So sagte er, verband damit noch kurz drei Sätze aus dem eigenen Leben und ging – in ein langes Wochenende. Keine nähere Begründung, keine Einordnung in die alt- oder neutestamentliche Heilsgeschichte, kein Hinweis auf irgendwelche Dogmen oder Konzilsbeschlüsse, nicht mal die Synode fand Erwähnung. Auch fand man den Satz später nirgends veröffentlicht, und prüfungsrelevant war er auch nicht. Und doch hat er getroffen.
„Wenn nichts mehr geht, dann gehen!"
Da ist der Streit mit den Eltern, immer wieder das gleiche Thema, ständig die gleichen Argumente, Annäherung weder hier noch dort: Gehen, Jacke anziehen, Schuhe an die Füße und den Wind durch die Gedanken blasen lassen. Noch besser wäre es natürlich, gelänge es, den Weg zusammen unter die Füße zu bringen, schweigend zunächst, um langsam und stammelnd womöglich nach neuen, frischen Worten zu suchen. Manchmal liegt die Wahrheit außerhalb des Gewohnten.
„Wenn nichts mehr geht, dann gehen!"
Die Partnerschaft in schwerer Prüfung: Können, wollen wir noch zusammenbleiben, das Für und Wider rechts- und linksherum betrachtet, Schweigen macht sich breit und lastet schwer. Begangenes Schweigen ist leichter, und verminderter Druck schafft Platz für neue Aspekte, vielleicht findet man gehend den Weg in eine gangbare Zukunft für beide.
Ich halte diesen Satz für so genial, wie er einfach ist, und ich habe ihn immer wieder bestätigt gefunden in meinem und im Leben vieler anderer, die mir und denen ich Weggefährte war. Stillstand ist Resignation, ist Vorwegnahme des Todes und kann insofern nicht Botschaft unseres lebendigen Gottes sein.
„Wenn nichts mehr geht, dann gehen!" werden sich die beiden Jünger damals in Jerusalem vielleicht nicht gedacht haben. Sicher war auch für sie mit dem Tod ihres Herrn ihre Welt zusammengebrochen, glaubten sie doch, daß mit diesem Jesus von Nazaret nun endlich das lang ersehnte Reich Gottes anbrechen sollte. Deshalb war er doch gekommen, das war doch der Inhalt seiner Predigten und Hintergrund all seiner Wunder, hatte er sich doch selbst am Anfang seines öffentlichen Wirkens als den

bezeichnet, der gekommen ist, „den Armen eine gute Nachricht zu bringen und den Gefangenen die Entlassung, ... und um ein Gnadenjahr des Herrn auszurufen“ (Lk 4, 18).
All ihre Hoffnung hatten sie auf ihn gesetzt, oft Haus und Hof verlassen, um bei ihm sein zu können. Sie glaubten an seine Kraft, auch im Blick auf den Konflikt in Jerusalem, dem wohl nicht auszuweichen war, denn den religiösen Spitzenmännern jener Zeit war die Lehre des Zimmermannssohnes aus Galiläa schon des längeren ein Dorn im Auge. Und trotzdem hatten sie die Hoffnung auf ein gutes Ende – wie sonst hätten sie einfach schlafen können, in der Nacht davor – nein, damit hatten sie nicht gerechnet, nicht mit dem Tod Jesu und schon gar nicht am Kreuz, dem Schandpfahl für jeden Juden. „Verflucht ist, wer am Kreuze stirbt“, heißt es nicht umsonst im Alten Testament. Und mit diesem Tod war auch das gesamte Leben jenes Jesus in Frage gestellt: War er wirklich Gottes Sohn, war seine Botschaft eines liebenden und befreienden Gottes richtig und „gedeckt“?
Zwei der Jünger machten sich aus den Fragen der Unsicherheit und der Verzweiflung heraus auf den Weg. Sie verließen diese unheilvolle Stadt, die für sie zur Stätte des Triumphs hätte werden sollen, und wollten nach Emmaus.
Schweigend vielleicht zunächst, redeten sie später doch über all das, was sie erlebt und nicht verstanden hatten. Und vielleicht ist es als Zeichen dafür zu werten wie umstürzlerisch und verändernd all das war, was da eben in Jerusalem geschah, daß sie Jesus nicht erkannten, als er sie begleitete. Daß sie auch dann noch wie blind waren, als er die richtigen Fragen stellte und Antworten gab.
„Manchmal liegt die Wahrheit außerhalb des Gewohnten“, jener Satz fiel vorhin schon einmal und paßt hier wieder. Die Jünger erkannten ihren Herrn und Bruder erst dann wieder, als er ihnen mit Hilfe des Brotes die Brücke schlug zu seinem Leben vor dem Tod.
Wir Menschen scheinen zu leben vom Unterwegssein, von den Begegnungen auf diesem Weg und von Zeichen, Sakramente für uns Christen, die die Kraft einer anderen Welt spürbar werden lassen.
Und auch dies ist die heutige Botschaft des Evangeliums: sich auf den Weg machen, Begegnungen zulassen und reden und fragen und sensibel sein für die Zeichen, Symbole und Sakramente Gottes in unserer heutigen Welt. Amen.

Fürbitten

Guter Gott,
auch uns geht es heute allzuoft wie besagten Emmausjüngern, wir wissen von der Auferstehung Jesu, doch wir verstehen seine Botschaft nicht. Herr, hilf unserem Glauben!

- Laß uns in Situationen der Verzweiflung den Mut finden, den ersten Schritt zu tun und, entgegen aller Resignation, zu gehen.
- Wir Christen sind gemeinsam auf dem Weg. Laß uns diese Weggemeinschaft im täglichen Leben spüren.
- Deine Gegenwart ist oft leicht zu übersehen. Schenke uns wache Sinne für die Zeichen deiner Nähe zu uns Menschen.
- Die Botschaft der Auferstehung Jesu ist zu gewaltig, um sie gänzlich zu fassen. Laß uns ein Gespür dafür bekommen, was es bedeutet, von dir unbedingt geliebt und angenommen zu sein.

Herr, unser Gott, durch deine Nähe finden wir den Mut, unser Leben auch in den schweren Passagen zu gehen. Mögen wir einander in dieser Nähe bestärken, jetzt und in Ewigkeit. Amen.

Wort für die Woche

„Wenn nichts mehr geht, dann gehen!“, denn im Gehen ergehe ich mir neue Möglichkeiten, und vieles erscheint in einem anderen Licht. Und wie gesagt: Manchmal liegt die Wahrheit außerhalb des Gewohnten!

Liedvorschläge

Eingang: 220, 1-3
Gloria: 262
Antwortgesang: 220, 4+5
Credo: 291, 1+3
Übertragung: 298, 1-3
Sanctus: 469
Agnus Dei: 170
Dank: 298, 4.5
Auszug: 222, 1.2

Lösung:

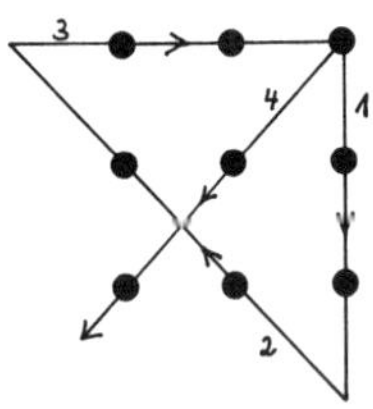

Klaus Hofmann

2. Sonntag der Osterzeit

Botschaft
Meine Wunden und Schmerzen und die Wunden der ganzen Welt hindern Gott nicht, der Welt und den Menschen neues Leben zu schenken.

Ziel
Ich möchte meine ZuhörerInnen ermutigen, ihre Fragen und Zweifel anzuschauen und anzunehmen, weil Jesus als Auferstandener seine Wundmale nicht abgeschüttelt, sondern in das neue Leben mit hineingenommen hat.

Lesungen
Apg 4, 32-35
1 Joh 5, 1-6
Joh 20, 19-31

Einleitung
Wer allzu gutgläubig ist, läuft leicht Gefahr, übervorteilt, betrogen oder für dumm verkauft zu werden. Ein gewisses vorsichtiges Mißtrauen scheint eher angebracht, um im Leben zu bestehen. So denken die meisten Menschen heute, und so eine Haltung hatte wohl auch Thomas damals, von dem wir später im Evangelium hören. Auferstehung ist damals wie heute etwas, was menschliches Vorstellungsvermögen übersteigt. Das können wir nur glauben, und darauf können wir nur vertrauen. Das fällt uns aber oft schwer. Denn wenn es um Gottes Wirklichkeit geht, greifen unsere menschlichen Maßstäbe nicht.
– Stille –

Kyrie
Herr Jesus Christus, du bist auferstanden, um uns mit neuem Leben zu erfüllen.
Herr, erbarme dich unser.

Herr Jesus Christus, du bist auferstanden, damit unsere Schmerzen und Wunden, damit Sünde und Tod nicht das letzte Wort haben.
Christus, erbarme dich unser.

Herr Jesus Christus, du bist auferstanden, um uns eine neue Hoffnung und einen neuen Anfang zu schenken.
Herr, erbarme dich unser.

Zugangsweise zum Evangelium

- Im Alltag anknüpfen: die Redewendung „den Finger in die Wunde legen" abtasten.
- Problem-Abgrenzung: heute gilt, was sichtbar und berechenbar ist – eine kritische Grundhaltung.
- Anknüpfung an das Evangelium: Thomas ist mit uns wesensverwandt: Er ist von Grund auf kritisch. Und: Jesus geht auf diesen Zweifel ein, er läßt ihn zu.
- Parallelisierung: Wir dürfen vor Gott unsere Zweifel dasein lassen und auch die Finger in die Wunden legen, die wir an uns und in Kirche und Welt sehen.
- Bestärken: Mit allen und trotz aller Wunden schenkt uns Gott sein neues Leben.

Predigt

„Den Finger in die Wunde legen" – das ist eine bekannte Redewendung, die sich an das anlehnt, was das Evangelium erzählt. „Den Finger in die Wunde legen" – das meint: genau hinsehen, prüfen, sich nicht vom Hörensagen überzeugen lassen, kurz: eine Haltung, wie sie in Thomas erscheint.
„Den Finger in die Wunde legen" – das meint freilich auch: der Unbequeme, die Nörglerin zu sein, jemand, der im Verdacht steht, sich besonders auf das Unfertige, Fehlerhafte zu stürzen. So entsteht auch ein negativer Beigeschmack: Wer den Finger in die Wunde legt, das ist jemand, der Lust am Zweifel, am Nachbohren und an den Fehlern anderer hat.
Doch es hat auch sein Gutes, daß es Menschen gibt, die fragen, die sich nicht mit der erstbesten Antwort zufriedengeben und auf Fehler aufmerksam machen.
Ist nun unser Thomas aus dem Evangelium ein Dauerkritiker?
Jedenfalls fragt er nach. Deshalb ist er bis heute als Sinnbild des Zweifelnden bekannt. Er legt im wörtlichen und im übertragenen Sinn den Finger in die Wunde. So hören wir in dieser Ostergeschichte die Fragen und Zweifel unseres eigenen Lebens mit: Heutzutage gilt, was sichtbar, beweisbar, berechenbar ist. Niemand von uns läßt sich gerne Leichtgläubigkeit und unkritische Haltung vorwerfen. Im Blick auf die

täglichen Karfreitage unserer Erde weckt die Botschaft der Auferstehung vom Tod unsere Fragen und Zweifel: Wo ist da, bitteschön, das neue Leben? Das macht Thomas so sympathisch: Er bringt unsere Gefühle, unser Fragen und Suchen, unsere Wünsche in seiner Haltung zum Ausdruck. Jesus nimmt die Zweifel des Thomas an und wendet sich in besonderer Weise seinem ungläubigen Jünger zu: Er geht auf ihn ein und läßt sich von ihm anfragen und anfassen.

Das macht Mut, Fragen und Zweifel an uns heranzulassen. Den Finger in die Wunde zu legen, trägt Thomas keine Zurückweisung und Abkehr Jesu, sondern besondere Zuwendung ein. Er ist so angenommen *mit* dem Zweifel. Ich lese einmal daraus den Hinweis, mit Menschen, die Zweifel am Glauben haben und ihren Finger kritisch in die Wunden der Kirche legen, doch liebevoller umzugehen. Und es ist die Ermutigung, sich selbst die Glaubenszweifel zu erlauben und barmherzig zu sein mit dem eigenen Unvermögen zu glauben.

Legen wir mit Thomas den Finger in die Wunden. Für Thomas waren die Wundmale Jesu sein Erkennungszeichen. Sie bestätigten die Botschaft der anderen Jünger: Wir haben den Herrn gesehen, er ist auferstanden! – Für uns dagegen sind die Wunden, in die wir heute den Finger legen, Anstoß für Zweifel und Unglaube. Zahlreich sind die Wundmale, die unsere Erde trägt: Katastrophen, Kriege, Terror, Gewalt, Ausbeutung von Menschen und Natur. Spricht das nicht gegen den Osterglauben, gegen das neue Leben? Der Leib des Auferstandenen trägt noch die Wunden des Kreuzes. Und der Leib Christi, das sind auch wir Christen, die Kirche. Und ihre Wunden? Sind sie Zeichen des Glaubens und der Hoffnung? Für viele offensichtlich nicht, denn sie leiden an und in dieser Kirche. Sie fühlen sich ausgegrenzt, weil sie gerade im Ringen um einen ehrlichen und aufrichtigen Glauben auch Fragen haben. Nur ein Stichwort sei hier stellvertretend für viele genannt: *(aktuelles Beispiel einfügen)* – Sind das nicht Wunden, die es schwermachen, ein frohes und mutiges Bekenntnis der Auferstehung weiterzusagen?

Wundmale trägt schließlich auch jeder und jede einzelne von uns: Krankheit, keine Perspektive für die Zukunft – sei es beruflich oder privat –, alleingelassen von Mitmenschen, Politik und Institutionen. Schwere menschliche Schicksale sind Anstoß genug für ernste Zweifel und Fragen, ob unser Osterglaube trägt. Hilft da Gottes Wort, die Botschaft der Thomas-Geschichte?

Zunächst scheint die Begegnung mit dem Auferstandenen bestehende Zweifel zu bestärken: Auch er, der den Tod und das Kreuz besiegt haben soll, bleibt gezeichnet von den Wunden der Gewalt. Mir hilft dieses Bild des auferstandenen Christus dennoch. Ich kann ihm glauben, daß er mir nah ist in den dunklen Stunden; ich nehme ihm ab, daß er da ist, wo Menschen leiden und sterben, um ihr Leben ringen und verzweifeln, gerade weil er auch als der Auferstandene nicht der „makellose Übermensch" ist, sondern sich als Sohn Gottes hat verwunden lassen; weil er als Sieger über den Tod die Male von Leid und Tod nicht abschüttelt. Er ist der verwundete Helfer. Er nimmt die Zeichen des Widerspruchs gegen das Leben, gegen Auferstehung und Hoffnung auf Erlösung mit hinein in die Gestalt seines neuen Lebens. Der verletzte und doch lebendige Christus sagt mir: Die Spuren des Schmerzes, der Gewalt, des Todes und der Sinnlosigkeit können nicht trennen von Gottes Liebe. Sie hindern Gott nicht, Welt und Menschen neues Leben zu schenken. Ich mag dieses Bild des verwundeten und doch auferstandenen Christus, weil ich vor ihm nicht das Leid und den Tod, die Krankheiten und das Unrecht wegdenken muß; weil ich in den Wunden meine Verletzlichkeit und Vergänglichkeit anschauen und annehmen kann. Ich glaube diesem Christus: Seine Auferstehung bedeutet für mich neues Leben. Ich sehe ihm an, daß er mein Leben in sich trägt.

Fürbitten
Herr Jesus Christus, als Auferstandener hast du dich immer wieder deinen Jüngern gezeigt und sie mit deiner Nähe und mit heiligem Geist gestärkt. Auch wir bitten um deinen Beistand:

– Du hast deinen Jüngern den Frieden gewünscht. Gib uns Christen Mut und Phantasie, uns für Frieden im Kleinen wie im Großen einzusetzen.
  Wir bitten dich, erhöre uns!
– Du hast deinen Jüngern den Dienst der Versöhnung anvertraut. Hilf allen, die in Haß und Fundamentalismus verstrickt sind, Brücken zueinander zu finden.
– Du hast Thomas deine Wunden gezeigt. Laß uns über den Wunden unseres Lebens und der ganzen Welt nicht verzweifeln, sondern einstehen für ein menschenwürdiges Leben aller.
– Du hast die seliggepriesen, die nicht sehen und doch glauben. Schenke allen, die enttäuscht und verbittert sind, deine wärmende Liebe.

Herr Jesus Christus, du bist unser Bruder und der auferstandene Herr. Wir danken dir für deine Nähe und vertrauen auf das Leben, das du schenken willst in Zeit und Ewigkeit. Amen.

Kommunionmeditation

Gott,
du bist da in diesem kleinen Stückchen Brot.
So ein armseliges Scheibchen Brot
soll dich, den großen Gott, enthalten?
Manchmal, Gott, kommen mir die Zweifel.
Bist du wirklich da?
Ich komme zu dir, Herr,
um mit dir meine Zweifel auszuhalten.
Ich weiß: Du hältst mich aus und nimmst mich an,
damit ich mich aushalten und annehmen kann.
Zu dir, Herr, komme ich.
du und ich –
wir setzen uns einander aus.

Liedvorschläge

Einzug: 222
Gloria: „Manchmal feiern wir mitten im Tag ein Fest der Auferstehung“ (z. B. in: „Troubadour für Gott“, Nr. 31)
Antwortgesang: 216
und/oder Halleluja: GL 530,7 + Kehrvers
Aussetzung: 546, 1+4
Agnus Dei: 547, 2
Dank: 221, 1+7-11 oder: 219

Lucia Kehr OP

3. Sonntag der Osterzeit

Botschaft

Ostern als Fest der Erfahrung der Auferstehung Jesu ist kein einmaliges Ereignis bei den JüngerInnen gewesen. Im gegenseitigen Glaubenszeugnis ist für sie Jesus als der Auferstandene Wirklichkeit geworden. Genauso kann auch in den Vollzügen unserer christlichen Gemeinden – in den Gottesdiensten, Gesprächen usw. – Jesus als der Auferstandene Wirklichkeit werden.

Lesungen

Apg 3, 12a.13-15.17-19
1 Joh 2, 1-5a
Lk 24, 35-48

Einleitung

Ich begrüße Sie und euch zu unserem Sonntagsgottesdienst. Beginnen wir ihn gemeinsam mit dem Zeichen unserer Erlösung und beten:

A: Im Namen des Vaters ...

Bei jedem Gottesdienst denken wir daran, was Jesus für uns getan hat. Wir versuchen zu erfahren, daß er jetzt in unserer Mitte gegenwärtig ist. Wir wollen ihn gleichsam spüren, erahnen, sehen – genauso wie seine ersten Jünger ihn er-leben wollten als den Auferstandenen. Die Evangelien berichten davon, daß Jesus immer dort erschienen ist, wo sich Menschen über ihn unterhalten und nach ihm gesucht haben; die Frauen auf dem Weg zum Grab, die Emmaus-Jünger, die versammelte Gemeinde mit und ohne Thomas. So dürfen auch wir jetzt glauben, daß Jesus bei uns ist, wenn wir zu ihm rufen:

Kyrie

Herr Jesus Christus, du hast dich als Auferstandener deinen Jüngerinnen und Jüngern zu erkennen gegeben.
Herr, erbarme dich.

Du bist bei den Menschen, die sich in deinem Namen zum Gottesdienst versammeln.
Christus, erbarme dich.

Du schenkst allen Menschen deinen Geist, die dich mit lauterem Herzen suchen.
Herr, erbarme dich.

Ja, Herr, du erbarmst dich unser und schenkst uns dein Dabeisein in unserem Leben. Durch deine Auferstehung hast du uns ein neues Leben eröffnet. Dich preisen wir heute und alle Tage unseres Lebens bis in Ewigkeit. Amen.

Zugangsweise zum Evangelium

In den Osterberichten der Evangelisten geht es darum, Jesus als den Lebendigen inmitten der Jüngergemeinde erkennbar zu machen.
Die Auslegung dieser Evangelienberichte wird um so lebendiger, je mehr

eigene Erfahrungen mit ihnen in Zusammenhang gebracht werden. Von daher wird der folgende Predigtvorschlag durch das Erzählen eines eigenen „Jesus-Auferstehungs-Erlebnisses“ an Glaubwürdigkeit gewinnen.

Predigt

Ostern ist schon wieder zwei Wochen vorbei, die Ferien oder der Urlaub sind auch vorüber, der Alltag ist wieder eingekehrt. Das merken wir alle – aber es ist ja nicht weiter schlimm. Ganz normal, daß nach einem Fest alles so weitergeht wie zuvor.

Auch die Begeisterung unserer Erstkommunionkinder und deren Eltern läßt schon wieder nach. Das spüre ich in der Schule und auch hier in der Kirche.

An Ostern und am Weißen Sonntag sind viele Christen wieder einmal aufgetaucht, um für das nächste Jahr oder wenigstens bis Weihnachten ihr Christentum ad acta zu legen.

Ich wage zu behaupten, daß bei vielen Leuten außer einer Magenverstimmung vom üppigen Essen nichts übriggeblieben ist von der Feier des Osterfestes und des Weißen Sonntags.

Aber warum erzähle ich das Ihnen und euch, die ihr ja immer wieder zum Gottesdienst kommt, um eben die Ostererfahrung so oft wie es geht in euer Leben zu holen?

Den Jüngern Jesu ging es da wie uns. Sie mußten Ostern erst erfahren lernen. Das ging nicht von heute auf morgen. Sie mußten sich auseinandersetzen mit denen, die überzeugt waren, genauso wie mit denen, die lau waren, die sich versteckt hielten, die einfach nicht glauben konnten.

Sie mußten überlegen, was in der Schrift stand, und es in ihr Leben übertragen. Sie mußten miteinander und untereinander darüber reden, sich gegenseitig begeistern und anstecken lassen von ihren Ostererfahrungen.

Und dabei passierte es immer wieder: Jesus wird mittelbar. Er kommt in ihre Mitte, während sie über ihn redeten. Während sie sich mit Jesus beschäftigten, wird er Wirklichkeit bei ihnen.

Ist das nicht auch in unserer Zeit eine Möglichkeit, Jesus zu erfahren, indem wir über ihn reden, uns mit seinem Wort, der Schrift, auseinandersetzen. Kann dann nicht auch unser Erleben von Ostern weitergehen – einfach deshalb, weil wir die Erinnerung an Jesus wachhalten bei uns.

Im Gottesdienst hier in der Kirche sind wir gefühlsmäßig Gott näher als

an einem anderen Ort. Und das ist auch gut so für uns. Aber als Christen haben wir auch den Auftrag, unsere Glaubenserfahrungen weiterzuerzählen, Zeugen zu sein für Christus, der auch bei uns noch lebt.
Jesus ist als der Auferstandene nicht im Tempel erschienen, sondern überall dort, wo Menschen zusammen waren und miteinander geredet und gebetet haben.
Deshalb ist ein Osterwunsch von mir, daß es bei uns hier in N. möglich ist, daß wir miteinander über Gott und unseren Glauben reden können. Daß wir, die wir jeden Sonntag zur Kirche kommen, auch denen die Augen öffnen, die noch nicht so gut glauben können wie wir, daß Jesus auferstanden ist und auch bei uns heute lebt.

Fürbitten

Guter Gott, du hast deinen Sohn auferweckt und auch uns zu neuem Leben berufen. Wir bitten dich für unsere Welt und die Menschen, daß sie in ihrem Leben erfahren, daß du auch heute noch bei uns bist:

- Schnell holt uns nach den Hochfesten der Alltag wieder ein mit seiner Normalität. Laß uns gerade in unserem Alltag und bei unseren normalen Lebensvollzügen spüren, daß du uns neues Leben schenkst ...
- Die Kirche will die Botschaft von der Auferstehung an alle Menschen weitergeben. Schenke ihr deinen Geist, damit die Frohe Botschaft zu allen Menschen gelangen kann ...
- Vieles in unserem Staat und in unserer Gesellschaft behindert den Glauben an den lebendigen Gott. Laß in unserer Welt Räume frei werden, wo sich dein Reich entfalten kann und die Menschen ihren Glauben leben können.
- In unserer Gemeinde gibt es viele verschiedene Gruppen. Laß das Gespräch über unseren Glauben und unser Leben zu einer Quelle von lebendigen Glaubenserfahrungen werden ...
- Das Sterben und der Tod gehört zu unserem menschlichen Leben dazu. Schenke uns allen die Hoffnung auf dein ewiges Leben ...

Guter Gott, dein Sohn Jesus hat sich seinen Jüngern als der Lebendige gezeigt. Schenke uns Zeichen deiner lebendigen Gegenwart. Durch Christus loben wir dich im Heiligen Geist. Amen.

Kommunionmeditation

Jesus,
du großer Gott,
im unscheinbaren Brot.
Jesus,
du verborgener Gott,
im alltäglichen Gesicht des Bruders, der Schwester.
Jesus,
du bescheidener Gott,
im gewöhnlichen Alltag.
Du willst uns dort begegnen,
wo wir gar nicht mit dir rechnen.
Du kannst uns überraschen,
wenn wir deine Einfälle und Zeichen aufnehmen und
verstehen.
Du wartender und überraschender Gott,
du rennst keine Türen ein.
Du wartest geduldig, bis wir dich einlassen in unser Herz.
Geh nicht mehr fort,
bleibe bei mir, geh mit mir.
Amen.

Wort für die Woche

Versuchen wir in dieser Woche, Jesus, den Auferstandenen, in unseren Lebensvollzügen und bei unseren Gesprächen zu erfahren.

Liedvorschläge

Einzug: 220, 1-3
Gloria: 218
Antwortgesang: 223
Dank: 227

Zur Gottesdienstgestaltung

Wenn sich eine kleine Gemeinde versammelt hat, oder wo es möglich erscheint, können nach bzw. in der Predigt die Gläubigen aufgefordert werden, in kleinen Gruppen über ihre Glaubenserfahrungen = Auferstehungserfahrungen zu reden.

Bernhard Hopf

4. Sonntag der Osterzeit

Botschaft

Das Schriftwort vom „Hirten und Tagelöhner" möchte uns zeigen, daß Jesus als der „Gute Hirte" seiner Kirche vorausgeht. Wenn wir uns an Jesu Leben und Botschaft orientieren, können wir selbst zu „Hirten" werden.

Ziel

Ich möchte die GottesdienstteilnehmerInnen ermutigen, im Bild des „Guten Hirten" auch eine Haltung für ihr eigenes Leben zu entdecken.

Lesungen

Apg 4, 8-12
1 Joh 3, 1-2
Joh 10, 11-18

Einleitung

„... unterwegs im Namen des Herrn."
An einer belebten Straßenkreuzung las ich diesen Ausspruch auf einem Autoaufkleber. Das vor mir fahrende Fahrzeug hatte dieses Bekenntnis an seinem Heck haften.
„... unterwegs im Namen des Herrn."
„Welcher Herr ist damit wohl gemeint", dachte ich mir, als die Fahrt weiterging.
„... unterwegs im Namen des Herrn."
Könnten wir (Christen) diesem Bekenntnis nicht auf jeden Fall zustimmen? Wir sind unterwegs im Namen des Herrn.
Mit den Worten der heutigen Lesung gesagt: Jesus Christus ist der Eckstein, der unserem Leben Sinn und Richtung geben will.
(Der/die GottesdienstleiterIn zeigt einen Backstein mit einem Kreuz darauf. Eventuell baut er/sie eine kleine Mauer auf, bei der der Backstein mit dem Kreuz zum Eckstein wird.)
Jesus Christus ist der Gute Hirte, der uns vorangeht und mit uns geht. Unsere Begegnung mit Jesus, unser „Unterwegssein im Namen des Herrn", wollen wir jetzt feiernd im Gottesdienst begehen.

Bußakt

Wir sind unterwegs, oft ohne den Herrn. So erscheint es zumindest häufig in unserem Leben. Denken wir darüber nach:

– Herr Jesus Christus, du Stein, von den Bauleuten verworfen – durch mangelndes Vertrauen und verschlossene Herzen. – Stille –
– Herr Jesus Christus, du Stein, von den Bauleuten verworfen – durch Unglauben, Mißtrauen und Lüge. – Stille –
– Herr Jesus Christus, du Stein, von den Bauleuten verworfen – durch Streit, Haß, Gleichgültigkeit und Krieg. – Stille –

Herr Jesus Christus, du nimmst von uns unsere Schuld. Du nimmst alles, was uns zu Boden drückt, damit wir wahrhaft in deinem Namen unterwegs sein können.

Kyrie

Herr Jesus Christus, du Guter Hirte.
Herr, erbarme dich.

Du Hirt, der sein Leben für uns hingibt.
Christus, erbarme dich.

Du Hirt, der sagt: Ich kenne die Meinen und die Meinen kennen mich.
Herr, erbarme dich.

Zugangsweise zum Evangelium

1. Gedanken zum Bild „Hirte und Schafe"
   – „Alter Hut" in der Verkündigung der Kirche
   – „Hirte und Schafe" geben nicht unsere Lebenssituation wieder
   – Altes Bild für moderne Zeit?
2. Der Hirte „in uns"
   – Hirte sein bedeutet Freiheit
   – Lagerfeuerromantik
   – Religionsunterricht
   – Hirte und Schafe: Bild mit Symbolgehalt
   – Die Haltung des Hirten, eine Haltung für uns?
3. Hinweis auf Weltgebetstag um geistliche Berufe
   – SeelsorgerInnen als Hirten
   – Alle Christen können Hirten sein
4. Vom Beruf des Hirten
   – Der Hirte geht voraus
   – Der Hirte kennt seine Schafe („Ich kenne meine Pappenheimer")

- Der Hirte stellt sich den Gefahren
- Der Hirte schenkt Leben in Fülle

5. Das Hirtenmotiv in der Bibel
   - Jesus überträgt das Hirtesein Gottes auf sich selbst
6. Jesus, der Gute Hirte
   - Beispiel „Hungertuch"
   - Jesu Lebensweg, der Weg des Guten Hirten
   - Vergleich Hirte und Tagelöhner („Bezahlt" und „nicht bezahlt" als Einstellung)
   - Gleichgültigkeit widerspricht der „Hirtenhaltung"
   - Hingabe Jesu: Trost für die Menschen
7. Auftrag: Selbst Hirte sein
   - Beispiele des Alltags, die hirtenmäßiges Handeln notwendig machen
   - Ermutigung: Hirte werden

Predigt

Hirte und Schafherde – das ist ein alter Hut in der Verkündigung der Kirche. Das „normale Fußvolk" sind die Schafe. Die müssen ihren Hirten treu folgen. Das Bild von dem Hirten und den Schafen gibt doch heute gar nicht mehr unsere Lebenssituation wieder? –

Vielleicht haben Sie sich etwas Ähnliches bei den Worten des heutigen Evangeliums gedacht. Wir tun uns schwer mit diesem alten Bild der Bibel in unserer modernen Zeit. Eine Schafherde mit ihrem Hirten ist kein alltägliches Bild für unsere Augen.

Mag sein, daß wir den Hirten sogar um seinen Beruf beneiden. Wir verbinden mit seiner Tätigkeit Natur und Freiheit. In die Rolle des Hirten schlüpfen die Kinder gerne beim Krippenspiel am Weihnachtsfest. Kinder verbinden mit dem Hirtesein Lagerfeuerromantik, Mut und Gefahr. Die schulischen Religionsstunden, die um das „Hirten- und Schafemotiv" kreisen, sind mit sehr viel Gefühl und Emotion verbunden. So recht abschütteln können wir dieses alte Bild der Bibel auch nicht. Ich möchte Sie einladen, noch ein wenig diesem Motiv voller Symbolgehalt nachzuspüren. Die Haltung des Hirten kann auch Konsequenzen in unserem täglichen Leben haben.

Wir feiern heute den Weltgebetstag um geistliche Berufe. Ein Schriftwort, das Jesus als den „Guten Hirten" hervorhebt, steht im Mittelpunkt des Wortgottesdienstes. Die kirchlichen und geistlichen Seelsorgsberufe werden im Lichte des Hirteseins gesehen und gedeutet. Das Schriftwort einzig und allein auf eine bestimmte Berufsgruppe der Kirche zu

übertragen wird dieser Botschaft Jesu Christi jedoch nicht gerecht. Im Bild des Hirten kann christliches Leben überhaupt gedeutet werden. Die Haltung des Hirten ist die Haltung des Christen.
Es stimmt, der Hirte geht seiner Schafherde voran. Er muß seine Tiere nicht lautstark zusammentreiben und versuchen, sie von allen Seiten unter Kontrolle zu halten. Er braucht sie auch nicht von hinten mit einer Peitsche anzutreiben. Der Hirte geht einfach voraus. Die Schafe werden folgen, weil sie ihren Hirten erkennen.
Stundenlang steht ein Hirte mit den Schafen auf dem Weideplatz. So kennt er seine Tiere. „Ich kenne meine Pappenheimer", sagen wir manchmal. Wir meinen, daß wir jemanden durchschaut haben, oder wir wissen von vornherein, wie jemand handeln wird. Der Hirte kennt die Eigenart seiner Schafe.
Auch den Gefahren stellt sich der Hirte. Er kann brenzlige Situationen nicht verhindern. Er wird jedoch versuchen, sie zu überwinden.
Letztlich bedeutet der Hirte für seine Herde Leben. Ein wirklicher Hirte wird seiner Herde „Leben in Fülle" schenken.
Jesus gebraucht im heutigen Schriftwort das Motiv vom Hirten. Seinen Hörern waren diese Worte nicht unbekannt. Im Alten Testament kennt man das Bild vom Hirten und seinen Schafen. Die Führer und Könige Israels wurden Hirten genannt. Das Alte Testament erzählt viele Beispiele, wie diese Männer ihr Hirtenamt mißbrauchten. Sie waren alles andere als treusorgende Hirten, die sich um ihre Schafe kümmerten. Aus dem Munde des Propheten Ezechiel sagt Gott selbst, daß er zum Hirten für sein Volk werden wird, weil die weltlichen Hirten kläglich versagt haben. Das den Hörern bekannte Motiv überträgt Jesus nun auf sich selbst. Er ist der Gute Hirte, der uns Menschen kennt und führt. Letztlich gibt er sein Leben für uns.
Mir kam beim Lesen des heutigen Schriftwortes ein Hungertuch von Misereor in den Sinn. Vor einigen Jahren wurde dieses Hungertuch aus Anlaß der 500-Jahr-Feier der Entdeckung und Eroberung Amerikas gestaltet. Es zeigt Jesus Christus, der dem Volk Gottes vorausgeht. In seinem Gefolge sind die Märtyrer Lateinamerikas, die als Hirten ihr Leben für ihr Volk, für Gerechtigkeit und ihren Glauben hingegeben haben. Ebenso sind noch viele andere Menschen aufgezeichnet, die mit all ihren Anliegen, mit ihrer Not und ihrem Leid, mit der täglichen Ausbeutung, mit den Kreuzen, die sie Tag für Tag tragen müssen, Jesus folgen.
Der vorangehende Hirte Jesus macht deutlich, daß der Weg mit ihm kein Weg ist, der gleichmäßig wie ein großer Wasserstrom dahinfließt.

Dieser Weg wird ein Weg mit Hindernissen, Einbrüchen und Umwegen sein. Jesu Weg war ja auch ein Kreuzweg.
Jesu Christi gesamter Lebensweg ist der Weg eines treu umsorgenden Hirten. Jesus ist nicht kleinlich. Er geht mit Menschen um, mit denen man nach dem Gesetz nicht einmal Kontakt haben durfte. Er geht zu denen, die nicht zum Stall „Israel" gehören. Zöllner, Sünder, Dirnen, Ehebrecher, Frauen und Bettler läßt er nicht fallen. Er ist der Hirte, der ihnen Leben schenkt. Er ist der Hirte, der ihnen zeigt, daß Gott sie annimmt. Er ist der Hirte, dem wir vertrauen können und der uns Leben in Fülle schenken will. Darüber können wir uns freuen, und diese Gewißheit kann unser Leben bereichern.
In dem heutigen Gleichnis aus dem Johannesevangelium gebraucht Jesus einen Gegensatz. Er vergleicht den Hirten mit einem Tagelöhner: „Ich mach' nur meinen Job! Es gehört mir ja nicht. Warum sollte ich mich hineinhängen für etwas, was mir nicht gehört?"
Der Tagelöhner wird zwar für seine Arbeit bezahlt. Ihm gehören die Tiere jedoch nicht. Deshalb wird er sich nicht wie ein Hirte sorgen. Übrigens, der Tagelöhner wird im Evangelium nicht als Hirte bezeichnet, sondern als bezahlter Knecht. Auch hier steht wieder die Haltung im Vordergrund. Es geht weniger um „nicht bezahlt" oder „bezahlt" als vielmehr um die Gleichgültigkeit und Verantwortungslosigkeit gegenüber den Schafen. In vielen Bereichen unseres Lebens kennen wir ebenso die Aussage: „Wenn ich dafür nicht bezahlt werde, dann trage ich dafür keine Sorge." Auch in Kirche und Pfarrei gibt es diese Einstellung: „Wozu haben wir denn die bezahlten MitarbeiterInnen? Warum sollte ich mich in der Pfarrei engagieren, wenn es dafür bezahlte Kräfte gibt?"
Jesus prangert die Gleichgültigkeit an, die es unmöglich macht, sich wirklich für den Nächsten einzusetzen.
Sie kennen das Bild von den drei Affen, von denen der eine nicht hören will, der andere nicht sehen möchte und der letzte lieber seinen Mund hält. Eine solche Ignoranz zerstört das Leben von menschlichen Gemeinschaften.
Dem gegenüber stellt Jesus sein Leben als einen Weg in der Haltung des Guten Hirten. Die Lebenshingabe Jesu kann uns zum Trost werden in den vielen Dunkelheiten unseres Lebens. Es wäre eine Utopie zu glauben, Leiden, Tod, Krankheit würden von uns genommen. In diesen Lebenslagen dürfen wir uns dem Guten Hirten Jesus Christus anvertrauen.
In seiner Nachfolge leben bedeutet aber auch, daß wir in die Ver-

antwortung genommen sind: Die Haltung des Guten Hirten in unser Leben zu übertragen ist uns als Auftrag übergeben.
Wie anders sähen dann unsere Welt, unsere Kirche, unsere Gemeinschaften aus! Wenn wir uns von der Botschaft Jesu anstecken lassen, dann werden wir fähig, wie Hirten und Hirtinnen für unseren Nächsten zu sein.
Wir kennen viele Beispiele aus dem Alltag, wo unser Hirtesein gefragt wäre:
Da gibt es Lebenssituationen, wo wir meinen, wie von Wölfen umstellt zu sein. Wir fühlen uns wie in eine Wüste geführt. Manchmal sind wir am Boden zerstört und niedergedrückt. Wir gehen Wege, wo uns die Kraft verläßt. Irgendwie bleiben wir manchmal auf der Strecke liegen.
Da ist der junge Mensch, der nur ins Jugendhaus kommt und nicht in die Kirche. Er will sich einfach treffen. Manche urteilen über ihn: „Wichtiger wäre es, wenn er den Gottesdienst mitfeiern würde."
Da steht ein Gruppenmitglied abseits, das ganz offensichtlich zum Außenseiter gestempelt wurde.
Da ist ein Pfarrgemeinderat, der etwas bewegen will und nicht kann, weil es heißt: „Das war schon immer so!"
Als Hirten und Hirtinnen können wir der Lebenswirklichkeit nicht gleichgültig gegenüberstehen.
Der Weltgebetstag um geistliche Berufe kann uns ermutigen, den Ruf Jesu zu hören und in der Haltung des Hirten zu leben, denn: Wir brauchen Hirten, die die Angst ihrer Mitmenschen sehen und Hoffnung entgegensetzen.
Wir brauchen Hirten, die sich ohne Bedingungen auf die Nöte der Menschen einstellen.
Wir brauchen Hirten, die Mitmenschen in ihrem Anderssein gelten lassen und dies nicht als Bedrohung ansehen.
Wir brauchen Hirten, die sich nicht ihre Hände sauberhalten und abseits stehen, um ja keine Blessuren davonzutragen.
Wir brauchen Hirten, die sich einsetzen, auch wenn es weh tut.
Wir brauchen Hirten, die nicht einen Weg aufzwingen wollen, sondern zu einem Weg ermutigen und einladen.
Wir brauchen Hirten, für die das gemeinsame Mitgehen auf dem Weg das Ziel ist.
Wir brauchen Hirten, die nicht den Kopf in den Sand stecken, wenn Konflikte kommen, oder diese gar unter den Teppich kehren.
Wir brauchen Hirten, die Lösungen nicht einfach servieren, sondern einladen zu Gespräch und Auseinandersetzung.

Wir brauchen Hirten, die nicht sich selbst leben und verkünden, sondern sich vom Guten Hirten Jesus Christus berühren lassen und mit ihrem Leben seine Botschaft bezeugen.

Fürbitten

Jesus Christus ist der Gute Hirte, der mit uns geht. Als Herr geht er uns voraus. Er ist der Hirte, der uns Leben in Fülle schenken will. So dürfen wir ihm unsere Bitten sagen:

– Für die Frauen und Männer, die als Hirten in der Kirche arbeiten. Um ein gutes Miteinander und um Freude bei ihren seelsorglichen Tätigkeiten.
  Herr Jesus Christus, du Guter Hirte.
  A: Wir bitten dich, erhöre uns.
– Für die Menschen in unserer Pfarrgemeinde N.: Erwecke die Freude an deiner Frohen Botschaft, damit wir durch sie wie gute Hirten leben können.
  Herr Jesus Christus, du Guter Hirte.
  A: Wir bitten dich, erhöre uns.
– Für die Menschen der Erde, die nicht das Nötigste zum Leben haben: Schenke ihnen Menschen, die bereit sind, als gute Hirten zu handeln.
  Herr Jesus Christus, du Guter Hirte.
  A: Wir bitten dich, erhöre uns.
– Für alle jungen Menschen, die einen Beruf in der Kirche ergreifen wollen: Wecke in ihnen die Bereitschaft, sich als gute Hirten den Menschen zuzuwenden.
  Herr Jesus Christus, du Guter Hirte.
  A: Wir bitten dich, erhöre uns.
– Für alle, die Verantwortung für das gesellschaftliche Leben tragen: Laß sie als gute Hirten dem Wohle der Menschheit dienen.
  Herr Jesus Christus, du Guter Hirte.
  A: Wir bitten dich, erhöre uns.

Guter Gott, du Licht und Heil. Laß uns weiterhin treu in der Nachfolge deines Sohnes Jesus Christus, des Guten Hirten, stehen. Darum bitten wir durch Jesus Christus, unseren Herrn. Amen.

Wort für die Woche

Die Haltung des Hirten für sein Leben entdecken bedeutet mehr, als ein Leben zu führen, das einem romantischen und idyllischen Schäferdasein entspricht. In der Haltung des Hirten leben heißt sein Leben in unsere

Welt (hinein-)geben. Sind wir dazu bereit? Der Gute Hirte will uns durch sein Wort und sein Brot Kraft dazu geben.

Liedvorschläge
Einzug: 519
Gloria: 273
Antwortgesang: 623 oder 718, 1+2 (einzelne Verse)
Agnus Dei: 461
Dank: 280

Michael Fass

5. Sonntag der Osterzeit

Botschaft
Christsein ist nur in einer Gemeinschaft dauerhaft und glaubhaft möglich.

Ziel
Ausgehend vom jesuanischen Bild vom Weinstock, möchte ich die Notwendigkeit von christlichen Gemeinden und Gemeinschaften vor Augen führen.

Lesungen
Apg 9, 26-31
1 Joh 3, 18-24
Joh 15, 1-8

Einleitung
Bilder sind etwas ganz Alltägliches geworden. Eine Flut von Bildern stürzt Tag für Tag auf uns ein. Gerade im Fernsehen in einem Film werden Hunderttausende von Aufnahmen schnell hintereinander gezeigt. Wir Erwachsenen haben uns vielleicht schon daran gewöhnt, Kleinkinder dagegen erdrückt diese Masse fast. Haben wir Menschen überhaupt noch die Fähigkeit, Bilder anzuschauen, zu verweilen und zu genießen? Können wir die Reichhaltigkeit und Vielschichtigkeit, die Farben und Formen noch entdecken?

Zur Zeit Jesu hatten die Menschen noch einen leichteren Zugang zu Bildern. Ihre Aussagekraft und Symbolik war leicht verständlich. Jesus verwendet in seinen Reden häufig Bilder. So auch im heutigen Evangelium.
Zunächst wollen wir jedoch überlegen, welche Bilder der vergangenen Woche noch in uns lebendig sind.
– Stille –

Kyrie
Herr Jesus Christus, du zeigst uns den Weg, den wir gehen sollen. Wir aber gehen oft unsere eigensinnigen Wege.
Herr, erbarme dich.

Du spricht zu uns in Bildern, doch oft erreichen sie uns nicht.
Christus, erbarme dich.

Du willst das Glück aller Menschen, wir aber denken oft nur an unser eigenes Glück.
Herr, erbarme dich.

Zugangsweise zum Evangelium
1. Aussage: Glaube ist Privatsache!
2. Jesus: Bild vom Weinstock
   – Weinberg = Volk Israel
   – Winzer = Gott Vater
   – Reben mit Trauben als Frucht = Gemeinde, Gemeinschaft
   – einzelne Beere = der Christ/die Christin
3. Notwendigkeit einer Gemeinschaft:
   – Frucht bringen
   – Der andere darf mir nicht egal sein
4. Es gibt viele Reben = viele verschiedene Gemeinschaften
5. Wichtiger Maßstab: Verbindung mit Jesus
6. Für unser Leben: Orientierung an Jesus und seiner Botschaft
7. Christentum als Erzählgemeinschaft:
   – Glaube nur in Gemeinschaft lebbar
   – So können wir Frucht bringen gegenüber anderen

Predigt
„Ich kann tun und lassen, was ich will.“ „Mein Glaube geht niemanden etwas an.“ „Glaube ist doch Privatsache.“
So oder ähnlich können wir immer wieder Mitmenschen reden hören.

Für sie ist es egal, wo sie Gottesdienst feiern. Ihnen ist es nicht wichtig, mit anderen Menschen den eigenen Glauben zu leben und zu feiern. Sicherlich könnte man über die Vor- und Nachteile einer christlichen Gemeinschaft diskutieren, Jesus jedoch antwortet heute im Evangelium in einem Bild.

Er greift dieses Bild aus dem Alltag seiner ZuhörerInnen heraus. Er vergleicht die Gläubigen mit einem Weinberg Gottes. Schon im Alten Testament verstand sich das Volk Israel als der Weinberg des Herrn. Gott Vater ist der Winzer, der Schöpfer allen Lebens. Jesus selbst bezeichnet sich als den Weinstock, als das Zentrum und den Kraftspender für alle Reben am Weinstock. Wir, die Gemeinde, werden mit den Rebzweigen und den Trauben daran verglichen.

Dieses Bild vom Weinstock war den damaligen Menschen sehr vertraut, und auch uns kann es durch die Deutung Jesu einiges aufschließen. Wenn jeder einzelne von uns wie die Beere an einem Traubenbündel ist, so erkennen wir, wie wichtig die Gemeinschaft ist. Nur gemeinsam bringen wir Frucht, jeder zwar für sich, aber eine einzelne Beere allein kann am Weinstock nicht existieren. Deshalb darf der andere in der Gemeinschaft mir nicht egal sein; noch dazu wissen wir ja vom Bild der Traube, daß das ganze Bündel in Gefahr gerät, wenn eine Beere faul wird. Die Gruppe, in der ich mein Christsein lebe, ist für meinen Glauben also eine ganz wichtige Größe.

Darüber hinaus können wir erkennen, daß es am Weinstock verschiedene Rebzweige mit verschiedenen Traubenbündeln gibt. Das bedeutet, daß es nicht nur eine, sondern viele christliche Gemeinschaften gibt; jede dieser Gemeinschaften hat ihren jeweiligen Platz. Auch sollten wir nicht vorschnell beurteilen oder sogar verurteilen, welche Gruppierung denn nun eine Existenzberechtigung hat; denn als Christen haben wir ja einen eindeutigen Maßstab: Die Verbindung zum Weinstock Jesus als der Kraftquelle, Wurzel und Mitte für unser christliches Tun ist das Entscheidende und Wichtige. Nur in dieser Ausrichtung können wir als christliche Gruppe Frucht bringen. Ohne diese grundlegende Voraussetzung ist Christentum undenkbar.

Deshalb dürfen wir uns als einzelne, aber auch als Gemeinde immer wieder mit der Frage konfrontieren lassen, welchen Platz Jesus in meinem Leben einnimmt. Orientiere ich mich in meinem Alltag und wir uns in unserem Zusammensein als Gemeinde und im Gottesdienst an Jesus und seiner Botschaft? Glaube kann nie nur meine Privatsache sein. Als Christ lebe und glaube ich immer in einer Gemeinschaft.

Dazu gehört für mich ganz wesentlich, daß wir miteinander reden, uns austauschen, uns umeinander kümmern und uns mit unseren jeweiligen Lebenserfahrungen beschenken. Dabei spielt es keine Rolle, ob dies nun in der Familie, im Freundeskreis, am Arbeitsplatz oder in der Gemeinde passiert. Wir Christen waren schon von Anfang an eine Erzählgemeinschaft und sollten es auch weiterhin bleiben. In einer Gemeinschaft können wir uns leichter gegenseitig stützen, das Feuer der Begeisterung für die christliche Botschaft entfachen, und schließlich können wir so auch leichter miteinander und füreinander Frucht bringen am Weinstock Jesu.

Fürbitten

Wir danken Jesus dafür, daß wir zu seinem Weinstock gehören dürfen. Er will uns Glauben und Halt geben in den Fragen unseres Lebens. Deshalb bitten wir ihn:

- Tröste alle notleidenden Menschen in ihren Ängsten, und laß sie Gemeinschaften finden, die ihnen bereitwillig helfen.
  Christus, höre uns. – Alle: Christus, erhöre uns.
- Öffne unsere Kirche, damit viele verschiedene christliche Gemeinschaften und Gruppierungen in ihr ein Zuhause finden.
- Stärke unsere Pfarrgemeinde, damit sie immer mehr zu einer Gemeinschaft wird, in der sich jeder angenommen weiß.
- Schenke uns offene Sinne, damit Jesus immer der Maßstab für unser Tun bleibt.
- Führe unsere Verstorbenen in das Land des Friedens und des Glücks.

Herr Jesus Christus, du hast uns versprochen, daß wir in der Verbindung mit dir immer Frucht bringen können. Für diese Zusage danken wir dir jetzt und alle Zeit. Amen.

Kommunionmeditation

In jener Zeit kam einer zu Jesus und begann zu fragen: „Meister, wir alle wissen, daß du von Gott kommst und die Wege der Wahrheit lehrst. Aber was deine Jünger angeht, dein Gefolge oder deine Gemeinde, wie du das nennen magst – so muß ich gestehen, daß mir das nicht besonders zusagt, im Gegenteil. Erst kürzlich hatte ich wieder eine heftige Auseinandersetzung mit einem deiner Getreuen. Und wie jeder weiß, sind sich deine Jünger untereinander auch nicht immer einig. Ich möchte deshalb ganz offen fragen: Kann man nicht auch so zu dir gehören, ich meine: ohne besondere Beziehungen mit deinen sogenannten Anhängern zu unterhalten. Ich möchte dir schon folgen und sozusagen ein Christ

sein, aber ohne die sogenannte Gemeinde, ohne Kirche und all das ...!"
Da sah ihn Jesus aufmerksam an. „Hör zu", sagte er dann, „ich will dir eine Geschichte erzählen: Da waren ein paar Männer, die saßen eines Tages im Gespräch zusammen. Als nun der Abend kam und die Dunkelheit hereinbrach, trugen sie Holz herbei zu einem Holzstoß und entfachten ein Feuer. Da saßen sie miteinander, die Glut des Feuers wärmte sie, und der Schein der Flammen erhellte ihre Gesichter. Da war aber nun einer unter ihnen, der wollte nicht länger im Kreis bei den anderen sitzen, sondern für sich allein. So nahm er einen brennenden Holzspan vom gemeinsamen Feuer und setzte sich damit abseits, fern von den anderen. Der glimmende Span leuchtete auch ihm und strahlte Wärme aus. Bald aber ließ die Glut nach, und der alleinsitzende Mann spürte erneut die Dunkelheit und die Kälte der Nacht. Da besann er sich und nahm das schon erkaltete Stück Holz und trug es zurück in die Glut des großen Feuers, wo es sich erneut entzündete und Feuer fing und zu brennen begann. Und der Mann setzte sich wieder in den Kreis der andern. Er wärmte sich auf, und der Schein der Flammen erhellte sein Gesicht."
Und Jesus fügte hinzu: „Wer zu mir gehört, ist dem Feuer nahe. Ja, ich bin gekommen, um das große Feuer auf der Erde zu entzünden, und wie sehr sehne ich mich danach, es hell auflodern zu sehen!"

Lothar Zenetti

Liedvorschläge
Eingang: 220, 1+2
Gloria: 220,5
Antwortgesang: 220, 3+4
Credo: 489
Übertragung: 640, 1+2
Agnus Dei: Wahrer Gott, wir glauben dir (u.a.: Diözesananhang Würzburg 860, 1)
Kommunion: 634, 1-3
Dank: 634, 4-6
Auszug: 585, 1 (im Mai)
222, 3 (im April)

Vorschläge für die Gottesdienstgestaltung
Um das Bild vom Weinstock noch besser vor Augen führen zu können,
... kann ein Weinstock in die Kirche gestellt werden.
... kann mit einem Traubenbündel in der Hand gepredigt werden.

... kann ein großes Bild von einem Weinstock ausgehängt werden.
... können kleine Meditationsbildchen mit Weinstöcken verteilt werden.

Johannes Reuter

6. Sonntag der Osterzeit

Botschaft

Seit Jesus dürfen wir darauf vertrauen, daß Gottes Liebe zu uns nicht ein Verhältnis von Herrschaft und Unterordnung will, wie zwischen Herr und Knecht/Magd. Gott bietet uns seine Liebe in partnerschaftlicher Freundschaft an und gibt uns das Gebot gegenseitiger Liebe.

Ziel

Ich möchte die ZuhörerInnen ermuntern, das Freundschafts-Angebot Jesu anzunehmen. Im Vertrauen darauf sollen sie versuchen, dieser Art von Liebe auch in ihrem Alltag Gestalt zu geben, vor allem gegenüber den Menschen, mit denen sie zusammenleben und -arbeiten.

Lesungen

Apg 10, 25-26.34-35.44-48
1 Joh 4, 7-10
Joh 15, 9-17

Einleitung

Henry Ford, der amerikanische Automobilfabrikant, fragte einmal bei einem Essen unvermittelt seinen Tischnachbarn: Wer ist dein bester Freund? Dieser nannte mehrere Namen. Da nahm Ford einen Stift aus der Tasche und schrieb damit auf das Tischtuch: „Dein bester Freund ist der, der deine besten Eigenschaften zur Entfaltung bringt."
Heute im Evangelium bietet uns Jesus so eine Freundschaft an. Er nennt uns Freund/Freundin. Er will, daß wir unsere besten Eigenschaften entfalten im Dienst seiner österlichen Botschaft. Er braucht uns, nicht als „Untergebene", als seine „Knechte oder Mägde", sondern als seine Partner, um Gottes befreiende Liebe in unserer Zeit sichtbar werden zu lassen.
Tut es nicht gut, sich das wieder einmal bewußtzumachen?

Bußakt/Kyrie

Gotteslob Nr. 495, 7 (alternativ: Nr. 523)

Herr Jesus Christus, als deine Freundinnen und Freunde lädst du uns ein, in deine Fußstapfen zu treten. Doch du weißt auch, daß uns das nicht immer gelingt. Schenke uns immer wieder Zeichen deiner Freundschaft und Nähe. Vertreibe aus unserem Herzen Egoismus und Kälte. Das bitten wir dich als unseren Freund und Bruder. Amen.

Zugangsweise zum Evangelium

1. Ausgehend von der Lebenserfahrung vieler ZuhörerInnen: Viele Menschen heute sind „Knechte bzw. Mägde" ihrer Lebensumstände, z. B. am Arbeitsplatz oder als Familienmütter.
   (Anmerkung: Als wichtig für das heutige Bewußtsein der ZuhörerInnen erachte ich, daß sprachlich sowohl die männliche als auch die weibliche Form = Knecht/Magd, Freund/Freundin vorkommt, weil sehr viele Frauen nicht mehr nur einfach „mitgemeint" sein wollen!)
2. Was kennzeichnet das Verhältnis Herr – Knecht/Magd? (z. B. Herrschaft – Unterordnung).
3. Jesus will dieses Verhältnis von Unterordnung aufbrechen, indem er die wahre Intention der Liebe Gottes zu den Menschen erklärt:
4. (Bezug zum Evangelium) „Ich nenne euch nicht mehr Knechte (und Mägde), sondern Freunde (und Freundinnen), denn der Knecht weiß nicht, was sein Herr tut ..., aber euch habe ich alles mitgeteilt, was ich von meinem Vater gehörte habe."
   Bedingung für das Freund-Sein: „Tut, was ich euch auftrage: Liebt einander."
5. Wenn ich dieses Angebot annehme, hat das Auswirkungen auf meine Beziehung zu Gott, aber auch auf die Beziehungen der Menschen untereinander: Nicht Liebe, die einengt und unterdrückt, sondern die fördert und Raum läßt („Liebe an der langen Leine").
6. Versuch der Annäherung (Praxis) an Jesu Idealbild von Liebe (Theorie):
   z. B. in der Familie (kein Besitzanspruch; Grundvertrauen), im Betrieb (nicht Druck ausüben gegenüber MitarbeiterInnen), in der Gemeinde (sich mit Wort und Tat einbringen).
   Anmerkung: Konkretisierung oder Aktualisierung auf die jeweilige Situation vor Ort auch anders möglich.
7. Unser Umgang miteinander gibt dieser Liebe Gottes (die nicht „Knecht/Magd" sagt, sondern „Freund/Freundin") hier und heute ein Gesicht.

Predigt

Wenn ich zuhöre, wenn Arbeiter von ihrem Arbeitsplatz erzählen, höre ich oft große Unzufriedenheit:

- Meine Ideen zählen nicht.
- Der Akkord und der Druck von oben machen mich fertig.
- Wer aufmuckt, kann gehen – und was soll ich dann machen?

Und wenn ich Müttern zuhöre, ergibt sich oft ein ähnliches Bild:

- Ich bin die Magd für die ganze Familie.
- Hauptsache, das Essen steht auf dem Tisch.
- Die Tochter denkt nicht daran, aufzuräumen.
- Der Sohn denkt nicht daran, im Haushalt mitzuhelfen, weil das ja „Weibersache" ist.

Jesus sagt im heutigen Evangelium: Ich nenne euch nicht mehr Knechte, sondern Freunde. Was kann das bedeuten?

Das Verhältnis Herr – Knecht besteht ja eigentlich aus dem Gegensatz zwischen

Befehlen – Gehorchen,
den Ton angeben – den Mund halten,
bestimmen – ausführen.

Für Jesu Zeitgenossen bedeutete „Glauben" oft auch, sich unterzuordnen unter den unbegreiflichen Willen eines erhabenen Gottes. Jesus sagt nun mit diesem Satz: Es gibt jetzt ein neues Verhältnis: Nicht mehr Knechte und Mägde Gottes sind wir (denn das gilt gleichermaßen für Männer wie für Frauen!). Und das hat Auswirkungen auf unser Verhältnis zu Gott: Wir sind nicht nur „Befehlsempfänger", sondern Gott traut uns etwas zu! Das zeigt sich in Jesu Wirken: Der „Knecht" weiß nicht, was sein Herr tut, aber Jesus teilt alles mit, was er vom Vater gehört hat.

Doch Jesus stellt das „Freund-Sein" nicht einfach so in Aussicht. Er knüpft Bedingungen daran, indem er sagt: „Ihr seid meine Freunde, wenn ihr tut, was ich euch auftrage: liebt einander, wie ich euch geliebt habe!"

Nun werden manche von Ihnen vielleicht denken: Klar, das kenne ich; das Predigen von Nächstenliebe gehört doch zum Geschäft in der Kirche. Aber in der heutigen Zeit kommt man doch mit der sogenannten „Nächstenliebe" nicht mehr weit. Sie haben recht: Liebe ist ein großes Wort – es bedeutet heute oft nicht mehr viel. Aber es interessiert mich doch – und Sie vielleicht auch? –, was Jesus nun unter diesem Wort versteht.

Es ist eine Liebe, die nicht mehr „Knecht" oder „Magd" sagt, sondern „Freund – Freundin". Das heißt: Liebe, die nicht unterdrückt, sondern fördert; Liebe, die nicht zurechtbiegt, sondern wachsen läßt; und eine Liebe, die das Leben gibt für die Freunde. Das heißt nun nicht gleich, dem Tod ins Auge zu blicken, sondern meint Engagement und Einsatz für ein besseres Leben von anderen.

Eine andere Umschreibung für diese Liebe habe ich einmal in einem Artikel gelesen, der vom Verhältnis zwischen Müttern und Töchtern heute handelte. Die Überschrift lautete: „Liebe an der langen Leine". Das ist auch eine Liebe, die nicht „Magd" sagt, sondern „Freundin".

Das, was Jesus vorschwebt, ist sicher ein Idealbild von Liebe. Aber er traut uns auch zu, dieses Idealbild in Angriff zu nehmen, selbst wenn es nicht vollkommen gelingt. Er lädt uns ein, sein Freundschafts-Angebot anzunehmen.

Vielleicht ist es auch uns ein Stück weit möglich, diese Liebe zum Beispiel in der Familie zu verwirklichen: also keinen Besitzanspruch zu stellen an die, die man liebt; ein Grundvertrauen entwickeln, daß man sich aufeinander verlassen kann; einander zugestehen, daß jede und jeder – ob Kinder oder Eltern – seinen und ihren eigenen Weg finden muß. Eben eine Liebe, die nicht „Knecht" sagt, sondern „Freund"!

In Betrieben, zum Beispiel, läßt sich durch einzelne wohl kaum etwas am „Druck von oben" ändern. Aber einzelne können doch das Klima verbessern, indem sie den Druck nicht auch noch nach unten oder nach der Seite weitergeben und beim „Mobbing" nicht mitmachen oder es sogar verhindern. Das ist eine Liebe, die nicht „Knecht" sagt, sondern „Freund".

In der Pfarrgemeinde beispielsweise ist unser Umgang von dieser Liebe bestimmt, wenn wir diejenigen, die sich sowieso engagieren, nicht allein lassen; wenn wir Ideen und Kritik offen aussprechen statt hintenherum, so daß sie das Leben bereichern, anstatt zu verletzen... Das ist eine Liebe, die nicht „Knecht" sagt, sondern „Freund"!

Ich möchte an dieser Stelle eigentlich einmal besonders allen Menschen – vor allem vielen Frauen – danken, die in den Familien, in Gruppen und in der Gemeinde diese Liebe schon ein Stück Wirklichkeit werden lassen.

Wenn uns das immer mehr gelingt, daß wir einander nicht als Knechte und Mägde mißbrauchen, sondern einander wie Freunde behandeln, dann geben wir dieser Liebe Gottes hier und heute ein Gesicht! Amen.

Fürbitten

Herr Jesus Christus, nicht mehr Knechte nennst du uns, sondern Freunde. Deshalb dürfen wir dich um alles bitten:

- Für alle Mütter: daß sie die Liebe, die sie weiterschenken, auch selbst wieder erfahren.
- Für die Kirche: daß sie die Liebe Gottes allen Menschen glaubwürdig verkündet.
- Für alle Menschen, die Verantwortung tragen in Schulen und Betrieben: daß sie fair und partnerschaftlich mit den Menschen umgehen, die ihnen anvertraut sind.
- Für alle, die von anderen Menschen enttäuscht wurden: daß sie wieder Freunde finden, denen sie vertrauen können.
- Für alle, die sich auf ein Sakrament vorbereiten: daß sie in unserer Gemeinde Rückhalt spüren für ihre Glaubensentscheidung.

Herr Jesus Christus, du hast uns aufgetragen: Liebt einander, wie ich euch geliebt habe. Hilf uns dazu mit deinem Geist. Das bitten wir dich, der du mit dem Vater lebst und liebst in Ewigkeit. Amen.

Wort für die Woche
Ein Sprichwort sagt: „Mit einem Freund an der Hand ist kein Weg zu lang.“ Wieviel mehr wird das erst gelten mit Jesus an der Hand?

Segensgebet
Geh jetzt
mit Frieden im Herzen

und geh mit der Zusage
daß Gott dir
Vater und Mutter und Freund ist

und geh
in der Kraft
daß du Brot sein kannst
für Menschen
die dir begegnen

Geh jetzt
und laß dich
vom auferstandenen Herrn umarmen

Liedvorschläge
Eingang: 218, 1-3
Kyrie: 495, 7 oder 523
Gloria: 218, 4+5

Antwortgesang: 297, 1+6
Credo: 489
Übertragung: 300, 1.4+5
Agnus Dei: 492
Dank: „Kindermutmachlied“ („Wenn einer sagt, ich mag dich, du“), v.a. 4. Strophe (z. B. in: „Liederbuch zum Umhängen“, Menschenkinder-Verlag, Münster, und „Troubadour für Gott“, Nr. 129)
Auszug: 635, (1 und) 3

Edith Fecher

Christi Himmelfahrt

Botschaft

Das Fest feiert den eschatologischen Anspruch und die heilsgeschichtliche Größe Jesu. Aus dieser Perspektive schildert Lukas in der Apostelgeschichte die „Entrückung“ Jesu.

Ziel

Die GottesdienstteilnehmerInnen sollen erfahren, daß der Himmel Jesu nicht erst im „Jenseits“ beginnt, sondern hier und jetzt. Die Welt kann zum „Erdgeschoß des Himmels“ werden, wenn wir den Auferstandenen zum „Atem unserer Seele“, zur Kraft und Nahrung unserer Liebe werden lassen und so seinem Sendungsauftrag entsprechen.

Lesungen

Apg 1, 1-11
Eph 1, 17-23 oder Eph 4, 1-13
Mk 16, 15-20

Einleitung

Wo fängt der Himmel an? Wir Menschen suchen nach greifbaren Vorstellungen. Wenn die Jünger berichten, daß sie Jesus als Auferstandenen erfahren haben und ihm konkret begegnet sind, wo ist dann der Übergang, ab dem Jesus – wie heute für uns – nur noch zeichenhaft, im Wort und Sakrament, im Heiligen Geist erfahrbar ist? Von diesem Übergang erzählt das heutige Fest: Christi Himmelfahrt. Öffnen wir Sinne, Herz und Verstand für diese Frage: Wo fängt der Himmel an?

Kyrie

Guter Gott, wir feiern ein berühmtes Fest deines Sohnes: Christi Himmelfahrt. Wir suchen darin, wie in jedem Gottesdienst, deine Nähe, wir suchen Orientierung und Kraft für unser Leben.
Darum rufen wir: Herr, erbarme dich!

Jesus Christus, manchmal meinen wir, wir könnten leichter glauben, wenn wir dich wie deine Jünger nach Ostern in persönlicher Erscheinung erfahren könnten. Oft empfinden wir dich als sehr weit weg von unserem Leben.
Darum rufen wir: Christus, erbarme dich!

Wir versammeln uns als deine Kirche von N.; mit all unseren Fragen und Sehnsüchten, mit unseren Stärken und unseren Fehlern. Wir bitten um Entschuldigung für unser Versagen als Boten deiner Liebe.
Darum rufen wir: Herr, erbarme dich!

Zugangsweise zum Fest und seinen Texten

1. In vielen Gemeinden wird das Fest Christi Himmelfahrt sehr festlich begangen, teilweise mit Prozessionen, Gottesdienst im Freien usw. Dieser Festcharakter gibt dem Tag ein besonderes Pathos und verstärkt oft die mystischen Elemente seiner Botschaft. Die sehr real wirkenden Schilderungen der Apostelgeschichte (Wolke, Männer in weißen Gewändern) fördern die allzu bildhafte Vorstellung des Entrückungsereignisses. Die anderen Schriftsteller des Neuen Testaments sind hierbei zurückhaltender. Davon will ich etwas mitteilen.
2. „Schaut nicht hinauf!“ Ich möchte die Berührungspunkte zwischen Himmel und Erde in das Zentrum der Betrachtung rücken. Der Himmel ist nicht fern!
3. Himmelfahrt ist eine „innere Dimension“ des in sich geschlossenen Oster-Pfingst-Ereignisses, das Lukas in „Zeitlupe“ schildert, während die anderen eher einen „Zeitraffer“ benutzen.
4. Himmelfahrt entfernt Jesus nicht von uns, sondern erzählt von seiner (österlich-pfingstlichen) Verwandlung in Heiligen Geist. Er ist seit Ostern/Pfingsten/Himmelfahrt „nur noch“ sakramental erfahrbar. Er bietet sich an als „Atem unserer Seele“, als innere Kraft unserer Liebe („Himmelsbrot“).
5. In seiner Sendung (Bezug zum Evangelium) und in seiner Kraft

können wir selbst ein „Stück vom Himmel“ werden: die Welt, das „Erdgeschoß vom Himmel“.

Predigt

Wo fängt der Himmel an? Ich meine diese Frage nicht symbolisch und auch nicht religiös. Wo fängt der Himmel an? Ja, der mit Luft und Wolken, mit Sonne, Mond und Sternen? Aus der Perspektive einer Maus etwa muß der Kopf eines aufrecht stehenden Menschen, erst recht die Spitze eines Wolkenkratzers, ähnlich weit weg erscheinen wie für uns Menschen der Mond. Für die Maus ist der Menschenkopf also längst im Himmel – oder? Wo also fängt der Himmel an?

Auch unsere Alltagssprache hat den Himmel längst auf die Erde geholt. Sie wirbt für ein „himmlisches Vergnügen“, besingt den „Himmel auf Erden“ und den „siebten Himmel der Liebe“. Aber das bringen wir natürlich mehr mit den trivialen Seiten des Lebens in Verbindung, weniger mit christlichem Glauben und Gotteserfahrung.

Ja, der Himmel Jesu, das Ziel seiner Himmelfahrt, scheint uns unendlich weit weg und für Menschen überhaupt erst nach dem Tod zu erreichen.

Das Fest Christi Himmelfahrt hat in seiner Tradition einiges zu dieser „Himmelsferne“ beigetragen. Es hatte sich herausgebildet, um die absolut „überirdische“, eben „himmlische“ und „göttliche“ Größe Jesu zu feiern, seine „Herrlichkeit“ und seinen „Glanz als Todesüberwinder“, seine weltumspannende und weltübersteigende Macht, seine „himmlische Berufung zum endzeitlichen Weltenrichter“. Dies alles zu betonen war die wichtige und gute Absicht dieses Festes. Es war dabei wohl mehr ein unbeabsichtigter Nebeneffekt, daß dieses Fest der „Verherrlichung des Auferstandenen“ uns Jesus und seinen Himmel gefühlsmäßig in fast unendliche Weltenferne entrückt hat. Dabei spielte natürlich die alte Vorstellung mit, der Himmel sei ein „Ort jenseits der Wolken“ und überhaupt im „Jenseits“. Ebenso die Probleme, sich die nachösterliche Gegenwart Jesu „bei den Seinen“ konkret vorzustellen, den „Auferstehungsleib“ und wo dieser dann geblieben ist, weil man Jesus doch in allen späteren Zeiten eher als abwesend empfand und keine Erscheinungen mehr überliefert wurden. Auch die kirchliche Einengung, ja Monopolisierung des Begriffes der „sakramentalen Gegenwart“ Jesu praktisch nur auf die Eucharistie, half mit, den Himmel als eher ferne Zukunft zu empfinden. Jesu konkrete Anwesenheit überall dort, wo Menschen in seinem Namen versammelt sind, wurde zwar immer irgendwie gelehrt und daß damit der Himmel auch unter uns schon angebrochen sei, aber er blieb trotzdem unendlich „jenseitig“. Und die

Erde ist ja auch unter menschlicher Gewaltherrschaft mehr Jammertal und Hölle als Anfang vom Himmel.

Auch die biblische Theologie des Lukas, der uns in der Apostelgeschichte seine Sicht der nachösterlichen Ereignisse schildert, hat mit seiner „Entrückungsgeschichte“ das Gefühl der Himmelsferne gefördert. Vergleicht man seine Darstellung mit den anderen Evangelisten und Paulus, dann erscheint die „Entrückungsgeschichte“ des Himmelfahrtstages als „Minderheitenvotum“, das sich allerdings gegenüber den Mehrheitsschilderungen der anderen durchsetzen konnte.

Um anschaulicher zu erzählen, zieht Lukas die nachösterlichen Ereignisse in die Länge. In Filmsprache würde man sagen, er zeigt die Geschehnisse in Zeitlupeneinstellung: Ostern, dann vierzig Tage Jesuserscheinungen, dann bildhaft geschilderte Himmelfahrt, dann nach weiteren zehn Tagen Geistsendung, Pfingstfest mit Missionsauftrag und der Verheißung, irgendwann kommt Jesus wieder und holt die Welt für immer zu sich. „Zeitlupe“ und „Minderheitenvotum“! Bei den anderen Evangelisten und Paulus sind die Ereignisse „auf den Punkt“ gebracht, filmisch würden wir sagen: Zeitrafferaufnahme, alles ganz dicht zusammen: Ostern und Missionsauftrag und Entrückung Jesu und (bei Johannes auch) die Gabe des Heiligen Geistes sind bei ihnen ein einziges Geschehen, alles ist Ostern!

Und darum könnten wir für das heutige Fest etwas von der „Mäuseperspektive“ und unserer Alltagssprache lernen, nämlich, daß der Himmel nie weit weg ist! Und daß die Himmelfahrt Jesu ihn überhaupt nicht von uns entfernt hat! Und daß der Himmel als Reich Gottes für uns nicht erst nach dem Tod beginnt, sondern unter uns längst angebrochen ist.

Lassen Sie mich die Anschaulichkeit des lukanischen Himmelfahrtsfestes für unsere Zeit bildhaft mit einem Begriff aus der Physik übersetzen: Himmelfahrt erzählt davon, daß die Liebe Gottes den „Aggregatzustand“ ihrer Anwesenheit in der Welt verändert.

Aggregatzustand nennt die Physik die flüssige, gasförmige oder feste Form eines Stoffes. Wenn Wasser z. B. verdampft, verschwindet es ja nicht aus unserer Atmosphäre. Wenn es auch unsichtbar wird, bleibt es dennoch wirksam, und wie! Erst das gasförmige Wasser kann als Sauerstoff zur Atemluft unseres Lebens werden. So stelle ich mir bildhaft vor, wie der auferstandene Christus als Heiliger Geist Gottes die Lebenskraft, der „Atem“ für unsere Seele, wird. Von dieser österlich-pfingstlichen Verwandlung erzählt unser heutiges Fest.

Dadurch, daß Gott selbst der „Atem“ für unsere Seele wird, die Kraft unserer Liebe, dadurch kann die Welt zum „Erdgeschoß vom Himmel" werden! Wo wir diese Kraft in uns einströmen lassen, erhalten wir einen „Vorgeschmack" vom Himmel, werden füreinander ein kleines Stück vom Himmel. Das meint der Missions- und Heilungsauftrag des heutigen Evangeliums. So wird der Himmel anfanghaft greifbar und begreifbar. Und dies auch ganz konkret: Wir sprechen endlich die neue Sprache der Liebe Gottes, die jeder versteht, die versöhnt und heilt! Neid und Egoismus können unsere Seelen dann nicht mehr vergiften. Himmel und Erde berühren sich. Christi Himmelfahrt zeigt sich somit als eine innere Dimension von Pfingsten: Das Wasser unserer Taufe verwandelt sich zum lebenspendenden Atem Gottes für unsere Seele. Unser ganzes Wesen, unsere Gaben und Eigenschaften, die Früchte unserer Arbeit werden von Gott verwandelt zum Brot seiner Liebe, das uns im Innersten bestärken will und sammeln, um uns dann zu senden, den Menschen und unserer Welt ein „Stück vom Himmel" zu zeigen und zu schenken.

Schauen also auch wir nicht hinauf und suchen Jesus und seinen Himmel nicht in einem jenseitigen „Wolkenkuckucksheim". Der Himmel beginnt, wo wir den Heiligen Geist, den Atem der Liebe Gottes, in uns einlassen, uns von ihm ergreifen und verwandeln lassen. Manchmal habe ich es schon erfahren und gespürt, daß wir selbst ein „Stück vom Himmel" sind.

Fürbitten

Guter Gott, die Haltung der Jünger in der Apostelgeschichte ist uns sehr vertraut. Auch wir schauen, wenn wir in Not sind, gerne hinauf zum Himmel und erwarten von dort als himmlisches Geschenk die Lösung unserer Probleme. Das heutige Fest lehrt uns aber eigentlich eine andere Blickrichtung:

- Hilf uns zu erkennen, daß Jesus nicht ins Jenseits entrückt wurde, sondern als Heiliger Geist der Liebe Gottes in unsere Herzen aufgenommen sein will.
- Hilf uns, deinem Auftrag und deiner Sendung immer mehr zu entsprechen, den Menschen und der Welt ein „Stück Himmel" vorzuleben.
- Ganz konkret heißt das, sich für Heilung des Kranken und Kaputten in der Welt einzusetzen. Mach uns dazu Mut.
- „Schlangen" anzufassen und „tödliches Gift" zu trinken könnte uns dann nichts mehr anhaben, verheißt das Evangelium. Üble Nachrede,

Neid, Egoismus und Haß vergiften oft die Atmosphäre unter uns Menschen. Hilf uns, die „irdische Hölle“ wenigstens in kleinen Schritten in einen „Himmel auf Erden“ zu verwandeln.

So wie wir in deinem Namen heute die Erde mit dem Himmel in Berührung bringen, so wirst du in uns und mit uns und für uns den Himmel und die Erde vollenden, wenn die Zeit erfüllt ist. Daran wollen wir mitarbeiten und darauf hoffen wir in Jesus Christus, unserem Bruder und Herrn. Amen.

Meditation

Wenn wir von einem „Hochgefühl“ reden
und „Hoch soll er leben!“ singen,
dann meinen wir damit ja keine räumliche Vorstellung,
kein „oben“.
Und selbst wenn wir von jemandem sagen,
er/sie ist jetzt ganz „oben“ angekommen,
so geht es dabei mehr um „innere Größe“
oder um äußere Macht,
um Einfluß, Stellung, Ansehen und Ruhm.
Jesus, aufgenommen in die himmlische Herrlichkeit,
das ist gerade kein Jenseits, kein ferner Himmel,
das ist „ewiges Leben schon vor dem Tod“!
Das öffnet die Welt,
macht sie zum „Erdgeschoß vom Himmel“,
wenn,
ja wenn wir Jesus,
den guten, heiligen Geist der Liebe Gottes,
wenn wir also, den Himmel
in uns einlassen!
Seit Jesu „Himmelfahrt“ können wir füreinander
ein „Stück vom Himmel“ sein!

Liedvorschläge

Wo Menschen sich verlassen (z. B. Wellenbrecher Liedkartei)
Schaut nicht hinauf, der Herr ist hier bei uns (z. B. „Troubadour für Gott“, Nr. 211)
Aus dem Gotteslob: 617, 552, 555 (bes. Str. 2), 556

Stefan Herok

7. Sonntag der Osterzeit

Botschaft

Gott ist die Liebe, wer in der Liebe bleibt, bleibt in Gott.

Ziel

Den GottesdienstteilnehmerInnen soll bewußt werden, daß das Urchristlichste die Liebe zu Gott, zu den Menschen und zu sich selbst ist. Das befähigt uns zum Weitergeben unseres Glaubens.

Lesungen

Apg 1, 15-17.20a.c-26
1 Joh 4, 11-16
Joh 17,6a.11b-19

Einleitung

In unserer heutigen Zeit und Welt müssen wir Christen immer öfter das eigentlich Christliche herausstellen. Säkularisierung, Segmentierung und Pluralisierung machen unseren normalen Alltag zur Anfrage an unser Christsein. Die Zeit, in der in diesem Land fast jeder Christ war, ist vorbei. Selbst in der Schule wird alles, was auch nur im entferntesten als kirchlich-christlich erscheint, hinterfragt. Vom Schulgebet über den Religionsunterricht bis zum Kreuz im Schulraum. Was macht eigentlich das sogenannte Christliche bei uns aus, und wie bleiben wir uns darin treu?

Kyrie

Herr, wie oft vergessen wir deine Liebe, die du uns schenkst, und verzweifeln.
Herr, erbarme dich unser.

Herr, wie oft haben wir keine Kraft, in deiner Liebe auf Mitmenschen zuzugehen.
Christus, erbarme dich unser.

Herr, wie oft denken wir nicht daran, daß wir als Christen an der Liebe erkannt werden sollen.
Herr, erbarme dich unser.

Der Herr erbarme sich unser. Er lasse uns sein Angesicht schauen und schenke uns sein Heil. Amen.

Zugangsweise zur Lesung

1. „Und du willst Christ sein – so wie du dich verhältst?“ – Anfragen an Lebensstil und Handlungsweisen.
2. Was heißt Christsein eigentlich?
3. Liebe als das Erkennungszeichen überhaupt: Liebe zu sich, zum Nächsten, zu Gott. Form des Gottessymbols „Dreieck“ neu entdecken.
4. Johannes schreibt in seinem Brief: „Gott ist die Liebe.“ So handelt in jedem Menschen Gott, wenn er oder sie Liebe übt. Ganz einfach und doch so schwer.
5. Auf diese Weise werden wir befähigt, unseren Glauben weiterzugeben wie die Apostel. Sie werden im Evangeliumstext ausgesandt in dieser Liebe, um Liebe weiterzugeben.
6. Der Liedtext sollte Wahrheit werden: Denn wir werden als Christen an der Liebe erkannt.

Predigt

„Und du willst ein guter Christ sein – so wie du dich verhältst?“
Ich spüre ihn noch, den Stachel, der mir bei diesem Satz ins Herz gestoßen wurde. Da bemühte ich mich wirklich, meinen Glauben wahrhaftig zu leben, und dann dies. Vielleicht hatte mein Gegenüber den Satz ja auch nicht so gemeint, aber er hatte mich lahmgelegt. Was erwarten denn die anderen von einem guten Christen? Was erwarte ich? Daß er/sie sich an die 10 Gebote hält: nicht lügen, nicht stehlen, nicht morden usw. Nein, es muß mehr sein.
Fest steht, daß unser Christsein kein Sonntagsleben ist, sondern daß unser ganzer Lebensstil und unsere Handlungsweisen darauf ausgerichtet sein müßten. Müßten, weil es doch recht schwer ist, Tag für Tag nach den Idealen eines Christenlebens zu handeln.
Offen ist die Frage aber immer noch: Was heißt Christsein eigentlich?
Ein Lied fällt mir ein: „Denn wir werden als Christen an der Liebe erkannt“, und ein Bibeltext taucht aus meinem Unterbewußtsein auf: Der barmherzige Samariter. Ja, die Liebe zeichnet uns aus, die Liebe, die man sich in Form eines Dreiecks vorstellen könnte. Das Dreieck steht in der christlichen Symbolik als Zeichen für den dreieinigen, dreifaltigen Gott, den Vater, den Sohn und den Heiligen Geist. So kann das Dreieck auch als Zeichen für unser Christsein gedeutet werden: die Liebe zu Gott, die Liebe zu den Nächsten und die Liebe zu sich selbst. Alles muß sich die Waage halten, dann ist sie vollkommen.
Johannes schreibt in seinem Brief: „Gott ist die Liebe.“

Welch einfacher Satz, und doch ist er so schwer zu verstehen.
Jeder Mensch sehnt sich nach Liebe. Und ich bin überzeugt, daß jeder Mensch auch Liebe weitergeben kann. So ist in jedem Menschen also auch Gott. Gott liebt jeden Menschen. So darf sich jeder Mensch von Gott geliebt wissen und sich selbst annehmen. Darin zeigt sich das Christliche; Jesus hat uns das Christliche vorgelebt, die Liebe zu Gott, dem Vater, zu den Menschen im Heiligen Geist und zu sich, dem Sohn. Mit dieser Fähigkeit zu lieben sind wir fähig, den Glauben weiterzugeben. Im heutigen Evangelium werden die Apostel zu den Menschen gesandt, um von der Liebe Gottes zu erzählen.
Wir alle sind diese Apostel. Wir alle sind zu den Menschen gesandt. Denn wir werden als Christen an der Liebe erkannt.

Fürbitten

Gott, guter Vater, du bist die Liebe. Wir wenden uns nun mit unseren Bitten an dich:

- Für alle Menschen, die voller Angst und Haß sind: Zeige ihnen deine Liebe.
- Für alle Menschen, die ihre Probleme durch Drogen oder Streit zu lösen versuchen: Führe ihnen Menschen zu, die sie lieben.
- Für alle Menschen in Ländern, in denen Krieg und Ungerechtigkeit herrscht: Schenke ihnen Mut, Frieden herbeizuführen.
- Für uns Menschen in der Kirche: Gib uns die Liebe im Umgang mit unseren Mitmenschen.
- Für unsere verstorbenen Lieben und die, an die niemand mehr denkt: Laß sie deine Herrlichkeit sehen.

Guter Vater, dies sind unsere Bitten. Laß deine Liebe in unseren Herzen wachsen. Darum bitten wir durch Christus, unsern Herrn. Amen.

Kommunionmeditation

Wir sind einig im Geiste, wir sind einig im Herrn,
und wir beten um Einheit durch den Geist unsres Herrn.
Denn wir werden als Christen an der Liebe erkannt,
ja wir werden an der Liebe erst erkannt.

Jugendbegegnungsstätte Mariannhill, Würzburg

Liedvorschläge

Eingang: 505
Antwortgesang: 506

Credo: 489
Übertragung: 468
Agnus Dei: 511
Kommunion: instrumental mit Text (s.o.)
Dank: 227
Auszug: Wir sind einig im Geiste (z. B. „Troubadour für Gott", Nr. 13)

Sabine Mehling-Sitter

Pfingsten – Am Tag

Botschaft

Der Heilige Geist, hebräisch ruach, zeigt uns das weibliche Gesicht Gottes.

Ziel

Ich möchte die Gemeinde ermutigen, uns von dieser weiblichen Seite Gottes erfassen und in Beziehung bringen zu lassen.

Lesungen

Joel 3, 1-5 (vom Vorabend)
Apg 2, 1-11
1 Kor 12,3b-7.12-13 (wahlweise)
Joh 15, 26-27; 16, 12-15

Einleitung

Gottes Geist hat uns heute hier zusammengeführt. „Geist" kann man nicht sehen. Sichtbar ist nur die Wirkung, die der Heilige Geist ausübt: Wohlwollen, respektvolle Haltung, Friedfertigkeit, die Bereitschaft zu vergeben. Schauen wir zu Beginn dieses Gottesdienstes in unser Leben, wo wir solche Wirkungen des Heiligen Geistes erfahren oder nicht erfahren, bei uns selbst und bei den Menschen um uns herum.
– Stille –

Kyrie

Herr Jesus Christus, dein Geist lehrt uns, das Gute im anderen Menschen wertzuschätzen.
Herr, erbarme dich.

Dein Geist wirkt in uns die Bereitschaft zu vergeben.
Christus, erbarme dich.

Dein Geist leitet uns, wenn wir uns für Frieden und Freiheit einsetzen.
Herr, erbarme dich.

Zugangsweise zu den Schrifttexten

1. Wortkunde: „Geist" in vielen Bedeutungen unserer Sprache heute.
2. Wortkunde: „Geist" in den biblischen Sprachen.
3. Geist, ruach Gottes, bewirkt Offenheit und Empfänglichkeit füreinander
   - ruach wirkt weiblich
   - ruach erfahren ist Pfingsterfahrung heute in unseren Gemeinden
4. Erschließung: Wirkung der ruach in unseren Gemeinden: tiefergehende Beziehungen, weil wir empfänglich füreinander sind
5. Ermutigung: Lassen wir uns als Gemeinde von der ruach Gottes erfassen! Sie schenkt neues Leben.

Predigt

An Pfingsten geht es um den Geist. Deshalb wollen wir heute zu Beginn ein wenig Wortkunde treiben.
Es gibt heute vielfältige Bedeutungen von „Geist": Ideen haben; ein „geistvoller Mensch" kann intelligent oder klug sein; und vielleicht nicht nur Kinder denken bei „Geist" an ein Gespenst. Wenn wir biblisch dem Wort „Geist" nachgehen, stoßen wir auch auf verschiedene Bedeutungen: Atem, Hauch, Wind, Geist. Das hebräische Wort „ruach" hat alle diese Bedeutungen und ist grammatisch weiblich: die „ruach" müßte man sagen. Wenn Jesus in seiner Muttersprache vom Geist redet, den der Vater senden wird, dann ist in seiner Sprache, seinem Denken und Fühlen die dritte Person der göttlichen Dreifaltigkeit weiblich – eine fast revolutionäre Vorstellung, die gar nicht revolutionär, sondern nur einfach biblisch ist.
Geht man die Sprachenfolge in der Bibel weiter vom Alten zum Neuen Testament, so wird aus dem hebräischen „ruach", das weiblich ist, das griechische „pneuma", neutrum, das wir mit „Geist" übersetzen, und der griechische „parákletos", grammatisch männlich, was Beistand, Tröster,

bedeutet. Das sind dann durchaus weibliche Eigenschaften. Beim Sprung in die alte Kirchensprache Latein wird daraus „spiritus“, und auch unser Wort „Geist“ ist eine grammatisch männliche Form. Mit den Jahrtausenden hat sich die sprachliche Form vom Weiblichen weg hin zum Männlichen entwickelt. Wir nehmen hier das ursprüngliche hebräische Wort für Geist, ruach, als Grundlage für unsere weitere Betrachtung.

Als die Jünger und Maria an Pfingsten versammelt sind und betend den Heiligen Geist, die ruach, erwarten, sind sie offen und empfangsbereit. Auch das eine zutiefst weibliche Haltung. Solche Pfingsterfahrungen kennen wir aus Sternstunden, wenn wir zusammenkommen und uns Zeit füreinander nehmen, offen sind für andere. Dann wird etwas in uns frei: Wie durch einen kräftigen Windstoß angefacht und wie durch Flammen und Feuer, die jede und jeden ergreifen, werden Menschen miteinander warm, äußern sich in neuer Tiefe und mit neuen Gedanken, weil sie den Mut gefunden haben, das Ur-Eigene zum Ausdruck zu bringen. Solches Pfingsten überwindet Grenzen von Alter, sozialer Schicht und Kulturen. Die ganze „babylonische Verwirrung“, wie es die Bibel ausdrückt, ist überwunden: ruach weckt neues Leben, ruach ist das weibliche Gesicht, die frauliche Seite Gottes.

Ich möchte uns als Gemeinde ermutigen: Lassen wir uns von der ruach Gottes erfassen! Geben wir uns Raum für tiefgehendere Beziehungen, Raum für einen weiblichen Stil in unserer so männlich geprägten Kirche – und das nicht nur unter Frauen.

Männer, die nur hart und „männlich“ sind, lassen ihre Gefühle verkümmern. Frauen, die nur weich und „weiblich“ sind, entfalten ihre Stärke und Kompetenz nicht. Jedem Mann ist aufgetragen, auch seine weiblichen Seiten zu entwickeln, so wie jeder Frau aufgetragen ist, auch ihre männlichen Seiten zu leben.

Gottes Geist, die ruach, will uns alle, Frauen und Männer, entflammen in der Offenheit und Empfänglichkeit füreinander. Ruach will uns wärmen, daß wir uns gegenseitig unser Leben mitteilen. So wird die Trennung und Verwirrung von Babel überwunden. So kann hier in N. und in der ganzen Kirche Pfingsten nicht nur Sternstunde, sondern Alltag werden, Alltag im Reich Gottes.

Komm, Heiliger Geist, ruach,
erfülle uns, wärme uns,
bring uns in neue Beziehung zueinander,
zeige uns das weibliche Gesicht,
die frauliche Seite Gottes. Amen.

Fürbitten
Herr Jesus Christus, du hast Maria und die Jünger mit deinem heilenden Geist erfüllt, damit sie deine Sendung fortführen.
Wir bitten dich:

V./A.: Herr, sende uns deinen Geist!

– Erfülle uns alle als deine Kirche mit deinem Geist der Zuversicht, damit wir glaubwürdig Hoffnung ausstrahlen.
– Erfülle uns alle als deine Kirche mit deinem Geist der Friedfertigkeit, damit wir Haß überwinden und Vergebung schenken.
– Erfülle uns alle als deine Kirche mit deinem wärmenden und befreienden Geist, damit wir Mut finden, uns füreinander zu öffnen.
– Erfülle uns alle als deine Kirche mit deinem Geist der Gastfreundschaft, damit Fremde bei uns Aufnahme und Hilfe finden.

Herr Jesus Christus, wir vertrauen immer wieder neu auf den Beistand deines Geistes: heute, alle Tage und in Ewigkeit. Amen.

Segen (statt Kommunion-Meditation)
Möge Gott der Schöpfer in euch allen ein neues Leben einhauchen.
Möge der Geist Gottes in euch allen ein neues Verständnis füreinander einhauchen.
Möge die Weisheit Gottes in euch allen eine neue Hoffnung einhauchen.
Ihr sollt selber Wind sein, Wind der Veränderung und des neuen Lebens für alles.
Die das Wort Gottes hören, sollen gesegnet sein für immer. – Das gewähre euch der dreieinige Gott: der Vater, der Sohn und der Heilige Geist. Amen.

Johannes Thiele

Liedvorschläge
Einzug: 245, 1-3
Gloria: 458
Antwortgesang: 249, 2
Credo: 635
Aussetzung: GL 538, 1+2
Agnus Dei: 538, 3+4
Dank: „Die Sache Jesu braucht Begeisterte“ (z. B. in: „Troubadour für Gott“, Nr. 366)

Lucia Kehr OP

Pfingstmontag*

Botschaft

Jesus jubelt vom Heiligen Geist erfüllt, weil er weiß, daß das Reich Gottes schon beginnt.

Ziel

Ich möchte den Jubelruf Jesu verständlich machen, weil dies ein Ausdruck für die Gotteserfahrung und für die Lebenseinstellung Jesu ist.

Lesungen

Apg 8, 1b.4.14-17
Eph 1, 3a.4a.13-19a
Lk 10, 21-24

Einleitung

Ich bin froh, daß ich dich kenne.
Mit deinen strahlenden Augen.
Mit deinem lachenden Mund.
Du bist so anders als ich.
Beim Spielen. Beim Sprechen.
Beim Singen. Beim Tanzen.
Wie du mir zuwinkst.
Wie du mich anschaust.
Ich bin froh, daß ich dich kenne.
Wenn ich dich sehe, ist die Welt viel schöner.
Ich freue mich, daß du da bist,
und ich bin froh, daß ich lebe.

So könnte der Jubelruf von Verliebten sein. So könnten sich Eltern über ihre Kinder freuen. So könnte ein Freund über einen anderen denken. Auch heute hören wir einen Jubelruf im Evangelium. Jesus jubelt. Worüber freut sich Jesus? Und worüber freuen wir uns?

* Da der Montag nach Pfingsten nur im deutschsprachigen Raum seinen Rang als zweiter „Pfingstfeiertag" besitzt, sind die entsprechenden liturgischen Texte meist der „Zeit im Jahreskreis" zugeordnet. Hier folgen wir der thematisch sinnvolleren Zuordnung.

Kyrie/Bußakt

Herr Jesus Christus, oft sind wir unfähig, die kleinen Freuden im Alltag wahrzunehmen; wir sehen nur Ärger.
Herr, erbarme dich.

Herr Jesus Christus, von unseren Mitmenschen erwarten wir Verständnis und Rücksicht; wir selbst sind dazu aber nicht immer bereit.
Christus, erbarme dich.

Herr Jesus Christus, wir sehen nur die großen Ziele von Gerechtigkeit, Frieden und Umweltschutz. Bevor wir aber etwas, wenigstens etwas im kleinen, dazu tun, resignieren wir.
Herr, erbarme dich.

Gott, durch deine Liebe hast du uns die Vergebung unserer Sünden durch Jesus Christus geschenkt und durch den Heiligen Geist teilnehmen lassen an der Freude Jesu, damit auch wir Freude in die Welt hinaustragen. Amen.

Zugangsweise zum Evangelium

1. Wo sehe ich jubelnde und fröhliche Menschen?
   - Verliebte
   - Eltern und Kinder
2. Eigentlich bin ich dabei ausgeschlossen!
   - Aber ich habe meine eigenen Erfahrungen!
3. Jesus jubelt!
   - Warum berichtet das der Evangelist?
   - Was bedeutet das?
4. Die Praxis des Reiches Gottes verwirklicht sich.

Predigt

Immer wenn ich Jubelrufe in der Bibel lese – ob nun den Jubelruf Mariens, Jubellieder in den Psalmen oder diesen Jubelruf Jesu –, habe ich das Gefühl, da bin ich ausgeschlossen. Diese Freude verstehe ich nicht. Ist diese Freude vielleicht anders als meine Freude?
Es kommt mir so vor wie bei einem verliebten Paar, das ich im Park sehe: Da ist Lebensfreude spürbar und auf den Gesichtern erkennbar.
Oder ich beobachte einen Vater, wie er mit aller Geduld einen Drachen mit seinem Sohn steigen läßt. Da wird Freude sichtbar, und wenn das Kind freudig aufschreit, sogar hörbar.
Bei all diesen Freuden bin ich ausgeschlossen. Ich bin ZuschauerIn und

ZuhörerIn. Aber ich kann mitempfinden, denn ich war auch schon verliebt und habe mich auch schon gefreut, weil mir etwas gut gelungen ist. Ich kenne auch die stille Freude, weil es heute ein schöner Tag mit Sonnenschein ist; ich kenne die laute, übermütige Freude nach dem Gewinn einer Fußballmeisterschaft. Ich kenne freudige Feste und Feiern. Und bei Jesus? Da denke ich mir: Es muß eine besondere Freude sein, die Jesus empfunden hat. Es muß eine besondere Freude sein, die uns der Evangelist mitteilt, weil durch Jesus etwas Besonderes geschieht.
Jesus drückt hier in seiner Rede geisterfüllte, jubelnde Freude aus. Jesus preist hier den Vater, und er jubelt über die Jünger. Da muß doch etwas Tolles, etwas Außergewöhnliches, passiert sein. Ja, das ist es auch. Denn wenn man im Lukasevangelium zurückblättert, dann kann es jeder lesen. Die Jünger sind gerade von ihrer Aussendung zurückgekehrt und sind begeistert. Sie haben die Macht des Bösen bezwungen, indem sie Dämonen bannten. Die Kräfte Gottes wurden so sichtbar, und sie drangen vor; das Reich Gottes scheint nahe. Alles wird anders. Und die Jünger freuen sich. Diese Freude will Lukas hier festhalten, darum berichtet er den Jubelruf Jesu. So wird die Freude der Jünger und Jesu greifbar; denn sie erleben und spüren, es geschieht etwas Einmaliges. Weise und Kluge, Mächtige und Starke verstehen nicht, was geschieht. Aber die Kleinen und Einfachen, die Ungebildeten und Demütigen, sie sind angesprochen. Sie verstehen anscheinend, was geschieht.
Jesus jubelt über seinen Vater und über seine Jünger, nicht etwa weil ein Fußballspiel gewonnen wurde, nicht weil er 100.000 DM verdient oder weil ein tolles Bauwerk fertig ist. Jesus jubelt, weil er und mit ihm einige Menschen beginnen, das Reich Gottes zu verwirklichen. Es bleibt die Frage: Würde sich Jesus auch über mich freuen?

Fürbitten

Herr Jesus Christus, du freust dich über jeden Menschen, der hilft, das Reich Gottes zu verwirklichen, voll Vertrauen beten wir zu dir:

- Herr, schenke uns die Gesundheit des Leibes und das nötige Verständnis, daß wir diese erhalten.
- Herr, schenke uns einen Verstand, der im Auge behält, was für uns wichtig ist, damit wir dem Bösen widerstehen.
- Herr, schenke uns einen Geist, der sich nicht zu viele Sorgen um uns selbst macht, sondern das Gute in der Welt entdeckt und stützt.
- Herr, schenke uns die Freude und den Humor, einen Scherz zu verstehen, um so das Leben mit etwas Glück zu bereichern.

– Herr, schenke uns die Fähigkeit, unsere Freuden mit anderen Menschen zu teilen.

Denn du, Herr Jesus Christus, bist die Freude und die Rettung, die der Vater uns gesandt hat. Dich preisen wir in Ewigkeit. Amen.

Wort für die Woche

Ich habe mich für Christus entschieden. Ich habe mich für Gott entschieden. Ist das aber eine verbissene Entscheidung, oder bringe ich auch die Freude von Jesus zu meinen Mitmenschen? Ich wünsche uns allen, daß die Freude und Zuversicht, die Jesus in seinem Lobpreis mitteilte, auch in unser Leben drängt.

Liedvorschläge

Antwortgesang: 249, 1+4
Friedensgruß: Gib uns Frieden jeden Tag (z. B. in „Troubadour für Gott“, Nr. 53 oder Diözesananhang Würzburg Nr. 945, 1+3)
Dank: 262, 2+3

Bruno Schuster

Die Zeit im Jahreskreis

2. Sonntag im Jahreskreis

Botschaft
Gott spricht auch heute noch zu uns in Träumen und Visionen.

Ziel
Ich möchte zu großen Träumen ermutigen, weil darin die grundlegenden Orientierungen und Veränderungen für unsere Kirche liegen können.

Lesungen
1 Sam 3, 3b-10.19
1 Kor 6, 13c-15a.17-20
Joh 1, 35-42

Einleitung
Träumer haben es in unserer Welt schwer; denn sie werden oft nicht ernst genommen. „Der träumt ja nur." „Sie ist ja eine Träumerin." Oft reden wir abfällig über solche Menschen.
Wir erkennen manchmal nicht, daß Träume einen tieferen Zugang zur Wirklichkeit eröffnen können. Trauen wir also den Menschen, die träumen, und trauen wir vor allem auch unseren eigenen Träumen.
Zu Beginn dieses Gottesdienstes wollen wir aber auch auf die vergangene Woche zurückblicken und für alle Fehler und Sünden, die wir begangen haben, Gott um Verzeihung bitten:

Kyrie
Herr Jesus Christus, du rufst immer wieder Menschen in deine Nachfolge.
Herr, erbarme dich.

Du erreichst oft unsere Ohren, aber nicht unsere Herzen.
Christus, erbarme dich.

Du lädst uns ein, unseren Träumen zu trauen, wir orientieren uns oft nur an der Realität.
Herr, erbarme dich.

Zugangsweise zur Lesung

1. Träume in unserem Leben:
   - Träume: nur etwas für junge Menschen?
   - „erfüllbare Träume"
   - „unerfüllbare Träume"
2. Lesung: Vision des Samuel
   - Gott spricht zu einem jungen, unerfahrenen Menschen
3. Situation der Kirche heute mit der Situation vor 3000 Jahren vergleichbar
4. Visionen: grundlegende Veränderungen, ungeahnte Möglichkeiten
5. Unser Platz als Pfarrgemeinde, als einzelne Christen
6. Gott spricht zu uns auch heute
   - Gott glaubt an die Zukunft seiner Kirche
   - Niemand kennt Zeit, Ort und Form der Offenbarungen Gottes
7. Wagen wir zu träumen?

Predigt

„Mit 17 hat man noch Träume." Dieses Lied könnte uns glauben lassen, daß Träume wohl mehr etwas für junge Menschen sind, die von der harten Realität noch nicht ganz eingeholt sind. Aber wenn wir ehrlich sind, träumen wahrscheinlich fast alle unter uns ganz gerne. Oder manche haben es zumindest getan und es sich dann im Laufe ihres Lebens abgewöhnt. Sie haben ihren Träumen nicht mehr getraut.
Dabei gibt es ja viele Träume und Wünsche, die durchaus erfüllbar sind: der Traum vom eigenen Haus, der Traumberuf, der Traum, einen Menschen fürs Leben zu finden. Natürlich gibt es auch Träume, die sehr weit weg sind und fast unerfüllbar erscheinen: der Traum vom großen Lottogewinn, der Traum, ein immer glückliches Leben führen zu können.
Es ist für mich aber nicht in erster Linie wichtig, ob Träume nun realistisch oder utopisch erscheinen. Vielmehr frage ich mich, ob wir überhaupt noch zu träumen wagen? Ob wir an eine verheißungsvolle Zukunft glauben können? Denn schließlich ist es ja wichtig, daß wir noch mit der Verwirklichung von Träumen rechnen können und nicht nur die objektiv greifbare Realität sehen.
In der Lesung haben wir heute von einer besonderen Art von Traum,

von einer Vision, gehört. In einer Vision kann ein Mensch etwas sehen, das Wirklichkeit werden kann, während es andere nicht sehen können. Wenige Verse vor dem Abschnitt aus dem ersten Buch Samuel heißt es: „Visionen waren damals nicht häufig.“ Wenige Menschen sahen in dieser Zeit des Volkes Israel Perspektiven für ihre Zukunft.

In dieser Situation hört ausgerechnet ein Kind namens Samuel die Stimme Gottes. Aber der junge Samuel ist verwirrt. Er kennt diese Stimme nicht, er kann sie nicht einordnen. Er braucht die Hilfe eines älteren Mannes, des Hohenpriesters Eli. Doch auch er braucht drei Anrufe, bis er versteht und Samuel zur Deutung dieses Traumes verhelfen kann. So kann sich Gott schließlich dem Samuel verkünden.

Diese Geschichte, die sich vor 3000 Jahren ereignet hat, kann vieles von der heutigen Situation der Kirche widerspiegeln. Visionen sind zur Zeit selten; Gottes Licht, seine Lampe brennt aber noch; viele Menschen schlafen; und wir fragen uns oft, wie geht es weiter? Wenn Gott zu uns spricht, brauchen wir offene Ohren, die Bereitschaft zu verstehen, und vor allem auch Deutehelfer, die uns die Zeichen, die wir nicht verstehen, erklären können.

Wenn dabei von Visionen die Rede ist, dann sind damit nicht kleine Ausbesserungen und Restaurierungen gemeint, sondern grundlegende Veränderungen und ungeahnte Möglichkeiten werden in den Blick genommen. Die großen Träume, die uns oft weit weg erscheinen, stehen hinter den Visionen.

Bei dieser Frage können wir schauen, wo der Platz unserer Pfarrgemeinde ist: Schlafen wir? Sind wir offen für Visionen? Haben wir die Ausdauer wie Samuel? Den Schlaf dürfen wir dabei nicht einseitig negativ verstehen; denn erst im Schlaf sind tiefe Träume möglich. Wir müssen nur bereit sein, aufzuwachen, aufzustehen, und uns unsere Träume bewußtmachen und sie nicht vorschnell als Spinnereien beiseite schieben.

Ich bin mir ganz sicher: Gott spricht auch heute zu uns. Vielleicht kann uns nochmals die Lesung helfen. Wir sollten nämlich nicht erwarten, daß nur Priester oder Fachleute von Gott angesprochen werden, sondern einfache, normale Christen können die Stimme Gottes hören. Jede und jeder unter uns kann gemeint sein, wenn Gott uns mitteilen will, wie es weitergehen kann. Es geht nicht um kurzfristige Notprogramme, sondern um große Ideen von der Gemeinschaft der Kinder Gottes (z. B. Johannes XXIII., Martin Luther King ...).

Kirche hat Zukunft. Du und ich – wir müssen die Zeichen der Zeit erkennen und Gottes Mitteilungen an uns Glauben schenken. Wo Gott sich uns schließlich offenbaren will, das weiß niemand. Vielleicht offenbart er sich gerade dann, wenn niemand von uns daran denkt und damit rechnet. Öffnen wir deshalb unsere Sinne für Gott, und wagen wir zu träumen!

Fürbitten

Zu unserem Gott, der sich uns immer wieder in Träumen offenbaren will, beten wir voll Vertrauen:

- Gib deiner Kirche die Offenheit, neue Visionen und Träume ernst zu nehmen und sich danach auszurichten.
- Schenke unserer Pfarrgemeinde Ideen und Vorstellungen für die Zukunft.
- Erneuere in uns die Fähigkeit, wieder träumen zu lernen.
- Hilf uns, daß wir unsere Skepsis gegenüber neuartigen Dingen und Entwicklungen überwinden und ungeahnten Möglichkeiten Raum geben.
- Erfülle die Vision unserer Verstorbenen, daß du ihnen ein glückliches Leben bei dir schenkst.

Denn du bist immer Hoffnung und Zuversicht für unser Leben. Dir danken wir, daß du uns immer neue Wege zeigst. Heute und alle Tage und in Ewigkeit. Amen.

Kommunionmeditation

Nur ein Traum? – Zu 1 Sam 3,1-21

Worte des Herrn waren selten in jener Zeit und die Visionen nicht gerade zahlreich. Die Priester wurden immer weniger, und erschöpft konnten sie nicht mehr weit sehen. Das Licht des Glaubens war noch nicht erloschen, und die Laien schliefen im Vorraum der Kirche. Da rief der Herr die Laien, und sie antworteten: Hier sind wir.

Dann liefen Männer und Frauen zu den Priestern und sagten: Hier sind wir, ihr habt uns gerufen. Die Priester erwiderten: Wir haben euch nicht gerufen. Geht wieder schlafen! Da gingen sie und legten sich wieder schlafen.

Der Herr rief noch einmal: Ihr Getauften! Die Laien standen auf und gingen zu den Priestern: Hier sind wir. Ihr habt uns gerufen. Die Priester erwiderten: Wir haben euch nicht gerufen, Kinder, geht wieder schlafen.

Die Laien erkannten den Ruf des Herrn noch nicht.

Da rief der Herr die Laien wieder, zum dritten Mal. Sie standen auf, gingen zu den Priestern und sagten: Hier sind wir, ihr habt uns gerufen.

Da merkten die Priester, daß der Herr die Laien gerufen hatte. Sie sagten zu ihnen: Geht und legt euch schlafen! Wenn er aber wieder ruft, dann antwortet: Rede, Herr, deine Söhne und Töchter hören.
Die Männer und Frauen gingen und legten sich auf ihren Plätzen nieder. Da kam der Herr, trat zu ihnen und rief wie die vorigen Male: Ihr Getauften! Ihr Laien! Und die Laien antworteten: Rede, Herr, denn deine Söhne und Töchter hören.
Der Herr sprach zu ihnen: Wahrlich, ich sage euch: Die Stunde ist gekommen, aufzustehen vom Schlaf. Ich sende euch in alle Städte und Ortschaften, in die ich selber kommen will. Die Ernte ist groß, aber es gibt nur wenig Arbeiter. Geht, und bringt der Welt meinen Frieden. Heilt die an Seele und Leib Erkrankten, befreit die Unterdrückten, löst die Fesseln der Gefangenen, öffnet den Blinden die Augen, lebt das Reich Gottes mitten in der Welt und habt keine Angst. Ich bin bei euch!
Einige Zeit blieben die Laien noch liegen, dann erhoben sie sich. Sie fürchteten sich aber, der Hierarchie von ihren Visionen zu berichten.
Da rief der Vatikan die Laien und sagte: Meine Kinder! Sie antworteten: Hier sind wir. Und sie sagten ihm alles, was der Herr zu ihnen gesprochen hatte.
Darauf sprach das Konzil: Es ist der Herr. Er tue, was ihm gefällt. Wir beschwören also im Herrn inständig alle Laien, dem Ruf Christi und dem Antrieb des Heiligen Geistes gern, großmütig und entschlossen zu antworten.
Die Laien wuchsen über sich hinaus, und sie wurden immer mehr. Der Herr war mit ihnen und ließ sein Wort in Laien und Priestern Mensch werden.

Ingrid Thurner

Liedvorschläge
Eingang: 640, 1+2
Gloria: 486
Antwortgesang: 640, 3
Credo: Fest soll mein Taufbund (u.a. Diözesananhang Würzburg 913)
Agnus Dei: 492
Dank: 644, 1-4
Auszug: 585, 1 (im Mai)
222, 3 (im April)

Johannes Reuter

3. Sonntag im Jahreskreis

Botschaft
Gott ruft dich, und er hält seine Hand über dich, wenn du dich traust, etwas anzupacken, was du lange vor dir hergeschoben hast.

Ziel
Ich möchte die ZuhörerInnen sensibilisieren für Situationen, in denen Gott sie ruft, und sie ermuntern, sich zu trauen, sich einzumischen und den Mund aufzumachen für ein lebenswürdiges Leben.

Lesungen
Jona 3, 1-5.10
1 Kor 7, 29-31
Mk 1, 14-20

Einleitung
Ein Mensch allein ist kein Mensch. Wir sind aufeinander angewiesen. Die Nähe und das Gespräch mit einem Mitmenschen tun gut. Aber gerade weil wir auf dieses wohlwollende Miteinander angewiesen sind, fällt es uns besonders schwer, einem anderen etwas zu sagen, was er nicht unbedingt hören möchte. Die Angst, von der Gemeinschaft ausgeschlossen zu werden, die Furcht, sich zu blamieren, die Befürchtung, geringgeschätzt zu werden, blockieren uns. Trotzdem ist es wichtig, daß wir lernen, auch in diesem Sinne, deutlich miteinander zu reden.
Daß das noch nie einfach war, sehen wir an Jona, der von Gott den Auftrag erhielt, nach Ninive zu gehen, um dort die Menschen zur Umkehr vom satten und trägen Lebensstil aufzurufen. Jona hat Angst vor der Blamage, vor der Zurücksetzung, vor dem Rausschmiß – und er flieht. Er haut ab, weit weg. Doch Gott läßt ihm Zeit, Zeit, sich durchzuringen, Zeit, mutig zu werden. Schließlich wagt Jona es, und Ninive kehrt um.

Kyrie
Gott, du hast uns zu echter Gemeinschaft gerufen.
Herr, erbarme dich.

Gott, du machst uns mutig, den Mund aufzumachen.
Christus, erbarme dich.

Gott, du hast Geduld, bis wir das Ziel erreichen.
Herr, erbarme dich.

Zugangsweise zur Lesung

1. Die Worte des Jona hatten durchschlagenden Erfolg, weil sie glaubwürdig waren und in einem leidvollen Prozeß errungen wurden. Zuerst hatte Jona die Sache nicht anpacken wollen.
2. Auch wir kennen Dinge, die wir lange vor uns herschieben. Dahinter steckt oft die Angst, sich zu blamieren oder abzublitzen.
3. Nicht selten sind aber genau solche Situationen Anrufe Gottes.
4. Vertrauen Sie Ihrem inneren Gespür. Gott hat etwas mit Ihnen vor. Er begleitet Sie, gibt Ihnen Mut und gibt selbst gescheiterten Versuchen einen Sinn.

Predigt

Ganz schön stark, was dieser Jona da bietet. Geht einfach drei Tage lang durch die verruchte, berühmt-berüchtigte Stadt Ninive und ruft alle zur Umkehr auf. Und siehe da, es wirkt. Alle kehren um und denken über ihr Leben nach. Wie kommt es, daß Worte plötzlich solche Kraft haben? Worte haben Kraft, sind wirksam und treffend, wenn hinter ihnen auch jemand steht, wenn man eine Echtheit, eine Wahrheit, eine Glaubwürdigkeit spüren kann, wenn man merkt, daß sie Hand und Fuß haben und nicht nur so dahergeredet sind. Jona kann seine Worte nicht einfach so dahergesagt haben, er hat gerungen mit ihnen. Er wollte sie nicht sagen, ist geflohen, hat sich gegrämt und wurde geläutert im Bauch des großen Fisches. Solche Prozesse sind nicht gerade angenehm, aber sie verhalfen Jona zu einer Einstellung, die durch und durch überzeugend und leben-spendend wirkte.

Jona ist uns in seiner Situation nicht fremd. Wahrscheinlich kennen auch Sie Dinge, von denen Sie genau wissen, daß sie gesagt oder getan werden müßten. Da ist z. B. einer, den müßte ich auf einen Fehler hinweisen, oder es steht schon so lange an, den Hörer in die Hand zu nehmen, um jemanden anzurufen, oder einen Brief zu schreiben.

Oft sind es Dinge, die etwas Unangenehmes an sich haben, die wir vor uns herschieben. Dinge, die wir mit verschiedenen Tricks verdrängen. Da müssen plötzlich Sachen erledigt werden, die schon ein halbes Jahr daliegen und die auch noch einen weiteren Monat Aufschub vertrügen. Nein, jetzt plötzlich packen wir sie an, nur um zu verdrängen, was eigentlich dringender wäre. Solche Ausweichmanöver überdecken nur. Im letzten aber werden wir das Anstehende nicht los. Die Gedanken daran kommen uns immer wieder in den Sinn. Oft lassen sie einem auch nachts keine Ruhe.

Ich möchte Sie hellhörig machen, denn nicht selten steckt gerade in solchen drängenden, fesselnden Situationen ein unbedingter Anruf Gottes an mich, eine Chance, etwas Neues in meinem Leben zu beginnen oder zu erkennen. Nicht selten bietet eine solche unruhigmachende Situation auch für andere die Möglichkeit, neu anzufangen oder umzukehren.

Vom Grundgefühl ist es damals bei Jona wie auch heute das gleiche: In solchen vor sich hergeschobenen Dingen steckt oft die Angst, sich zu blamieren, ausgelacht zu werden, die Angst abzublitzen. Und in der Tat, solche Situationen bergen genug Verletzungsgefahr. Oft genug sinkt uns der Mut, je länger wir etwas hinauszögern. Doch je länger ich warte, desto schlimmer werden meine Phantasien, desto schwieriger scheint die Situation. Und manchmal kippt das Ganze um. Meine Angst holt mich ein, ja sie überholt mich, und es schleichen sich dann bekannte Schemen ein, die einen lähmen. Da sagen wir uns selbst: Bevor ich abblitze, versuche ich es gar nicht. Bevor es schiefgeht, fange ich erst gar nicht an.

Durch eine solche Trägheit verpassen wir oft echte Lebenschancen, wir werden miesepetrig und unausstehlich, nicht nur für uns selbst. Ich möchte Sie ermuntern, auf Ihr Gespür und auf Ihre Berufung zu vertrauen. Gehen Sie in kleinen Schritten los, um sich zu bemühen, den Mund aufzumachen und verantwortlich zu werden für Ihr eigenes Leben. Sie werden sehen, daß Sie in diesen kleinen gewagten Schritten erleben, daß Gott seine Hand auch in unserer Zeit noch im Spiel hat.

Vielleicht fangen Sie damit an, einem, der beim Einkaufen in der Schlange steht, zu helfen, daß er an die Reihe kommt und nicht von anderen zurückgedrängt wird, vielleicht fangen Sie an, in einer Versammlung, an einem Elternabend o.ä. eine Frage zu stellen oder Stellung zu beziehen. Vielleicht fangen Sie an, Ihre eigenen Bedürfnisse zu klären und Sie vor Ihrem Ehepartner laut und deutlich auszusprechen. Es gibt so viele Beispiele, die für Sie der angemessene Beginn sein können. Ich möchte Sie ermuntern, sich zu trauen, loszugehen, anzufangen, sich einzumischen und zu kämpfen für Ihre Sache, für Gottes Sache, für ein lebens- und liebenswürdiges Leben in Ihrem konkreten Umfeld. Achten Sie dabei darauf, für sich selbst ein gutes Maß zu suchen. Es kann schiefgehen, und vieles wird Ihnen nicht erspart bleiben. Doch vertrauen Sie darauf, daß Gott Sie begleitet, daß er manches fruchtbar macht, was Sie nicht vorhersehen konnten, und daß er in manchem Scheitern für Sie eine persönliche Botschaft bereithält.

Ich wünsche Ihnen den Mut, immer wieder zu beginnen. Gott hat Sie berufen zu einem echten, sinnerfüllten Leben, und er hält seine Hand über Sie bei allen Versuchen, diese Berufung auch in die Tat umzusetzen. Amen!

Fürbitten

Guter Gott, unser Leben ist ein Wagnis. Ob es gelingt, hängt auch von uns selbst ab. Im Vertrauen auf deinen begleitenden Segen bitten wir dich:

- Gott, manchmal schieben wir Aufgaben und Verantwortungen vor uns her und wünschen uns, daß sie sich von selbst erledigen mögen. Schenke uns die Kraft, unserem Herzen einen Stoß zu geben, daß wir uns trauen, die anstehenden Dinge anzupacken.
- Gott, manchmal werfen wir die Flinte zu früh ins Korn. Gib uns langen Atem, Kraft zum Kämpfen und Vertrauen auf deinen begleitenden Segen.
- Gott, manches, was wir mit glühender Begeisterung anfangen, scheitert. Schenke uns Menschen, die uns in solchen Situationen Trost geben, und zeige uns auf, welche Botschaft du in diesem Scheitern für uns bereithältst.
- Gott, nimm uns die Angst, uns zu blamieren. Lehre uns, daß wir aus Fehlern lernen können, und mach uns mutig, uns immer wieder einzumischen und Verantwortung zu üben.
- Gott, öffne das Herz der Menschen, in deren Macht es steht, Frieden zu schaffen. Lenke ihren Blick weg von der Habgier, hin zu Menschlichkeit. Öffne unser Herz zum Teilen mit denen, die in Not sind.

Gütiger Gott, du hast unendliche Geduld mit uns. Du begleitest uns auf allen Wegen und Umwegen, die wir brauchen. Dafür danken wir dir. Du machst dich immer wieder deutlich in Jesus Christus, unserem Bruder und Lebensbegleiter. Amen!

Wort für die Woche

Es gelingt fast nie, das ganze Leben auf einmal zu ändern. Aber es ist schon viel, überhaupt einmal damit anzufangen und in kleinen Schritten beharrlich vorwärts zu gehen. Vielleicht suchen Sie sich jetzt in einer kurzen Stille einen (!) Punkt, an dem Sie anfangen, eine (!) Sache, die Sie vielleicht schon lange vor sich hergeschoben haben und jetzt anpacken wollen. Gott schenke uns seine Kraft dazu.

Liedvorschläge
Eingang: 268, 1+2
Gloria: 268, 4
Nach der Predigt: 622, 1.3.4
Credo: 467
Agnus Dei: 502
Dank: 559, 1-3
Auszug: 266, 1+2

Monika Schraut

4. Sonntag im Jahreskreis

Botschaft
Unter dem Eindruck der Naherwartung wünscht sich Paulus die möglichst ungeteilte Sorge der Gläubigen für die „Sache des Herrn". Dabei trifft er allerdings die frag-würdige Unterscheidung zwischen der (ungeteilten) Sorge der Unverheirateten und der (geteilten) Sorge der Verheirateten.

Ziel
Ich möchte die GottesdienstteilnehmerInnen spüren lassen, daß in der Kirche die freiwillig angenommene zölibatäre *und* die eheliche Lebensform aufeinander angewiesen sind. Beide können Zeugnis für die „Sache des Herrn" ablegen.

Lesungen
Dtn 18, 15-20
1 Kor 7, 32-35
Mk 1, 21-28

Einleitung
Wer kennt ihn nicht, den Comic-Helden Hägar? Immer wieder wird dieser unerschrockene Wikinger von seiner Frau Helga in die Schranken gewiesen. Ein Beispiel:
„Hägar schaut aus der offenen Haustüre hinaus in den Nachthimmel. Er

denkt: ‚Der Mond steht hoch! Es ist fast Mitternacht! Die Zeichen stehen günstig – Der Himmel ist klar! Der Wind ist gut! Jetzt brauch' ich nur noch loszuziehen!'
Hägar wendet sich um und sagt: ‚Lebwohl, meine Geliebte!' Und voller Tatendrang ruft er aus: ‚Das Schicksal ruft. Nur ungern muß ich von dir scheiden! Aber hab keine Furcht! Ich werde als glücklicher Mann zurückkehren ... Endlich befreit von dieser ekelhaften und lästigen Verpflichtung!'
Jetzt rückt das ganze Zimmer ins Bild und seine Frau Helga. Sie ist gerade mit Stricken beschäftigt. Sie antwortet, ohne aufzublicken: ‚Mach nicht so'n Wirbel, und bring den Müll raus!'
Verdattert steht er da – der schrecklichste aller Krieger – vor der übervollen Mülltonne."
Ja, ist das so, daß man/Mann durch die bessere Ehehälfte von den Abenteuern des Lebens zurückgepfiffen wird? Können sich Verheiratete nur noch halb den wirklich wichtigen Dingen des Lebens zuwenden? Und sind im Vergleich dazu Zölibatäre als ungeteilte, ungebundene Menschen besser dran?
In der Lesung hören wir dazu heute den provozierenden Textabschnitt eines Paulusbriefes. Doch lassen wir uns zuvor einladen, vor Gott hinzutreten mit der Woche, die wir mitbringen. Was haben wir da fertiggebracht? Was ist uns nur halb gelungen? Wir besinnen uns.
– Stille –

Kyrie

Mit unseren Träumen und dem täglichen Kleinkram treten wir vor dich hin.
Herr, erbarme dich.

Mit unserem Können und unserem Versagen treten wir vor dich.
Christus, erbarme dich.

Mit der Liebe, die wir geschenkt haben, und der Liebe, die wir schuldig geblieben sind, treten wir vor dich hin.
Herr, erbarme dich.

Gott, du nimmst uns an der Hand. Du bleibst nicht bei unseren Fehlern und unserem Versagen stehen. Du ermutigst uns zum neuen Beginnen. Amen.

Zugangsweise zur Lesung

1. Die Provokation des Paulus: geteilte Sorge der Verheirateten als zweite Wahl – gemessen an der „Sache des Herrn“
   provoziert Widerspruch: Die Sorge von Verheirateten drückt sich aus in gegenseitiger Liebe der Partner oder der Vermittlung von lebensnotwendigem Vertrauen an die Kinder
2. Gegen den Mißbrauch des Textes z. B. als Begründung für den Pflichtzölibat spricht Paulus selbst:
   – Keine Verpflichtung zur Ehelosigkeit
   – Kein Gebot vom Herrn in dieser Sache
3. Die „Sache des Herrn“ entscheidet sich daran, wie ich konkret mit den Menschen lebe – unabhängig von meiner Lebensform.
4. Die Argumentation des Paulus wird verständlicher aufgrund seiner akuten Naherwartung (keine Zeit für langfristige Ehe-/Lebenspläne).
5. Grundprinzipien:
   – Freigewählte zölibatäre Lebensform hat Zeugnischarakter
   – Offene Diskussion um die Koppelung von Priesteramt und Ehelosigkeit
   – Nicht vergessen: Ernstnehmen des Zeugnisses der Menschen, die ihre unfreiwillige Ehelosigkeit angenommen haben
6. In der Diskussion um das katholische Priesteramt die Erfahrungen der evangelischen Kirche mit ihren Amtsträgern und Amtsträgerinnen einbeziehen.
   Beispiel: Der evangelische Bischof U. Wilckens erzählt von der Hilfe seiner Frau in einer existentiellen Ausnahmesituation (je eigene Beispiele/Erfahrungen einfügen).

Predigt

Für Verheiratete ist das ein harter Text. Will Paulus den Korinthern damals und uns heute sagen, die Eheleute hätten – gemessen an der „Sache des Herrn“ – nur das Zweitbeste gewählt?

Die Argumentation ist uns nicht fremd: Wer sich an einen Ehepartner gebunden hat, sorgt sich auch um ihn.

„Es geht aber nicht nur darum, daß man ihm oder ihr gefällt“, möchten wir Paulus ins Wort fallen. Da fühlen wir uns mit unserer Sorge nicht verstanden. Es geht nicht um bloße Gefallsucht.

Es geht darum, daß wir Glück und Lebenssinn erfahren in der Beziehung zu einem geliebten Du, daß wir gemeinsam die Aufgaben des Lebens anpacken.

Ja, das ist unsere Sorge. Sie gilt vor allem auch unseren Kindern. Wir

sorgen uns, daß sie den rechten Weg und die richtigen Weggefährten finden, ... daß wir ihnen das mitgeben, was sie für ihr Leben am nötigsten brauchen: Vertrauen und Liebe. Diese Sorgen, dieses Engagement machen einen wesentlichen Inhalt des Lebens aus.
Und Paulus schreibt da, er wünschte sich, wir wären ohne Sorgen, ohne *diese* Sorgen, ohne *diese* Bindungen, weil sie vom Entscheidenden ablenken. Das trifft mich wie eine kalte Dusche!
Ich denke: Viele von uns fühlen sich da mit ihrer Sorge nicht ernstgenommen, so als würde sie uns daran hindern, für die „Sache des Herrn" – wie es Paulus nennt – dazusein. Genau in diesem Sinn ist der Text aus dem 1. Korintherbrief in unserer Kirche weithin verstanden worden, ganz konkret als Argument für den Pflichtzölibat des Priesters. Aber damit ist der Text mißverstanden und mißbraucht worden, denn Paulus liegt es fern, Männern und Frauen ein Gesetz aufzuerlegen: „Nicht um euch eine Fessel anzulegen", betont er ja in unserem Textabschnitt. Und ein paar Zeilen vorher schreibt er: „Was die Frage der Ehelosigkeit angeht, so habe ich kein Gebot vom Herrn. Ich gebe euch nur einen Rat."
Ob ich für die „Sache des Herrn" da bin, entscheidet sich nicht an meiner Lebensform. Von seinen Jüngern hat Jesus ja auch nicht die Ehelosigkeit verlangt. Ob ich für die „Sache des Herrn" da bin, entscheidet sich vielmehr an dem Platz, an dem ich als Verheirateter oder Unverheirateter mit ganz konkreten Menschen lebe. Als Verheirateter bedeutet das: Die „Sache des Herrn" entscheidet sich ...
... wenn man die halbe Nacht opfert, weil das Baby Zähne bekommt und schreit und Trost braucht und eine beruhigende Stimme,
... wenn man abends müde heimkommt und die Geduld aufbringt, sich die Probleme des Tages anzuhören, oder sich Zeit nimmt, mit den Kindern zu spielen,
... wenn im Leben der Ehepartner Schicksalsschläge zu meistern sind oder Konflikte aufmerksames Zuhören und Aufeinandereingehen erfordern.
Diese Einwände, die uns auf der Zunge liegen, können uns aber auch leicht übersehen lassen, welche Wahrheit in diesen Paulusworten steckt.
Zunächst: Was Paulus sagt, erscheint uns verständlicher, wenn wir wissen, daß er mit dem kurz bevorstehenden Ende der Welt und der Wiederkunft Jesu als Herr und Richter gerechnet hat. Aus dieser Erwartung heraus mahnt Paulus: Tut nicht so, als hätte das, was ihr tut, noch lange Bestand! Plant nicht auf längere Zeit!
Nun soll die Ehe aber ein langfristiger Lebensplan sein, was die Kirche

auch heute mit Recht fordert. Fast 2000 Jahre nach Paulus ist klar: Paulus hat sich mit seiner Sicht der Naherwartung getäuscht. Aber damit ist der Text, den wir eben gehört haben, nicht sinnlos geworden.
Die zölibatäre Lebensform hat zu allen Zeiten Menschen fasziniert. Und sie war – wie die Ehe – zu allen Zeiten in Gefahr, mißbraucht und aus falschen Motiven gewählt zu werden.
Es ist unendlich wichtig für unsere Kirche, daß es die freigewählte zölibatäre Lebensform gibt und daß sie überzeugend gelebt wird: daß es Menschen gibt, an denen man sehen kann, wie sie von Gott gepackt sind, sich in seinen Dienst rufen lassen und dafür selbst bereit sind, auf eine eheliche Verbindung zu verzichten.
Aber: Andere Lebensformen dürfen gegen diese Lebensform nicht abgewertet werden. Und die Kirche darf auch in Zukunft die Diskussion nicht abwürgen, ob das Priesteramt nur den ehelos lebenden Männern vorbehalten bleiben muß.
Im Blick auf heute gilt aber auf jeden Fall: Eheleute und Zölibatäre sollten einander helfen, die typischen Gefahren der jeweiligen Lebensform zu sehen und zu vermeiden – etwa bei den Ehelosen die Gefahr, „über den Dingen zu stehen" und sich von den alltäglichen Sorgen der ihnen Anvertrauten gar nicht wirklich berühren zu lassen ..., bei den Verheirateten die Gefahr, sich nur um die Dinge der eigenen vier Wände zu kümmern und den Auftrag der Christen in der Welt und der Pfarrgemeinde vor Ort zu übersehen.
Wir können in unseren Gemeinden weder auf das Zeugnis der Ehelosen noch auf das Zeugnis der Verheirateten verzichten.
Wir können übrigens auch auf das Zeugnis *der* Menschen nicht verzichten, die nicht aus freier Wahl, sondern aufgrund widriger Umstände ehelos geblieben sind. Es ist ein großes Zeugnis, wenn jemand diesen ihm auferlegten und oft schwer ertragenen Verzicht angenommen hat.
Und in den Diskussionen um das katholische Priesteramt dürfen wir ruhig auch mal auf die guten Erfahrungen der evangelischen Kirche mit ihren Amtsträgern und Amtsträgerinnen blicken.
Ich war sehr beeindruckt von dem evangelischen Bischof Ulrich Wilckens aus Lübeck. Er war vor einigen Jahren der letzte Gast in der Samstagabendsendung „Menschen 87". Als so viele sprachlos waren nach dem Tod des schleswig-holsteinischen Ministerpräsidenten Uwe Barschel, als so viele bestürzt waren über die menschlichen und politischen Abgründe, die sich da aufgetan haben, da fand dieser evangelische Bischof die richtigen Worte am Grab.
Vor einem Millionenpublikum sagte dazu Bischof Wilckens sinngemäß

in der Fernsehsendung: „Noch nie im Leben habe ich so lange über einer Predigt gesessen. Was sollte, was konnte in dieser Situation überhaupt gesagt werden? Was war da die Botschaft Gottes an uns? Jeden Satz, jedes Wort habe ich oft und oft herumgedreht und immer wieder mit meiner Frau besprochen. Ihr Rat und ihre Hilfe waren sehr wichtig für mich."

Fürbitten

Gott, du bist der Herr deiner Kirche und unser Lebensbegleiter.
Dir tragen wir unsere Bitten vor.

– Für alle Ehepaare: daß sie sich täglich um ihre Liebe neu bemühen und in den kleinen Gesten der Nähe deine Liebe wiederentdecken.
– Für die Priester und Ordensleute: daß sie glaubwürdig Zeugnis geben und sie die Freude erleben, wenn andere davon angerührt werden.
– Für alle, die Leid tragen: daß sie Freunde finden, die ein Ohr für ihre Sorgen haben und ihnen Mut machen.
– Für alle, die in der Kirche über die Zulassungsbedingungen zum Priesteramt diskutieren: daß sie die kirchlichen Gesetze auf den Prüfstand der Frohbotschaft Jesu stellen und gemeinsam nach dem Willen Gottes für unsere Zeit fragen.
– Für unsere Verstorbenen: daß sie in deinem Reich ein Fest der Begegnung und Freude ohne Ende feiern dürfen.

Gott, unser Vater, schenke uns wache Sinne und Fantasie, daß wir christliches Zeugnis geben, *da,* wo du uns hingestellt hast. Das erbitten wir durch Jesus Christus, deinen Sohn, unseren Lebensbegleiter und Herrn. Amen.

Wort für die Woche

Die „Sache des Herrn" wird konkret, wenn du die „Dinge der Welt" an dich heranläßt:

– das Weinen eines Kindes, das deinen Trost und deine beruhigende Hand braucht,
– die Lebensgeschichte des alten Menschen, dem deine Aufmerksamkeit und dein Zuhören guttun,
– den erwartungsvollen Blick des Ehepartners, der dich einlädt, Zeit und Zärtlichkeit zu teilen.

Gott will, daß du keine halben Sachen machst, wenn du Trost, Aufmerksamkeit und Liebe schenkst. Was du auch tust, tu es ganz, mit ungeteiltem Herzen.

Liedvorschläge
Eingang: 520, 1+2
Kyrie: 485
Gloria: 486
Antwortgesang: 259, 1+5, alternativ: Die Sache Jesu braucht Begeisterte (z. B. in „Troubadour für Gott", Nr. 366)
Credo: 489
Übertragung: 640, 1+2
Agnus Dei: 492
Dank: 267, 1-3
Auszug: 267, 4

Burkhard Fecher

5. Sonntag im Jahreskreis

Botschaft
Daß Jesus uns eine Zukunft eröffnet hat, heilt uns von der Krankheit, an der Langeweile oder Nichtigkeit des Lebens zugrunde zu gehen.

Ziel
Die GottesdienstteilnehmerInnen sollen spüren, daß sie selbst neue Wege ins Leben eröffnen können aufgrund der Botschaft Jesu vom Heil der Menschen.

Lesungen
Ijob 7, 1-4.6-7
1 Kor 9, 16-19.22-23
Mk 1, 29-39

Einleitung
Es gab wohl noch keinen Zeitpunkt in der Geschichte, an dem so viele Menschen über so viel freie Zeit verfügten, wie wir das heute tun können. Dennoch tun sich manche schwer damit. Die einen stürzen sich so in Arbeit, daß sie nicht mehr wissen, wo ihnen der Kopf steht. Andere wissen mit ihrer Zeit nichts anzufangen, brauchen immer stärkere Freizeitdrogen, wie Fernsehen oder extreme Beschäftigungen, damit sie nicht an ihrer Langeweile zugrunde gehen.

Das wirft für unseren Lebensstil Fragen auf; vor allem, wenn unsere Lebensordnung durch Krankheit oder Verlust eines geliebten Menschen durcheinandergerät. Ijob, einer der Weisheitslehrer des Alten Testaments und ein großer Dulder, kann uns mit seinen Erfahrungen weiterhelfen. Wir werden sie in der (ersten) Lesung hören.

Bußakt/Kyrie

Doch sehen wir zu Beginn des Gottesdienstes auf unseren eigenen Lebensstil, auf unsere eigene Lebensordnung. Wie habe ich meine Zeit in der vergangenen Woche genutzt? Wie ist es mir ergangen?
– Stille –

Gott, du hast uns Zeit zum Leben geschenkt. Wir aber verschleudern sie.
Herr, erbarme dich.

Gott, du willst unser Heil. Wir aber suchen unser Vergnügen.
Christus, erbarme dich.

Gott, du zeigst uns eine Zukunft. Wir aber sehen lieber auf das Gestern.
Herr, erbarme dich.

Vater, schenke du uns dein Erbarmen, daß wir die Chancen unserer Zeit erkennen und nutzen. Vergib uns unsere Trägheit und Uneinsichtigkeit, und laß uns neu mit dir beginnen. Amen.

Zugangsweise zum Schrifttext

1. Vom Text her
   Ijob, vom Leid seiner Krankheit gezeichnet, kann in seinem Leben eigentlich nur noch ein Fortschreiten in den Tod oder in die Belanglosigkeit entdecken.
2. Vom Leitgedanken des Gottesdienstes
   Die Haltung Ijobs ist vielen Zeitgenossen aus verschiedenen Gründen vertraut. Sie erleben ihr Leben als gehetzt und verplant. Alles scheint belanglos zu werden, sinnlos.
3. Von einem Symbol
   Terminkalender, eingeebnete Kleidungsformen
4. Von einer Geschichte
   Film „Leben in einer Schachtel". (Ein Mensch wächst heran: stammt aus einer Schachtel, lebt in Schachteln, stirbt dort; einzig die Liebe zu einem anderen Menschen läßt kurz Farbe in sein Leben kommen.)
5. Von einem persönlichen Erlebnis
   Menschen, die krank sind, unheilbar krank, nennen diese Befindlich-

keit, die sie hoffnungslos macht, eher beim Namen. Sie schauen zurück auf ihr Leben – oft aus einem negativ geprägten Blickwinkel – und folgern daraus ihre – negative – Zukunftserwartung.

Predigt

In Gesprächen mit älteren Leuten bemerkt man schnell eine Fähigkeit, die uns heute oft abhanden gekommen ist: Sie können sich relativ genau an bestimmte Punkte in ihrem Leben erinnern. Manchmal wissen sie sogar noch genau das Jahr und den Tag, an dem das geschehen ist. Damit tun wir uns oft schwer. Es ist zuviel, was an uns so im Lauf eines Jahres vorbeiströmt. Das meiste läuft in geregelten, sogar genormten Bahnen. Da gibt es kaum etwas Besonderes, an das man sich später noch erinnern könnte.

Diese Beobachtung macht auch Ijob. Er hat sie uns in den Worten der Lesung mitgeteilt. Allerdings ist sein Hintergrund ein anderer. Scheinbar von Gott verlassen, hat er alles verloren, woran sein Leben hing: seinen Besitz, seine Frau und seine Kinder und eben auch – zumindest scheinbar – Gott. Dennoch treffen einige seiner Beobachtungen auch unsere Befindlichkeit. „Lege ich mich hin, so frage ich schon: Wann darf ich aufstehen? Wird es Abend, bin ich voller Unrast. Schneller als das Weberschiffchen eilen meine Tage“, spricht er. Sein Leben scheint keine Überraschung mehr zu bergen. Das Wasser verrinnt, und die Spur wird immer dünner.

So ähnlich scheinen auch die Tage vieler Zeitgenossen zu verlaufen: Es gibt nichts mehr Besonderes. Sonntag ist wie Werktag, es wird genauso gut gegessen und getrunken. Selbst ein Fest wird kaum mehr als etwas Besonderes erlebt. Und das, obwohl Beobachter unserer Tage von einer Freizeit- und Feiergesellschaft reden. Oder vielleicht gerade deswegen. So gut und so gesichert unser Leben verläuft – man muß schon sehen, daß man es nicht als eingeebnet und ziellos erfährt.

Die Folge kann leicht sein, daß wir unser Leben als verplant erleben. Die Perspektive auf die Zukunft geht verloren, zumindest die, an der ich selbst mitwirken kann. Und wenn erst einmal der Eindruck entsteht, daß ich gar keine eigene Geschichte mehr habe, ist der Weg zur Langeweile, wenn nicht gar zur Depression nicht mehr weit. Zu ziel- und sinnlos erscheint mir dann mein eigenes Leben, weil sich in meinen Tagen und in meiner Zukunft nichts mehr zu bewegen scheint. „Schneller als ein Weberschiffchen eilen meine Tage dahin.“ Sie verrinnen wie Wasser. Was bleibt außer der Langeweile, die uns krank macht, und dem Eindruck, nur auf das Ende hin zu leben?

Aus diesem Blickwinkel erscheint das, was Jesus im heutigen Evangelium tut, in einem anderen Licht. Das erste, das ins Auge fällt, ist, daß er heilt: die Schwiegermutter des Petrus und viele Menschen, die an seine Haustür kamen. Aber der Evangelist Markus legt Wert darauf, daß dieses körperliche Heilen immer in Zusammenhang mit der Predigt Jesu steht. Keine Tat ohne das erklärende Wort und kein Wort ohne die bestärkende Tat. Das ist auffällig am Verhalten Jesu. Wir müssen deshalb einen Blick auf die Botschaft werfen, die er kurz zuvor verkündet hat. Es ist die gute Nachricht, das Evangelium, daß das Reich Gottes angebrochen ist. Das Reich, von dem es heißt, daß die Blinden sehen, die Lahmen gehen und die Trauernden lachen werden. Es ist angebrochen, aber noch nicht da. Im Handeln und Beispiel Jesu wird es sichtbar.
Manchmal fragen wir uns, warum Jesus das Reich Gottes nicht einfach durchgesetzt hat. Aber das wäre nicht dem Gott angemessen gewesen, den wir als unseren Schöpfer bekennen. Dieser Gott hat uns nämlich aufgetragen, an seiner Schöpfung mitzuwirken. Beide, Gott und Mensch, gestalten die Erde und das, was aus ihr wird. Beide zusammen, Mensch und Gott, gestalten die Zukunft. Es kommt Gott, und damit natürlich der Predigt seines Sohnes, darauf an, uns klarzumachen, daß wir an der Zukunft mitwirken, daß wir nicht aus der Verantwortung entlassen sind. Deshalb heilt Jesus die Menschen nicht nur, sondern er gibt ihnen die Botschaft, daß das Reich Gottes angebrochen ist. Diese Nachricht eröffnet den Geheilten nicht nur körperlich ihre Zukunft, sondern zeigt ihnen auch Wege in ein Leben, das nicht von einer negativen Haltung zur Zukunft gekennzeichnet ist. Sie sollen leben, und zwar in Fülle. Nicht eingeebnet und perspektivenlos, sondern ausgerichtet auf sein Reich, auf eine lebenswerte Zukunft. Und daran kann jede und jeder mitwirken. Da heißt es dann, neue Wege zu suchen, wie sich diese lebenswerte Zukunft Bahn brechen kann, wie Lebensverhältnisse verbessert werden können, wie unser Zusammenleben sich gestalten kann. Da gibt es riesige Betätigungsfelder in Gesellschaft, Politik und Kirche. Nur eines gibt es dann nicht mehr: die tödliche Langeweile, die unser Leben wie ein Weberschiffchen dahineilen sieht, oder perspektivenlose und eingeebnete Zeit.

Fürbitten

Gott will uns heilen und uns Zukunft eröffnen. Für viele, vielleicht auch für uns, ist das nicht erlebbar: Heil und Zukunft. Deshalb kommen wir zu dir, guter Gott, und tragen dir unsere Bitten vor.

- Für die Menschen unter uns, die krank sind an Körper oder Geist: Hilf ihnen, auch durch unseren Beistand, ihre Hoffnung auf Heilung in dieser und in der zukünftigen Welt nicht zu verlieren.
- Für alle Gemeinschaften, die zu zerbrechen drohen, weil ihnen die Perspektive in die Zukunft fehlt, Familien wie Vereine wie ganze Gesellschaften: Schenke ihnen Menschen, die ihnen Wege in eine lebenswerte Zukunft eröffnen.
- Für die Menschen, die aufgegeben, resigniert haben oder gar depressiv geworden sind: Laß sie in deiner Botschaft ein Ziel finden, für das es sich einzusetzen lohnt.
- Für unsere Toten: Schenke ihnen Zukunft, ein Leben bei dir.

Du, Gott, bist ein Gott der Lebenden, der unser Leben will. Dafür danken wir dir. Aus dieser Zusage schöpfen wir Hoffnung für unser Leben. Heute, alle Tage unseres Lebens und in Ewigkeit. Amen.

Kommunionmeditation/Wort für die Woche

Hast du heute schon gelebt?

Hast du heute schon gelebt?, fragte ich.
Es war der gleiche Trott, wie immer, bekam ich zur Antwort.
Hast du heute schon gelebt?, fragte ich.
Man hat mir keine Chance dazu gegeben, war die Antwort.
Hast du heute schon gelebt?, fragte ich.
Dazu bin ich nicht gekommen, sagte man mir.
Hast du heute schon gelebt?, fragte ich.
Ja, ich habe noch nicht aufgegeben.
Hast du heute schon gelebt?

Liedvorschläge
Eingang: 260
Antwortgesang: 528,2 und Psalm 90 (736, 2)
Credo: 614
Agnus Dei: 470
Kommunion: 472
Dank: 473
Auszug: 297

Michael Pfrang

6. Sonntag im Jahreskreis

Botschaft

Die aus nachösterlicher Perspektive schreibenden Evangelisten bestätigen Jesus in seiner Botschaft vom Reich Gottes als dem umfassenden Heil für den ganzen Menschen, indem sie von außergewöhnlichen Machttaten berichten: Hier heilt Jesus einen Kranken vom Aussatz. Die Exegeten streiten, ob es sich dabei mehr um ureigenste Handlungen Jesu in provokanter Auseinandersetzung mit Pharisäern und Schriftgelehrten handelt oder um die Unterstreichung christologischer und soteriologischer Ansprüche Jesu.

Ziel

Da die kurze Predigt der exegetischen Herausforderung nicht genügen kann, hier fundiertes und differenziertes Bibelwissen zur Wunderfrage vorzutragen, möchte ich einige ganz grundsätzliche Aussagen zu Wundergeschichten machen und an dieser Perikope etwas von den Grundhaltungen Jesu demonstrieren.

Lesungen

Lev 13, 1-2.43ac.44ab.45-46
1 Kor 10, 31 - 11, 1
Mk 1, 40-45

Einführung

So sehr wir uns auch in mancherlei Notsituationen nach einem *Wunder* sehnen mögen, das unsere Probleme lösen würde, wir Menschen des ausgehenden 20. Jahrhunderts sind einigermaßen nüchtern geworden und realistisch. Und wer es nicht ist, dem empfehlen wir wegen krankhaften Realitätsverlusts oder sonstiger seelischer Störungen eine Psychotherapie. Wir machen uns Gedanken, wenn unsere Jugend zu sehr an „wahre Wunder" – so heißt eine berühmte Fernsehsendung – glaubt und sie für sich persönlich erwartet. Was machen wir dann aber mit den biblischen Wundergeschichten, wie uns z. B. heute das Markusevangelium eine erzählt? Und dann auch noch „Aussatz"! Ein Aussätziger wird von Jesus geheilt. Ist es historische Wahrheit? Oder ist es nur symbolisch gemeint? Oder ist es sogar nur von den Evangelisten als Ausschmückung erfunden, um den besonderen Charakter Jesu anschaulicher zu schildern? Die heutige Bibelauslegung mutet uns da ja einiges zu.

Kyrie
Was macht deine Heilige Schrift mit uns, guter Gott? Was will sie uns sagen? Oft liegt die Botschaft auf der Hand, aber zuweilen erscheint sie sehr verschlüsselt.
Herr, erbarme dich!

Wir kommen zu dir, Bruder Jesus, im „Sonntagsstaat", aber mit all unseren Alltagsgedanken und -problemen im Kopf und auf dem Herzen. Wir suchen innere Erholung für unsere oft erschöpfte Seele. Wir suchen Orientierung.
Christus, erbarme dich!

Mit der Bereitschaft, wirklich offen zu sein für dich und deine Botschaft, treten wir ein in dein Haus.
Herr, erbarme dich.

Zugangsweise zum Evangelium
Schlecht. Ja, mein Zugang zu diesem Evangelium ist nicht besonders gut. Ich habe mehr als sonst Kommentare gewälzt, gegrübelt, angefangen, verworfen.
Es liegt am Wunderbericht an sich.
Und es liegt am Aussatz im besonderen.
Und es liegt daran, daß es kritisch geworden ist mit der historisch-kritischen Methode, ebenso wie mit der tiefenpsychologischen, der symbolischen ...
So kann ich nur meine (schon auf Thomas v. Aquin zurückgehende) grundsätzliche Wundermeinung wiederholen (meine PredigthörerInnen kennen sie hinlänglich), daß Wunder niemals in glaubensbegründender und glaubensweckender Perspektive verwendet werden (dürfen), sondern in glaubensvertiefender und den Glauben illustrierender Weise.
Das Rechnen mit Wundern darf die Verantwortung und den Gebrauch eines anderen „Schöpfungswunders" nicht vernachlässigen, zu dessen Anerkennung die Theologie lange gebraucht hat: die Vernunft! Theologisch hatten wir doch gerade einigermaßen die Versöhnung von „Vernunft und Glaube" erreicht. Dieses Ergebnis wird durch die „Esoterik-Welle" auch unter Christen jetzt wieder leichtfertig aufs Spiel gesetzt.
Da mir zur Aussatzfrage auch nichts anderes einfällt als den meisten PredigerInnen, nämlich die symbolische Deutung als heilsame Freiheit Jesu für alle Ausgegrenzten und als heilsame Freiheit Jesu von allen Berührungsängsten ..., weiß ich noch nicht genau, ob ich mich dazu

äußern soll oder es bei den allgemeinen Ausführungen zum Wunderthema belasse ...

Predigt

Was denken Sie, liebe ZuhörerInnen, wenn Ihnen heute einmal mehr ein Wunder Jesu begegnet? Und dann auch noch eines mit Aussatzheilung?

Denken Sie, na ja, leider begegnet es mir nur von der Kanzel herab, nicht im „wahren Leben"? Sicherlich hätte auch Ihr Alltag eine Menge Bedarf an Wundern – oder? Das Wunder der Aussätzigenheilung vielleicht als Botschaft für die Allergiker von heute?

Aber mal „Hand aufs Herz": Sind Sie (wir) überhaupt wunderfähig? Wunderbereit? Unsere Jugendlichen (es gehört zum Wesen der Jugend, daß sie gedankliche Strömungen der Erwachsenenwelt oft radikalisieren, über bestimmte Grenzen hinaus weitertreiben, insofern „überperfekt" dem erwachsenen Vorbild folgen – wir können uns also nicht herausreden!), unsere Jugendlichen sind heute ja oft auf existenzbedrohliche Weise „wunderbereit": Die einen fordern mit gefährlichen Spielchen und allerlei Waghalsigkeiten und als Nervenkitzel das Schicksal heraus, andere gestalten ihre Zukunftsplanung so ziellos, daß sie – ohne den mangelnden Realitätsgehalt zu sehen – auf einen Lottogewinn oder auf eine Fußballkarriere hoffen und damit oft auf die familiäre oder öffentliche Stütze angewiesen bleiben. Im Privatfernsehen gab es lange Zeit die gerade bei Jugendlichen hochgeschätzte Sendung „Wahre Wunder", die diese Haltung in ihnen durch Beispiele förderte, wo es offensichtlich wunder-bar zuging. Da brauchen wir uns nicht zu wundern, wenn dann ein Vierzehnjähriger sagt, er könne ruhig im vierten Stockwerk auf dem Balkongeländer balancieren, es hätten schon Menschen einen Absturz aus dieser Höhe überlebt. Die letztlich ungesicherte Ausnahme von der Regel wird zum vorherrschenden Denkmodell. Wer sein Preisgefühl z. B. absolut von Sonderangebotspreisen abhängig macht, der wird in der Realität nicht besonders gut zurechtkommen. Wer seinen Umgang mit der gesamten Welt, seine Lebensdeutung auch in Biologie und Physik von relativ ungesicherten Ausnahmeereignissen, man könnte sagen von „Wundern als Sonderangebot der Naturgesetze", abhängig macht, der wird in der Welt von heute orientierungslos und hilflos.

Und wir ganz normalen Erwachsenen? Wie steht es mit unserer „Wunderfähigkeit"? Würden wir nicht denken, es geht nicht mit „rechten Dingen" zu, wenn irgend etwas Außergewöhnliches passierte,

das zum Beispiel die Naturgesetze außer Kraft setzte? Würde, so wie wir gewohnt sind zu denken, durch ein solches Wunder nicht eher die fatale Modeneigung mancher esoterisch angehauchter ZeitgenossInnen auch bei uns durchschlagen, in der ach so rationalen, aufgeklärten Nachmoderne dann eher an Geister und allerlei Teufel zu glauben als an das Wirken Gottes in Jesus?
Die Geistesgeschichte und die Psychologie lehren uns, daß die Wirklichkeit und wie wir sie wahrnehmen, immer auch stark von den Denkgewohnheiten abhängt, also davon, was wir von und in dieser Wirklichkeit erwarten! Die moderne Sprache nennt diese Beobachtung „Selffulfilling prophecy“: Wenn man z. B. große Angst vor bestimmten Krankheiten oder anderen Ereignissen hat, ist die Wahrscheinlichkeit höher, daß sie auch eintreten. Noch wichtiger als die Beobachtung ist die Tatsache, daß ein größerer Bereich der Wahrnehmung von Wirklichkeit ja ganz davon abhängt, wie wir sie deuten, wie wir sie ganz persönlich wahrnehmen: Hat die Frau dort mir eben nicht einen Blick zugeworfen, der Sympathie verrät, oder hat sie mich abschätzig gemustert? Je nach persönlicher Wahrnehmung verändert sich die Wirklichkeit! Sie ist nicht so objektiv vorgegeben, wie wir manchmal meinen.
Wenn wir uns jetzt noch für die Zeit Jesu in eine Gedankenwelt versetzen, deren naturwissenschaftliche Kenntnisse im Gegensatz zu heute geringer waren, die zum Beispiel das Gewitter nicht physikalisch, sondern nur als „Strafe der Götter“ verstehen konnte, dann wird mir auf einmal klar, daß die innere Disposition der Menschen damals, eben ihre Denkhaltung, eher auf den Glauben an Wunder angelegt war als unsere Welt- und Lebensdeutung heute. Auch für Jesus selbst lehrt unsere Theologie heute, daß die „Menschwerdung“ den „Gottessohn“ in diesen Dingen der (naturgesetzlichen) Welt-Einsicht durchaus auch ganz zum „Kind seiner Zeit“ werden ließ. Für diese Zeit war das Auftreten von Wunderheilern so selbstverständlich wie für uns z. B. die Versicherungsvertreter. Und wie wir für unsere Zeit im Umgang mit dem „Versicherungsgedanken“ kritisch sein müssen wir dürfen ihn nicht überfordern und überschätzen, als würde unser Leben damit wirklich sicherer und vor Gefahren geschützt, so müssen wir für die Bibelzeit und ihre Übertragungen auf heute auch mit dem Wundergedanken kritisch sein. Wir dürfen ihn nicht überfordern und überschätzen. Das möchte ich in zwei Punkten abschließend konkretisieren. Die Bibel erzählt zwar relativ viele Wundergeschichten, sie vermeidet dabei aber ganz und gar zwei Mißverständnisse, denen wir im gedanklichen Umgang mit diesem Thema und im Erwarten von Wundern gerne erliegen:

Die biblischen Wundergeschichten haben nie die Aufgabe, im Geheilten oder bei den Zuschauern den Glauben zu wecken! Sie spielen also keine glaubensbegründende Rolle. Jesus handelt nie nach dem Motto: „Aha, ihr glaubt mir nicht, ihr glaubt nicht an mich, dann schaut einmal her, ich zeige euch etwas (ein Wunder), dann müßt ihr einfach glauben!" Wenn die Ungläubigen Zeichen und Wunder forderten, um dann vielleicht glauben zu können, gerade dann verweigerte Jesus diese Zeichen. Biblische Wunder haben also keine Aufgabe und keine Kraft gegenüber dem Zweifel! Ich halte sie vor allem für zeitbedingte Ausdrucksmittel, um den vorhandenen Glauben zu illustrieren. Für mich sind sie in erster Linie Metaphern, Bilder, so ähnlich wie der Satz: „Die Liebe Gottes ist wie ein schattenspendender Baum in der Sonnenglut und wie ein wärmender Sonnenstrahl im Novembernebel." So kann mein Glaube sagen: „Die Liebe Gottes ist wie neue Gemeinschaft finden, nachdem man ausgeschlossen war!" „Die Liebe Gottes ist wie die Heilung von Aussatz!"

Und biblische Wunder ersetzen nie die menschliche Verantwortung und auch nicht den Gebrauch der Vernunft. Ganz im Gegenteil. Die gesamte Botschaft Jesu ist geradezu die Aufforderung an den Menschen, seine Verantwortung füreinander und für die Welt aktiv und einsatzbereit auszuüben. Und wenn Jesus uns Menschen dabei vor übermäßiger Sorge bewahren und zum Vertrauen auf Gott befähigen will, dann stellt er gerade keine Wunder in Aussicht, dann lehrt er gerade nicht, auf die Überschreitung von Naturgesetzen zu hoffen und zu warten. Erst recht stellt er uns niemals in Aussicht, daß er dies für uns tun würde. Daß er uns durch ein Wunder irgendwie helfen und retten werde. Da hat unsere fromme Erziehung vergangener Jahrhunderte viele Mißverständnisse und viel falsche Erwartung geweckt. Sie ist damit mitverantwortlich für viel Enttäuschung im Glauben, falsche Vorstellungen und Glaubensverlust! Jesus stellt uns im Gegenteil gerade die Natur und ihre Gesetze als Gleichnis der uns beschützenden und leitenden Fürsorge Gottes vor Augen. „Seht die Lilien auf dem Felde, die Vögel am Himmel ...", an ihrem ganz normalen, ganz natürlichen Leben zeigt sich das Wirken und die Liebe Gottes.

Damit werden die Naturgesetze und ihr Funktionieren für mich zum viel größeren Wunder, als wenn sie in einem Punkt außer Kraft gesetzt werden!

Damit kann sich auch unser Sinn und unser Gebrauch eines weiteren Schöpfungswunders verstärken: die Vernunft! Daß wir mit unserem Verstand denken und planen und erkennen und korrigieren und kritisieren und neu anfangen und Verantwortung ausüben können, ist das nicht das größere Wunder? Ist das nicht gerade der „göttliche Moment" im Menschsein, wo Gott uns Anteil an seiner Schöpfungskraft gegeben hat: in der Liebe und in der Vernunft?

Fürbitten
Guter Gott, wir Menschen sind oft „leichtgläubig". Wir wollen uns darauf besinnen, wo sich der Glaube an dich und deinen Sohn von solcher „Leichtgläubigkeit" unterscheidet:

- Bewahre uns davor, durch allzu fromme oder allzu ängstliche Phantasien die Wirklichkeit und ihre Regeln aus den Augen zu verlieren.
- Öffne uns die Sinne für deine Botschaften, die du uns auf ganz „natürlichem" Weg, durch andere Menschen und die Welt mitteilen willst.
- Öffne unsere Sinne für das viel größere Wunder der Natur und ihrer funktionierenden Gesetze.
- Öffne uns die Sinne für das viel größere Wunder und die Verantwortung der Vernunft.

Guter Gott, du willst, daß wir im Vertrauen auf dich und deine Nähe unsere Welt gestalten. Die dafür alleine nötigen Mittel hast du uns Menschen als unsere Natur zur Verfügung gestellt: Liebe und Vernunft! Gib uns die Kraft, den Geist, den Mut und die Wärme, Herz und Verstand ganz in deinem Sinne zu nutzen. Darum bitten wir durch Christus, unseren Herrn. Amen.

Stefan Herok

7. Sonntag im Jahreskreis

Botschaft
Wer sich auf Jesus Christus einläßt (= an ihn glaubt), der erfährt „ganzheitliche" Heilung. Er ist der Arzt für Leib und Seele.

Ziel
Ich möchte meine HörerInnen einladen, ihre Beziehung zu Jesus Christus anzuschauen und gerade dadurch sein „heilendes" Wirken zu erfahren.

Lesungen

Jes 43, 18-19.21-22.24b-25
2 Kor 1, 18-22
Mk 2, 1-12

Einleitung

Immer wieder kommt es vor, daß unser Leben eigenartige Schritte vollzieht; da gibt es oftmals schwerwiegende Probleme, die unseren Alltag belasten durch Streß und Hektik, und es stellt sich die Frage: Wie geht das Leben wohl weiter?
Nicht selten kommt es da vor, daß unser Körper auf diese Situation reagiert. Der Lebensalltag wirkt sich auf die körperliche Gesundheit aus. Unsere Reaktion darauf dürfte wohl der Gang zum Hausarzt sein, aber was tun wir für die seelische Gesundheit? Was tun wir, damit unsere Seele, unser Innerstes wieder ins Gleichgewicht kommt?
An jedem Sonntag sind wir eingeladen, auch für unsere Seele Erholung und Genesung zu erhalten – so können wir hier zur Ruhe kommen und Gottes Wort (und Sakrament) als Nahrung für unsere Seele aufnehmen.
– Stille –

Kyrie

Jesus Christus will uns durch sein Wort (und Sakrament) Nahrung für Leib und Seele sein – ihn rufen wir um sein Erbarmen an:

Herr Jesus Christus, du schenkst uns dein Wort, damit wir in ihm Halt und Orientierung für unser Leben finden.
Herr, erbarme dich.

Du wendest dich in Liebe all jenen zu, die durch die Mühen des Alltags niedergedrückt werden.
Christus, erbarme dich.

Du sprichst uns die Vergebung zu, wo wir noch hartherzig zu anderen sind.
Herr, erbarme dich.

Ja, Herr, du kommst uns entgegen mit deinem Erbarmen und deiner Liebe und befreist uns von unserer Schuld. Du schenkst uns deine Nähe, die uns Heil zusagt und uns begleitet in das neue und ewige Leben hinein. Amen.

Zugangsweise zum Evangelium

- Was oder wer versperrt mir den Blick, die Begegnung mit Jesus Christus?
- Was tue ich selber, um mit Jesus in Kontakt zu kommen?
- Erfahren, daß eine Begegnung mit einem guten Freund/einer guten Freundin mich glücklich machen kann.

Predigt

Vielleicht haben Sie diese Erfahrung auch schon gemacht: Da begegne ich seit langem mal wieder einem guten Freund – wir setzen uns zusammen, wir erzählen uns viel –, und am Ende dieser Begegnung bin ich so richtig froh und glücklich; ich fühle mich wohl und gehe bestärkt in den sogenannten Alltag zurück.

Solche Begegnungen sind selten und deshalb um so wichtiger für mein Leben geworden, denn: Wenn Menschen, gute Freunde oder Bekannte, zusammentreffen, dann kann so etwas wie „der Himmel auf Erden" passieren, da spüre ich die Nähe des anderen und sein wirkliches Wohlwollen mir gegenüber. Ja, dort, wo sich Menschen in solch einer Weise begegnen, da könnte man sagen, geschieht auch so etwas wie Gottesbegegnung, die letztlich mir ganz persönlich guttut. Besonders dann, wenn ich nicht gerade in guter Laune bin, hilft mir solch eine Begegnung wieder, den Alltag besser zu meistern.

Wie könnten wir dieses Phänomen nennen? Einbildung? Schweben auf rosaroten Wolken? Oder hat es doch etwas mit Gott und seiner Liebe zu uns Menschen zu tun? Da klingen so manche Jesus-Worte in meinen Ohren, wie zum Beispiel: „Kommt alle zu mir, die ihr mühselig und beladen seid, ich will euch Ruhe verschaffen."

Jesus lädt uns ein, zu ihm zu kommen, die Mühen des Alltags bei ihm abzulegen und wieder neu von ihm her Kraft zu schöpfen.

Im Evangelium des heutigen Sonntags konnte der Gelähmte dies nicht mehr aus eigener Kraft tun, doch er hatte, Gott sei Dank, wirkliche Freunde und Helfer gefunden.

Einzig und allein der Glaube an die Person des Jesus von Nazaret hat dem Gelähmten seine Kraft zurückgegeben. Der Gelähmte und seine Begleiter haben sich ganz auf Jesus verlassen, sich ein-gelassen auf diese Begegnung mit ihm, obwohl sie wußten, daß eine große Menschenmenge um ihn herumstand und das Durchkommen erschwerte.

Seine ganze Hoffnung allein auf eine Person zu setzen ist ein Risiko; und wer tut das schon gerne, sich ganz jemandem anzuvertrauen und vielleicht enttäuscht zu werden.

Jeder und jede von uns muß sich ab und zu einer Person anvertrauen und mit dieser Person auch persönliche Dinge besprechen – das tut auch unserer Seele gut.
Wie sieht das in unserem religiösen Leben aus? Habe ich eine Beziehung aufgebaut zu dem, der mir seine Liebe und Zuneigung ohne Vorbedingung schenkt? Diese Frage muß jeder für sich persönlich beantworten! Diese Beziehung kann man nicht erzwingen, ich muß sie aus freien Stücken bejahen und dann auch pflegen. Gerade dadurch will Jesus Christus sein „heilendes Wirken“ an mir vollziehen, indem ich diese Beziehung anschaue, sie mit den Augen meines Herzens betrachte und mich ganz darin hineinbegebe. Christus will uns seine Güte aber nicht einfach überstülpen; er will, daß wir in Freiheit sein Wort annehmen und daran glauben. Er selber will wie ein guter Freund unser Leben begleiten und mit seiner Liebe erfüllen. Sicher wird dann nicht einfach alles „Gold“ sein, es wird sich aber meine Sichtweise von den verschiedenen Dingen ändern, die mich tagtäglich beschäftigen – ich werde darin auch Gottes Gegenwart erkennen, der mir im Alltag begegnen will. So dürfen wir sein „heilendes Wirken“ in unserer Welt erfahren, daß er selbst nicht fern von uns ist, sondern mitten unter uns lebendig bleibt.
Für die kommende Woche wünsche ich uns, daß es uns immer mehr gelingt, seine Gegenwart unter uns zu spüren und zu erfahren, auch in den Gesprächen mit Freunden, denen wir uns anvertrauen.

Fürbitten

Herr Jesus Christus, du bist der Messias, der den Menschen das Heil bringt. Mit unserer Hoffnung und mit all unseren Sorgen kommen wir zu dir und bitten dich:

- Erneuere die Verbindung, die wir mit dir eingegangen sind, damit wir durch deinen Geist gestärkt die Wege des Alltags gehen können.
- Öffne die Herzen der Menschen, die nichts mehr von dir erwarten, und schenke du ihnen Zeichen deiner liebenden Gegenwart.
- Laß alle, die in einem sozialen Beruf tätig sind, Anerkennung und Freude erfahren.
- Öffne die verstockten Herzen derer, die nicht an das Gute im Menschen glauben können; begegne du ihnen in ihren Mitmenschen.
- Führe alle Verstorbenen in deinen ewigen Frieden, und schenke ihnen die Vergebung ihrer Schuld.

Denn du, Herr, unser Gott, hast deinen Sohn in die Welt gesandt, damit wir gerettet werden. Dafür danken wir dir und preisen dich heute und an allen Tagen unseres Lebens. Amen.

Wort für die Woche
Siehe Impulsfragen als Zugangsweise zum Evangelium.

Liedvorschläge
Eröffnung: 669, 1-3
Gloria: 474, 5+7
Antwortgesang: 291, 3
Credo: 489
Übertragung: 547, 1-4
Agnus Dei: 470
Dank: 559, 1-3

Jürgen Schwarz

8. Sonntag im Jahreskreis

Botschaft
Wenn etwas Neues in unser Leben kommt, so glauben wir als Christen, hat es seinen Ursprung in Gott. Mit Jesus kam Neues in die Welt der Jünger, in die Welt derer, die seine Botschaft aufgenommen haben und aufnehmen.
Das Neue, das wir alle ersehnen, ist:
Angenommensein, Zuwendung, Liebe. Genau dies ist Gottes Liebesangebot für uns, konkret geworden im Leben und Wirken Jesu.

Ziel
Ich möchte die GottesdienstteilnehmerInnen ermutigen, Neues zu wagen, der Zusage Gottes zu trauen, um so befreit zu werden von dem, was das Herz einengt und gefangenhält.

Lesungen
Hos 2, 16b.17b.21-22
2 Kor 3, 1b-6
Mk 2, 18-22

Einleitung
Wir sind heute am Sonntag hierhergekommen, um neuen Mut zu schöpfen, um unser Leben neu ausrichten zu lassen, damit es, trotz der Schwierigkeiten und Belastungen, die jeder Mensch erfährt, gelingt. Die Zusage der Lesungen, die wir heute hören, ermutigt uns, unser Leben im Alltag zu gestalten. Eine heilere Welt bedarf der Heilung der Herzen.
Überlegen wir uns: Was möchte in mir heil werden? Bitten wir Gott um Vergebung unserer Schuld und um sein Erbarmen.
– Stille –

Kyrie
„Gotteslob" Nr. 246

Vergebungsbitte
Gott, du hast deinem Volk Erlösung geschenkt durch deinen Sohn Jesus Christus. Verzeihe uns unsere Schuld, nimm hinweg, was unser Gewissen belastet, und schenke uns deinen Frieden, damit wir als neue Menschen leben können. Amen.

Zugangsweise zum Evangelium
– Bezugnahme zur ersten Lesung
– Gottes Treue zu seinem Volk
– Fasten als Lebenshilfe für den Jünger
– Tage der Hoch-Zeit
– Neues wagen

Predigt
Das Buch Hosea, aus dem die heutige Lesung entnommen ist, stellt die Liebeserklärung Gottes an sein Volk dar: Gott – als der werbende Bräutigam.
Das Volk kommt immer wieder vom rechten Weg ab, läuft sozusagen von Gott weg, wird untreu, damals wie heute. Es sucht sich Zeit-Geist-Götter. Gott aber ist treu. Er ist ein eifersüchtiger Gott, immer wieder lockt er sein Volk.
An dieses Bild knüpft der Abschnitt im Markusevangelium, den wir eben

gehört haben, an. Wie ein liebender Bräutigam, so ist Gott um sein Volk. Ausgangspunkt dafür ist die unterschiedliche Fastenpraxis in der Gemeinde. Für die Pharisäer ein Ärgernis: Denn da gibt es eine Gruppe, die nicht einhält, was alle tun – „was man tut", die Jünger Jesu. Doch im tiefsten geht es weniger um das „Fasten an sich", sondern um diesen Jesus. Welche Anmaßung! Er und seine Jünger fasten nicht! Galt doch das Fasten zum einen als Buße für die Untreue des Volkes, zum anderen war das Fasten ein guter Weg, um zu einer tieferen Gottesbeziehung zu gelangen.

„Durch das Fasten des Leibes hältst du die Sünde nieder, erhebst du den Geist, gibst du uns die Kraft und den Sieg ...", so heißt es in der IV. Präfation für die Fastenzeit.

Wenn nun Jesus und seine Jünger nicht fasteten, dann war das für einen frommen Juden eine starke Provokation. Denn das Einhalten der Gesetze und Vorschriften war sehr wichtig, manchmal wichtiger als der Mensch. Das ist, Gott sei's geklagt, für manche gutmeinenden Christen bis heute nicht viel anders geworden.

Warum fasten die Jünger Jesu nicht? Haben sie eine so „reine Weste"? Oder sind sie blind, daß sie nicht sehen, wie diese Welt und die Menschen der Buße bedürfen? Bezüglich des Fastens ist die Auffassung Jesu eine andere: Jetzt ist keine Zeit zum Fasten, denn die Zeit hat sich geändert, die Menschen haben sich *nicht* geändert.

Jetzt ist Hohe-Zeit – Heilszeit, Zeit der ersten Liebe für den Jünger Jesu. Da kann unmöglich gefastet werden. Im Gegenteil, Fasten wäre da fehl am Platz. Mit Jesu Kommen ist der langersehnte, von den Propheten verkündete und erwartete Messias gekommen. Für den Jünger Jesu ist dies Erfüllung, Freude, Glück.

Gott selber stellt sich mit dem Kommen Jesu ganz auf die Seite des Menschen, auf unsere, auf meine Seite. So nahe will Gott uns sein. Diese Wirklichkeit ist unüberbietbar. Da werden alte Strukturen auf den Kopf gestellt. Da haben die bisherigen Opfer und Fastenpraktiken keinen Platz.

Gewiß, Jesus selbst sagt, daß eine Zeit kommen wird, in der seine Jünger wieder fasten werden, dann nämlich, wenn ihnen der Bräutigam, der Freund genommen wird; wenn sie seine Nähe nicht mehr spüren. Der Grund zum Fasten wird dann ein ganz anderer sein: Fasten, um die Sinne wach zu halten und zu schärfen für sein immer neues Kommen, um das Herz offenzuhalten für seine Gegenwart. So kann Fasten einen guten Sinn haben, nicht als religiöse Leistung, aber als Lebenshilfe für den Jünger, die Jüngerin Jesu – damals wie heute.

Was können wir aus dieser Botschaft mitnehmen?
Sind nicht auch wir immer wieder in Gefahr, Gesetze und Vorschriften im religiösen Bereich bei uns selbst wie bei andern einzufordern, anstatt Jesus und seiner Botschaft zu trauen: Hier und jetzt mich von seinem Wort treffen lassen, mein Herz offenhalten für die Begegnung mit ihm, die mich heil und glücklich machen möchte.
Das ist das Neue: Daß Gott nicht müde wird und mir immer wieder Zuwendung und Gemeinschaft anbietet, mich so annimmt, wie ich bin. Das tut er auch in dieser Stunde durch sein Wort und durch das Brot des Lebens, wenn er sich uns schenkt im Heiligen Mahl. Deshalb sind wir hier zusammen als seine Gemeinde, auch um unsertwillen, damit unser Leben gelingen kann.
Meine Antwort auf sein Entgegenkommen könnte lauten:

- Mißtrauen loslassen, Vertrauen wagen
- Ich versuche es wieder neu, ich traue deinem Wort, das wirkmächtig ist, daß du, Gott, meine kleine Liebe erneuerst, mir Frieden und Freude schenkst.
- Ich traue dir zu, daß ich froher und gelassener aus dem Gottesdienst heimgehe, weil ich gespürt habe, daß ich gemeint bin, daß ich wichtig bin.

Solch einem Gott anzugehören, ihm Glauben zu schenken, zu trauen, befreit von allem religiösen Leistungsdenken, es schenkt tiefe Freude; denn Gott wirbt wie ein Liebender um mich.
Was mit Jesus Neues gekommen ist, kann man nicht zur Reparatur des Alten verwenden.

Fürbitten
Laßt uns beten zu Gott, unserem Vater, dessen Geist in uns wirkt:

- daß wir unsere Widerstände aufgeben, die uns daran hindern, uns von Ihm neu machen zu lassen;
- daß er unser Vertrauen in seine Vorsehung größer werden läßt;
- daß wir das Gute vom Bösen unterscheiden und tun;
- daß wir uns in ungeheuchelter Liebe einander zuwenden und die unterstützen, die unsere Hilfe brauchen;
- daß wir uns unseres Glaubens erfreuen und ihn weitergeben
- (aktuelle Bitten anfügen).

Gott, du bist viel größer, als wir es uns ausdenken können. Du nimmst uns in dieser Stunde wieder neu hinein in deine Mitte und schenkst uns deine Liebe, in Jesus Christus, unserem Herrn. Dafür danken wir dir jetzt. Amen.

Kommunionmeditation
(z.B. in: Bernhard Hopf/Lucia Kehr/Edeltraud Steiner, Erinnern – danken – feiern. Rollenbuch für Leiterinnen und Leiter von Wortgottesdiensten, Mainz [2]1996, 8.8)

Liedvorschläge
Eingang: 298
Kyrie: 246
Gloria: 476
Credo: 479
Kommunionfeier: 483
Agnus Dei: 482
Schlußlied: 262

Edeltraud Steiner

9. Sonntag im Jahreskreis

Botschaft
Der mit Gottes Vollmacht ausgestattete Menschensohn wendet sich – als „Herr über den Sabbat" – durch sein Wort und sein heilschaffendes Handeln gegen buchstabengetreues „Gesetzesdenken" und gegen lebentötendes „Gesetzeshandeln". Die Person Jesu und seine Verkündigung stellen die Menschen in die Entscheidung. Menschen bejahen Jesus oder lehnen ihn ab – bis heute.

Ziel
Ich möchte den GottesdienstteilnehmerInnen durch die Botschaft des Evangeliums Wege aufzeigen, über ihre eigene Beziehung zur Person und Verkündigung Jesu Christi nachzudenken.

Lesungen
Dtn 55, 12-15
2 Kor 4, 6-11
Mk 2, 23-3,6

Einleitung

(Der folgende Einstieg bedarf einigen Muts. Der/die GottesdienstleiterIn hat einen Fußball dabei. Er/sie kickt den Ball einem Ministranten/einer Ministrantin zu!)
Anstoß! Das Spiel beginnt!
Jedes Fußballspiel und fast jede Ballsportart beginnt mit einem Anstoß! Der Anstoß eröffnet das Spiel. Mitspieler, aber auch die Gegner nehmen den Anstoß auf. So kommt das Spiel „ins Rollen".
Vielleicht sagen Sie jetzt: „Der Fußball gehört nun wirklich nicht hierher". Fußballspielen im Gotteshaus – geht das nicht zu weit?
Sie nehmen Anstoß an meinem Anstoß.
Wir kennen das in unserem Leben: Wir geben einen Anstoß. Wir wollen etwas in Bewegung setzen. Genauso stoßen wir uns an Anstößen, die andere uns geben. Jeder Sonntagsgottesdienst möchte ein Anstoß für uns sein. Jesus Christus möchte uns durch seine Botschaft anstoßen.
Wir dürfen uns jedoch nichts vormachen: Nicht immer bedeutet der Anstoß Jesu etwas für unser Leben. Seine Botschaft kann zum Stein des Anstoßes für uns werden:

Kyrie und Bußbesinnung

Stein des Anstoßes werde ich
durch meine Ansichten, die andere Meinungen nicht gelten lassen.
Stein des Anstoßes werde ich,
weil ich meine Mitmenschen durch meine Forderungen und Ansprüche fessele und in Beschlag nehme.
– Kurze Stille –
Herr Jesus Christus, Menschensohn und Herr über den Sabbat.

Liedruf: „Herr, erbarme dich ..." („Troubadour für Gott", Nr. 165/nur Refrain)

Stein des Anstoßes werde ich,
wenn ich Menschen einteile, in Arm und Reich, in Gut und Böse.
Stein des Anstoßes werde ich
durch mein Verhalten, das den Mitmenschen zu kurz kommen läßt.
– Kurze Stille –
Du Heil und Leben der Ausgestoßenen.

Liedruf: „Herr, erbarme dich ..."

Stein des Anstoßes werde ich
durch mein verstocktes Herz, das sich der Not verschließt.

Stein des Anstoßes werde ich
durch mein Urteil gegenüber dem Mitmenschen, das ihn in seinem Sein nicht gelten läßt.
– Kurze Stille –
Du unsere Mitte, die durch Liebe von Ängsten und Zwängen befreit.

Liedruf: „Herr, erbarme dich ..."

Der Herr erbarmt sich unser. Er nimmt von uns unsere Sünde und Schuld, damit wir als befreite und erlöste Menschen leben können. Amen.

Zugangsweise zum Evangelium

1. Der „Anstoß" Jesu
   - Welchen Anstoß gibt Jesus?
   - Erwartungen der GottesdienstteilnehmerInnen
   - Unser Sonntagsverständnis
2. Anstöße geben
   - Unterschiedliches Reagieren auf Anstöße
   - Stein des Anstoßes
   - Beispiele für Anstöße
   - Annahme oder Ablehnung solcher Anstöße
3. Bezug zum Evangelium
   - Jesus handelt in Freiheit
   - Seine Worte und Taten schenken Freiheit
   - Liebe steht über dem Gesetz, auch am Sabbat
   - Menschliches Leben wird in den Sabbat einbezogen
   - Zuwendung Gottes wird hervorgehoben
   - Jesus zeigt: Gott befreit
4. Bezug zum heutigen Leben
   - Gesetzesfrömmigkeit heute?
5. Konsequenzen
   - Jesus befreit auch uns heute
   - Freiheit hat Konsequenzen:
     Dem Nächsten ohne Bedingungen zuwenden
   - Anstoß Jesu klingt unrealistisch
6. Sich dem Anstoß Jesu verschließen
   - Das „verstockte" Herz
7. Einladung, den Anstoß Jesu aufzunehmen
   - Jesus stellt uns in die Mitte

- Jesus will uns befreien
- Den Anstoß Jesu aufnehmen, um *seine* Botschaft in Bewegung zu bringen

Predigt

Jesus gibt einen Anstoß. Welchen?
Was wäre Ihre Antwort? Was würden Sie sagen, wenn ich Sie jetzt dazu befragte?
Im Evangelium ist vom Sabbat die Rede. Im kirchlichen Raum wird oftmals der Faden vom jüdischen Sabbatverständnis zu unserer Sonntagsheiligung gezogen.
Ob das vielleicht auch Ihr Gedanke ist? Sabbat, Sonntag – klar, heute geht es wieder mal um unser rechtes Verständnis vom Sonntag. Vielleicht denken Sie an Aktionen der letzten Jahre, die die Bedeutung des Sonntags für uns Christen herausstellten.
Oder Ihnen kommt überhaupt das Sonntagsgebot der Kirche in den Blick, gerade auch in bezug auf die gerade vorgetragene alttestamentliche Lesung!
Der erste Eindruck vom heutigen Sonntagsevangelium trügt. Unser Sonntagsverständnis leitet sich von Tod und Auferstehung Jesu Christi ab, nicht vom Schriftwort des Markusevangeliums.
Welchen Anstoß gibt uns Jesus heute?
Das ist so eine Sache mit den Anstößen. Sie kennen das auch: „Ich habe eine gute Idee. Da kann ich sicherlich etwas bewegen. Ich will etwas anstoßen ..."
Und die Mitmenschen? Sie reagieren auf meinen Anstoß überhaupt nicht. Ja, vielleicht wird für manchen mein Anstoß zum Stein des Anstoßes.
Eltern können davon ein Lied singen, daß scheinbar die Kinder ihre Anstöße überhaupt nicht beherzigen.
Ebenso im kirchlichen Raum, auch in unserer Pfarrei, kennen wir dieses Dilemma (aktuelle Beispiele einsetzen!):
Die Gestaltung mancher Gottesdienste, z. B. von Jugendgottesdiensten, wird für die einen zum positiven Anstoß für ihr Glaubensleben. Andere lehnen diese Art der Gottesdienste schlichtweg ab.
Der Pfarrgemeinderat will einen Anstoß für ein lebendiges Gemeindeleben geben. Begeisterung auf der einen Seite. Mit einem müden Lächeln oder mit keinerlei Wirkung quittieren andere diese Bemühung.
Im sogenannten Kruzifixurteil des Bundesverfassungsgerichtes sah mancher den Anstoß gegeben, neu über die Bedeutung des Kreuzes im

christlichen Alltag und in der Gesellschaft überhaupt nachzudenken. Das bundesdeutsche Kirchenvolksbegehren begriffen die einen als Anstoß, als Chance für den Dialog. Zum Stein des Anstoßes im negativen Sinne wurde die Unterschriftenaktion für andere.
So könnten noch viele Beispiele aufgezählt werden. Unterschiedlich nehmen wir die erfahrenen Anstöße auf. Wir nehmen sie an und lassen uns bewegen. Wir reagieren vielleicht überhaupt nicht darauf. Oder wir stehen ihnen ablehnend gegenüber. Manchmal wehren wir uns sogar mit allen Mitteln dagegen.
Jesus gab seinen Zeitgenossen Anstöße zum Nachdenken und konkreten Handeln. Von Reaktionen auf einen solchen Anstoß Jesu hören wir im heutigen Evangelium.
Jesus zeigt durch sein Wort und seine Tat seine Vollmacht. Er ist der neue David, der sich als Herr über den Sabbat erweist. So wie König David, als Gottes Auserwählter, sich frei über damals übliche Vorschriften hinwegsetzt, so handelt Jesus frei und mit Gottes Vollmacht. Diese Freiheit hat Konsequenzen für seine Jünger. Sie drückt sich im Essen von Getreidekörnern aus, die die Jünger am Sabbat selbst geerntet hatten. Erntearbeit war am Sabbat verboten.
Der Konflikt spitzt sich im zweiten Teil des Evangeliums zu. Jesus stellt einen Mann mit einer vertrockneten Hand in die Mitte. Was wird Jesus tun? Er darf am Sabbat nur bei Lebensgefahr heilen. So steht es im Gesetz. Und Jesus weiß, es besteht keine unmittelbare Gefährdung für Leib und Leben.
Jesus stellt den Anwesenden eine Frage: „Was ist am Sabbat erlaubt: Gutes zu tun oder Böses, ein Leben zu retten oder es zu vernichten?"
Eine Antwort geben die Gefragten nicht. Zu eindeutig ist die Antwort. Selbst die Unterlassung der guten Tat bedeutet für Jesus etwas Böses!
Und Jesus heilt. Jesus schenkt Leben, auch am Sabbat.
Er wendet sich, wie so oft, den Menschen zu. Er schließt das menschliche Leben mit all seinen Gebrechen und Nöten in den Sabbat mit ein. Er hebt den Sabbat nicht auf, sondern betont durch seine befreiende Einstellung zum Gesetz die unbedingt liebende Zuwendung Gottes zum Menschen, wo immer und wann immer sie nötig ist, auch an einem Sabbat.
Das ist Jesu Anstoß für mich!
Wir dürfen ihm vertrauen. Seine Vollmacht kommt von Gott. Dieser Gott hat sich als der „Ich bin da" (Ex 3, 14) seinem Volk Israel offenbart und es aus der Knechtschaft befreit. Wenn Gott der Befreier ist, dann fordert er nicht den buchstabengetreuen Gehorsam gegenüber Gesetzen,

die den Menschen eigentlich nur wieder fesseln und der Freiheit berauben.
Jesus möchte uns von jeder ängstlichen und kleinkarierten Gesetzesfrömmigkeit befreien. Alles gut und schön, wenden Sie jetzt vielleicht ein. Das war vor 2000 Jahren in Israel. Wie steht es bei uns heute? Vielleicht denkt mancher von Ihnen an die Gesetze und Gebote unserer Kirche. Zum Stein des Anstoßes werden auch sie für viele. Sekten, auch (immer mehr) Gruppierungen innerhalb der Kirche, fordern buchstabengetreues Befolgen ihrer Statuten und Gesetze, selbst wenn der Mensch dabei auf der Strecke bleibt.
Ich denke an die Frage der Kinder, die sich auf die Erstkommunion oder die Firmung vorbereiten: „Muß ich zu dieser oder jener Veranstaltung kommen ..." Wir alle kennen solche Beispiele. Über allem steht das heutige Beispiel Jesu: Er will uns von allen unmenschlichen Gesetzen befreien. Als Befreite können wir unser Herz für ihn ganz öffnen. Nur so werden wir in der Lage sein, seine Liebe ohne weitere Bedingungen an unseren Nächsten weiterzuschenken.
Mag sein, daß dieser Anstoß Jesu zu ideal, vielleicht sogar unrealistisch klingt. Ermutigend ist er allemal.
Diesen Anstoß aufzunehmen, ist jedoch gar nicht so einfach.
Selbst im Evangelium ist von denen die Rede, bei denen der Anstoß Jesu zum Stein des Anstoßes wird. Ihr Herz ist verstockt gegenüber seinen Worten und Taten. Mit ihrer Einstellung „Gesetz ist Gesetz" wurde mancher Mensch an einem guten Leben gehindert. Ihr Unglaube gegenüber Jesus geht so weit, daß sie, die über das Gesetz wachen, sich selbst das Böse erlauben. Sie fassen den Beschluß: „Jesus muß sterben!"
Die verstockten Herzen sind sicherlich nicht nur eine Haltung, die einer religiösen Gruppierung in Israel vor 2000 Jahren zukommt. Das verstockte Herz hindert jeden Gläubigen daran, sich für die Person und die Verkündigung Jesu zu öffnen.
Wir dürfen uns jedoch von Jesus anstoßen lassen. Wir dürfen ihm vertrauen. Wir stehen bei ihm in der Mitte. Er sagt auch uns: „Streck deine Hand aus. Streck mir deine Nöte und Sorgen entgegen. Halte mir deine Fesseln und Ängste, deine Gebrechen, ja dein Leben hin. Halte mir alles, was dich isoliert und deiner Menschenwürde beraubt, hin. Ich will dich davon befreien."
Dieser Anstoß Jesu kann jeden von uns wiederum anstoßen, damit *seine* Botschaft in Bewegung gebracht wird: in unsere Familien, in unsere Pfarrgemeinde und in unseren gesamten Lebensalltag.

Fürbitten

Herr Jesus Christus, du stellst uns in die Mitte. In Liebe begegnest du uns. Du willst uns Heil schenken. Du hörst auf unsere Bitten:

- Gesetze sollen helfen, daß menschliches Leben gelingt. Wir bitten für die verantwortlichen Gesetzgeber im Staat und in der Politik. Herr Jesus Christus, Heil und Leben.
  A: Wir bitten dich, erhöre uns.
- Menschen mit verstockten Herzen behindern ein menschenwürdiges Leben. Wir bitten für alle, deren Herzen für ihre Nächsten und dich verschlossen sind. Herr Jesus Christus, Heil und Leben.
  A: Wir bitten dich, erhöre uns.
- Deine frohe Botschaft will die Menschen von ihren Ängsten und Zwängen befreien. Wir bitten für alle Christen, daß sie sich für die Botschaft der Freiheit öffnen. Herr Jesus Christus, Heil und Leben.
  A: Wir bitten dich, erhöre uns.
- Viele Menschen auf unserer Erde dürfen nicht wirklich leben. Not, Hunger, Krieg, Krankheit und Elend hindern sie daran. Wir bitten um ein menschenwürdiges Leben für alle Menschen. Herr Jesus Christus, Heil und Leben.
  A: Wir bitten dich, erhöre uns.

Gott, du hörst unsere Bitten. Dafür danken wir dir durch Christus, unseren Herrn. Amen.

Wort für die Woche

Heute, am Sonntag, den ... (Datum) kam *Er* in die Pfarrkirche St. ... (Name einsetzen!). Da waren Menschen. Ihnen ging es nicht gut ...

sie waren da, mit ihren körperlichen und seelischen Gebrechen
sie waren da, ohne Arbeit
sie waren da, zerrieben durch ihre Sorgen
sie waren da, gefesselt in ihren Ängsten

Manche beobachteten *Ihn* ganz genau. Sie fragten sich, ob er sie am Sonntag heilen würde ...

er kann sie doch jetzt nicht heilen
denn sonst hält er sich nicht an die Sonntagsruhe
und wir werden von der Erfüllung des Sonntagsgebotes abgehalten

Manche jedoch dachten
wenn er sie heute heilt

dann wissen wir
daß *Er* die Menschen liebt
daß *Er* unsere Leiden ernst nimmt
daß Gott die Menschen liebt.

Und *Er* sprach zu den Menschen, denen es nicht gutging: „Stellt euch in die Mitte, um den Altar.“ Sie kamen mit ihren Gebrechen, mit ihrem Leid und ihren Ängsten zur Mitte. *Er* heilte sie.

da gingen einige hinaus – aus der Pfarrkirche
und beratschlagten sich
ihr Beschluß lautete
er muß sterben
weil er zum Stein des Anstoßes wurde
andere Menschen öffneten sich ihm
sie ließen sich anstoßen
von seiner Liebe
die befreit und Leben schenkt.

Nach Agnes Wuckelt

Liedvorschläge
Einzug: 270
Kyrie: Herr, erbarme dich (z. B. in „Troubadour für Gott“, Nr. 165)
Gloria: 258, 2+3
Antwortgesang: 284/1 mit Versen 7-15
Credo: 467
Übertragung: 552
Agnus Dei: 470
Dank: 268

Michael Fass

10. Sonntag im Jahreskreis

Botschaft
Gott läßt den schuldig gewordenen Menschen nicht fallen, sondern zeigt ihm einen Ausweg aus der Schuld.

Ziel
Ich möchte den ZuhörerInnen sagen, daß Gott sie auch trotz und mit ihren Fehlern liebt. Und ich möchte sie ermutigen, ihren Mitmenschen zu verzeihen, damit das menschliche Miteinander nicht blockiert bleibt.

Lesungen
Gen 3, 9-15
2 Kor 4, 13-5,1
Mk 3, 20-35

Einleitung
Viele moderne Menschen sind der Meinung, daß man in unserem aufgeklärten Zeitalter der Bibel nicht mehr trauen sollte. Denn die Naturwissenschaft habe schon längst überzeugend dargelegt, daß die Bibel nicht recht haben kann. Wer so etwas vertritt, vergißt jedoch etwas Entscheidendes: Die Bibel ist ein Buch des Glaubens. Biblische Erzählungen wollen historische Fakten überhaupt nicht oder nur nebenbei überliefern. Biblische Erzählungen sind Geschichten vom Glauben. Sie erzählen von Menschen, die mit Gott einen Weg gegangen sind. Sie erzählen von den Erfahrungen dieser Menschen, die sie in ihrem Leben mit Gott und ihren Mitmenschen gemacht haben. Und die sie für so wichtig hielten, daß sie nicht anders konnten, als sie uns zu überliefern. Uns wird heute in der Lesung ein solcher Text zugemutet. Was da vordergründig berichtet wird, hat die Naturwissenschaft zweifelsfrei widerlegt. Es kommt für uns jedoch darauf an, auf die tiefer liegenden Erfahrungen zu schauen.

Kyrie
Herr Jesus Christus, unsere Erfahrungen mit dir sind oft widersprüchlich,
Herr, erbarme dich.

Herr Jesus Christus, wir wollen uns auf dein Wort einlassen und schaffen es oft nicht,
Christus, erbarme dich.

Herr Jesus Christus, deine Botschaft macht uns frei,
Herr, erbarme dich.

Zugangsweise zur ersten Lesung
„Der da ist schuld!" Wie oft schieben wir unsere Schuld auf andere ab. Aber vor Gott können wir unsere Schuld nicht mehr verleugnen.

Warum fürchten wir uns davor, vor Gott „nackt" zu sein, das heißt, daß Gott uns so sieht, wie wir wirklich sind.
Es geht Gott ja nicht um eine Bestrafung des Menschen. Er macht ihnen Felle, um ihre Nacktheit zu bedecken. Er zeigt ihnen, wie es weitergehen kann.

Predigt

Wir alle wissen, was los ist, wenn beim Spielen der Kinder im Zimmer z.B. eine kostbare Blumenvase herunterfällt. Das hört sich dann so an: Du hast sie dort hingestellt, wo sie leicht herunterfallen kann. Aber du mußt aufpassen, wenn du mit dem Tennisball im Wohnzimmer herumwirfst. Aber du, du hast mich angestiftet, mit dir zu spielen.
Ein Ehepaar, das zu Bekannten eingeladen ist, streitet sich vielleicht so: Du bist schuld, wenn wir zu spät kommen, weil du wieder nicht fertig bist. Nein, du bist schuld, wir hätten es noch geschafft, aber jetzt müssen wir noch tanken, weil du das wieder vergessen hast.
Und in einer Fußballmannschaft geht das nach einem verlorenen Spiel vielleicht so: Der Tormann ist schuld, weil er das eine, haltbare Tor reingelassen hat. Der Torwart sagt jedoch: Nein, die Stürmer sind schuld, weil sie so viele Chancen nicht genutzt haben. Und die Stürmer sagen: Wir können gar nicht schuld sein, der Trainer ist schuld, weil er die falschen Leute aufgestellt hat.
Eines wird an diesen drei Beispielen klar: Schuld ist immer der andere, schuld habe niemals ich selbst. Ich bin mir sicher, jeder von uns könnte noch viele solcher Beispiele finden, wo immer der andere die Schuld hat. Wir schieben Schuld lieber auf den anderen, als sie bei uns selbst zu suchen, als sie uns einzugestehen.
Daß Menschen immer die Schuld auf die anderen schieben, das ist auch das Thema der Erzählung aus dem Buch Genesis, die wir vorhin gehört haben:
Adam sagt: Die Frau hat mir von dem Baum zu essen gegeben, die ist schuld. Und die Frau sagt: Nein, die Schlange ist schuld, die hat mich verführt.
Was stimmt nun, und wer war schuld?
Eines ist klar: Diese Erzählung vom Sündenfall der ersten Menschen gibt nicht eine konkrete Handlung wieder, die sich einmal in grauer Vorzeit abgespielt hat, gleichsam wie mit einer Videokamera aufgenommen. Mit dieser Erzählung versucht ein weiser Mensch seinen Zuhörern einige Fragen über die Menschen und über Gott zu beantworten.
– Wo kommt das Böse her?

- Warum sind Menschen manchmal so gemein zueinander?
- Warum stehen Menschen nicht zu ihrem Versagen, zu ihrer Schuld?
- Warum suchen wir deshalb einen anderen als Sündenbock?

Und die Antwort auf diese Fragen? Wie erklärt der Erzähler dieses Verhalten des Menschen? Da ist zum einen die Schlange. Sie ist ein Symbol für das Böse. Das Böse gibt es einfach. Das meint zumindest der Erzähler. Das Böse ist einfach da und verführt den Menschen zu bösen Taten. Der Mensch lebt in einem Zusammenhang von Schuld und Sünde und wird so unweigerlich in böse Taten hineingezogen. Das heißt: Es ist auch ein Stück weit unerklärlich, daß der Mensch Böses tut, obwohl er es gar nicht will.

Da ist zum anderen die Antwort Adams auf Gottes Frage: Ich geriet in Furcht, weil ich nackt bin, und versteckte mich. Nackt bedeutet in diesem Fall:

Ich habe mein Gesicht verloren. Ich habe meine weiße Weste verloren. Ich schäme mich meines Fehlers. Ich erwarte, daß mich die anderen links liegenlassen. Ich bin jetzt in ihren Augen weniger wert. Alles das, was Adam befürchtet und was in seiner Antwort in dem Ausdruck „nackt" deutlich wird, das befürchten auch wir.

Wenn wir etwas falsch gemacht haben und es herauskommt, dann befürchten auch wir, unser Gesicht zu verlieren, von den anderen nicht mehr anerkannt zu werden. Und oft ist es ja auch so.

Was bei den Menschen zutrifft, das gilt jedoch vor Gott nicht. Wir verlieren nicht unser Gesicht, wenn wir einen Fehler machen. Wir werden von ihm nicht links liegengelassen, schon gar nicht, wenn wir zu unserem Fehler stehen, wenn wir unsere Schuld eingestehen. Denn die Erzählung in der Bibel geht ja auch so weiter, daß Gott den Menschen zwar aus dem Paradies vertreibt, daß er ihm aber auch Röcke aus Fellen macht, um seine Nacktheit zuzudecken.

Gott will für jeden von uns ein glückliches Leben, ein Leben, das gelingt und frei ist von dem Zwang, immer perfekt und fehlerlos sein zu müssen. Wir dürfen so vor Gott treten, wie wir sind, mit unseren Fehlern und „Macken", ja mehr noch, Gott geht uns nach und sucht nach uns, und zwar nicht um uns zu bestrafen oder uns Vorwürfe zu machen. Er sucht nach uns, um uns einen Weg aus der Schuld heraus zu zeigen.

Ein Zweites noch will uns der Erzähler mitgeben: Er ermutigt uns zu einem entkrampften Umgang mit unseren Mitmenschen. Wir können anfangen, bei Streitigkeiten einen Schlußstrich zu ziehen. Wir müssen nicht stehenbleiben bei der Frage: „Wer hat daran schuld?" und uns

darin verrennen. Wir können neu anfangen, ohne die Schuldfrage restlos geklärt zu haben. Das gilt natürlich nicht für kriminelle Straftaten, aber das gilt im mitmenschlichen Bereich.
Für die Fußballmannschaft heißt das z.B., daß sich alle an die eigene Nase fassen und zugeben, daß sie nicht besonders gut gespielt haben. Für das Ehepaar, das zu seiner Einladung unterwegs ist, kann das heißen, daß der eine sagt: „Es tut mir leid, daß ich nicht rechtzeitig fertig geworden bin." Und der andere sagt: „Dich trifft keine Schuld. Selbst wenn du rechtzeitig fertig gewesen wärst, wären wir zu spät gekommen, denn ich hatte vergessen zu tanken." Und für die Kinder, die die Blumenvase demoliert haben, kann es bedeuten, daß der eine sagt: „Wir hätten im Wohnzimmer nicht spielen dürfen", und der andere sagt: „Ich hätte aber die Vase gar nicht an diesen gefährlichen Platz hinstellen dürfen." Ich gewinne nichts, wenn ich auf meiner Unschuld beharre. Ich gewinne viel, wenn ich eigene Schuld einräume und dem Mitmenschen einen Fehler verzeihe: Das Leben mit meinem Mitmenschen kann weitergehen.

Fürbitten
Wir wollen beten zu Gott, unserem Vater, der uns das Leben geschenkt hat.

- Schenke allen traurigen Menschen wieder Freude am Leben!
- Zeige allen Menschen, daß du ein liebevoller Gott bist, der nicht strafen, sondern heilen will!
- Steh den Menschen in ihren Sorgen und Nöten bei!
- Schenke unseren Verstorbenen die Erfüllung bei dir!

Gott, unser Vater, erhöre unsere Bitten, durch Christus, unseren Bruder und Freund.

Wort für die Woche
Kleine Fehler unterlaufen mir und dem anderen immer wieder, niemand ist dagegen gefeit, denn niemand ist perfekt. Gestehe ich mir und dem anderen Fehler zu, verzeihe ich mir und dem anderen Fehler, so kann ich mit mir und mit ihm wieder auskommen. Probieren wir es einfach mal in der kommenden Woche!

Liedvorschläge
Eingang: 268
Kyrie: 523

Gloria: 265
Antwortgesang: 520
Credo: 276, 1-5
Übertragung: 538
Agnus Dei: 492
Kommunion: 483
Dank: 261
Auszug: 262

Thomas Schmitt

11. Sonntag im Jahreskreis

Botschaft
Die Gleichnisse Jesu bleiben gerade für uns Christen eine Herausforderung. Sie erzählen vom Reich Gottes, das nicht durch große Betriebsamkeit und gewaltige Programme herbeigeführt wird, sondern durch das Handeln Gottes selbst. Wir sind zum Vertrauen auf den kleinen Anfang und die große Vollendung ermuntert.

Ziel
Die GottesdienstteilnehmerInnen sollen sich prüfen, inwieweit ihr eigenes christliches Leben schon durchorganisiert und verplant ist. Wo ist noch Platz für das überraschende Handeln Gottes in uns?

Lesungen
Ez 17, 22-24
2 Kor 5, 6-10
Mk 4, 26-34

Einleitung
In manchen Gegenden ist es üblich, zur Taufe eines Kindes einen „Lebensbaum" zu pflanzen. Langsam wachsen beide heran: das Kind und der Baum. Der Baum wird hier zum augenfälligen Symbol des eigenen Lebens und Reifens: Zeichen von Leben und Gemeinschaft. Im Schatten des Baumes läßt es sich gut sein.

Damit ist die große Vision des Propheten Ezechiel beschrieben: Gott selbst pflanzt einen Baum, der Tieren wie Menschen neuen Lebensraum bietet. Als Christen sehen wir im Kreuz Jesu den großen „Lebensbaum" Gottes. Durch den Gekreuzigten und Auferstandenen schenkt er Lebensraum, der jetzt sichtbar wird. Darauf wollen wir uns jetzt besinnen.
– Stille –

Kyrie

Herr Jesus Christus, du Mensch unter Menschen –
Herr, erbarme dich unser.

Du Wort des Lebens –
Christus, erbarme dich unser.

Du Heil für die Welt –
Herr, erbarme dich unser.

Zugangsweise zum Evangelium

1. Motivation zum Zuhören
   In entscheidenden Momenten unseres Lebens ziehen wir Bilanz. Wir fragen nach dem Erreichten, nach Erfolgen und Grenzen unseres Handelns. Können wir vor unserem eigenen Urteil bestehen?
2. Kirche und Reich Gottes
   Die Kirche in unserer Zeit scheint vorwiegend „Rückzugsgefechte" zu führen. Damit wird unterstellt, daß das „Reich Gottes" selbst eine höchst gefährdete Saat ist. Wo bleibt das Vertrauen, daß Gott trotzdem seine Herrschaft heraufführen wird?
3. Symbol des Baumes
   Worin bin ich verwurzelt?
   Wie schaut mein Lebensraum aus? Bunt, vielfältig, eintönig, von Arbeit geprägt ...
   Sich dem Licht entgegenstrecken
   Verantwortlich sein für die Schöpfung
   Sich vom Baum beschenken lassen: Schatten, Früchte, Blätter ...
4. Bei mir selbst
   Kleine Anfänge – „große" Entwicklung
   Sich Zeit lassen, auf das Wachsen der Saat warten können: Geduld mit sich selbst und anderen. Geduld auch mit Gott?

Predigt

Es gibt Situationen im Leben, in denen wir Bilanz ziehen, z.B. auf einem Klassentreffen. Da erzählen sich Menschen, was sie gerade beruflich machen. Mehr noch: Sie blicken auf ihr Leben zurück. Was habe ich geleistet? Was ist aus mir geworden? Wie hat mein Lebensweg bisher ausgesehen? Dahinter stecken urmenschliche Sehnsüchte. Jeder möchte anerkannt sein für das, was er aus sich gemacht hat. Wir wollen etwas gestalten und dafür Verantwortung tragen. Jeder möchte auf seiner Hände oder seines Geistes Arbeit schauen und sagen: Seht her, wie tüchtig ich bin!

Das geht manchmal so weit, daß Menschen den Eindruck hinterlassen: Ohne mich geht es gar nicht mehr! Von mir hängt alles ab; wenn ich mal nicht da bin, kracht alles zusammen. Ich muß alles im Griff haben: Erziehung der Kinder, Beruf, Freizeit, Karriere. Das Leben wird nur noch durchorganisiert. Es zählt der Erfolg, und den meine ich dann, mit Programmen, mit Einsatz und Energie erzwingen zu können. Unersetzbar, wichtig für andere sein, das steckt als Wunsch dahinter. Jedoch, wer ehrlich genug ist, wird bei solchen Gedanken auch um die Grenzen wissen, die es im Leben gibt. Es ist nicht alles machbar und planbar. Vieles im Leben ist mir zugefallen. Und vieles ist mir auch mißlungen.

Was sich für den privaten Bereich sagen läßt, kann auch auf eine Institution wie die Kirche bezogen werden. Da können wir uns auf große Leistungen berufen, stolz sein auf unsere schönen Gebäude, auf die jahrhundertealten Traditionen. Wir werden zugleich viele Niederlagen eingestehen müssen. Wir werden uns für unersetzbar halten und uns doch eingestehen müssen, daß uns die Zukunft aus den Händen zu gleiten droht.

Wir legen uns mit diesen eigenen, allzumenschlichen Maßstäben oft eine Last auf, die schwer drückt. Lasten, die sich auch im Leben auswirkten. Wer kann denn so seines Lebens wirklich froh werden? Es wäre aber auch möglich, mit seinem Leben anders umzugehen!

So wird von Johannes XXIII. berichtet, daß er unter der Last und der Verantwortung seines Amtes gelitten habe. Nachts träumte er, ein Engel sei ihm erschienen und habe ihm auf die Klage, wie sehr er unter den Belastungen seines Amtes leide, geantwortet: „Johannes, nimm dich nicht so wichtig!“

Das Evangelium heute geht in eine ähnliche Richtung. Das Gleichnis von der selbstwachsenden Saat ist provokativ: Mensch, nimm dich nicht zu wichtig. Du wirst gebraucht, ja. Du kannst deine Fähigkeiten einsetzen, damit die Saat aufgeht. Aber: Du hast bei weitem nicht alles

im Griff! Die Erde bringt wie von selbst ihre Frucht. Sie wächst, und der Mensch weiß nicht, wie. Die Untätigkeit des Menschen steht im krassen Gegensatz zur Ernte, die am Ende winkt.
Damit meint Jesus vor allem das Reich Gottes. Vertraut darauf, daß dieses unter euch wächst. Wenn das Senfkorn aufgeht – und Jesus läßt keinen Zweifel daran, daß es so ist –, dann wird es so groß, daß viele Vögel des Himmels darin Platz haben.
Diese Gleichnisse Jesu durchkreuzen uns Menschen, die wir meinen, alles machen zu können. Wir setzen auf Aktionspläne, auf Strategien, Hierarchien usw. Gott setzt auf das Senfkorn, das zum Baum des Lebens heranwächst. Wo sind die „Senfkörner" in unserer Kirche, in der Gemeinde, in der wir leben? Es sind nicht die wohlkalkulierten Rechnungen, die zum Ziel führen. Es ist vielmehr das Vertrauen auf Gott, das Vertrauen darauf, daß auch das Kleine, das Geringe, das ich für andere tun kann, seinen Sinn hat.
Schließlich darf ich das Gleichnis auch auf mein persönliches Leben übertragen. Sie wissen selbst, wie zerstörerisch Mißtrauen sein kann. Wie krank Menschen sein können, die sich nichts schenken lassen. Wie heilend ist dagegen Vertrauen: Vertrauen darauf, daß das Gute im Menschen wachsen kann, Vertrauen darauf, daß nicht nur das zählt, was ich geleistet habe, sondern auch, was mir wichtig und wertvoll im Leben ist: andere Menschen, Erfahrungen von Stille, von Dasein-Dürfen. Dieses Vertrauen hat nichts mit Faulenzen zu tun, aber viel mit Gelassenheit. Und mit Humor: Über sich selbst lachen können, sich nicht so ernst und wichtig nehmen. Ich brauche in meinem Leben nichts zu kontrollieren oder zu überwachen, weil da Gott selbst ist, der für mich, der für diese Welt Sorge trägt. Als Schöpfer wird er auch vollenden.

Fürbitten

Gott, unser Vater, du bist uns nahegekommen im Wort der Propheten und in Jesus Christus selbst. Du willst, daß dein Reich auf unserer Welt Gestalt annimmt. Wir bitten dich:

- Zu oft sind wir wie blind für das, was du schon in unserem Leben wirkst. Öffne uns die Augen für das Kleine und Geringe, das wir bereits füreinander tun.
- In deiner Kirche herrscht oft ängstliche Sorge um die Zukunft. Schenke uns die nötige Gelassenheit, weil wir auf dem Weg zu dir sind.

- Menschen planen und organisieren ihr Leben. Überrasche sie mit neuen Erfahrungen, und laß sie das Staunen nicht verlernen.
- Wir erleiden vielfache Grenzen; der Tod selbst steht uns vor Augen. Führe uns selbst und unsere Verstorbenen in dein Licht hinein, wo wir dich schauen dürfen.

Herr und Gott, laß uns auf das Kommen deines Reiches hoffen, das uns schon geschenkt ist in der Gemeinschaft mit deinem Sohn Jesus Christus, unserem Bruder und Herrn. Amen.

Wort für die Woche
Wenn uns unsere Aufgaben und Verantwortungen zu erdrücken drohen, denken wir an das Wort von Johannes XXIII.: „Nimm dich nicht so wichtig!"

Liedvorschläge
Eingang: 295, 1-3
Antwortgesang: 724
Ruf zu den Fürbitten: „Alle eure Sorge werft auf ihn, denn er sorgt für euch!" (z. B. in „Effata", Nr. 30, Neue religiöse Lieder für Gottesdienste und Gruppen, hg. vom Bischöflichen Jugendamt Passau. Musik: Christoph Lehmann; Rechte: tvd-Verlag Düsseldorf, aus: „Mein Liederbuch", 1981)
Agnus Dei: 461
Dank: 298
Auszug: 473, 1

Anton Dimpflmaier

12. Sonntag im Jahreskreis

Botschaft
Unserem Leben bleiben Stürme jeglicher Art nicht erspart. Es gibt die Möglichkeit, vor lauter Angst den Kopf in den Sand zu stecken oder zu vertrauen, daß *Er* uns rettet. Wir können Jesus mit einem Rettungsring vergleichen.

Ziel

Die GottesdienstteilnehmerInnen sollen ermutigt werden, eigene Ängste und Dunkelheiten ernst zu nehmen und mit Gottes Hilfe zu rechnen.

Lesungen

Ijob 38, 1.8-11
2 Kor 5, 14-17
Mk 4, 35-41

Einleitung

Unser Leben wird oft als eine Überfahrt von einem zum anderen Ufer bezeichnet. Da gibt es Zeiten, in denen wir, getragen vom Wind, gut vorankommen. Dann wird es auch Flauten geben, Zeiten, in denen wir festsitzen. Oder es mag Zeiten geben, in denen uns ein scharfer Wind ins Gesicht bläst, ein Sturm aufzieht und die Wogen über uns hereinbrechen.

Jeder von uns wird seine eigenen Erfahrungen auf seiner Lebensfahrt machen, und es ist nicht immer leicht, den Kurs zu halten oder die richtige Himmelsrichtung zu finden.

Wir sind heute hier versammelt, um uns auf *Ihn*, unseren Herrn, wieder neu auszurichten. Ist *Er* es, von dem wir uns Mut und Zuversicht erhoffen?

– Stille –

Bußakt/Kyrie

Gott, unser Vater, dein Wort der Liebe hat uns ins Dasein gerufen, und es begleitet uns auf unserem Weg.
Herr, erbarme dich!

Herr Jesus Christus, du menschgewordenes Wort der Liebe. Du willst unser Freund und Begleiter sein.
Christus, erbarme dich!

Gott, Heiliger Geist, deine Kraft und Stärke kann uns die Angst und Verzagtheit nehmen und uns in die wunderbare Freiheit der Kinder Gottes führen.
Herr, erbarme dich!

Du, dreifaltiger Gott, sei um uns, und erfülle uns, damit wir zu glaubhaften Zeugen deiner Liebe werden. Amen.

Zugangsweise zum Evangelium

1. Rettungsringe haben eine wichtige Funktion. Allein ihre Anwesenheit gibt ein Gefühl der Sicherheit, wenn jemandem das Wasser bis zum Hals steht.
2. Den Sturm, der die Jünger auf dem See in Not bringt, können wir im übertragenen Sinn verstehen. In unserem Leben müssen wir mit Stürmen rechnen. Die Frage ist dann, wie wir mit der Angst umgehen und dennoch leben können.
3. Wichtig ist nicht die Erklärung, wie Jesus dem Wind und den Wellen gebietet. Wichtig ist das Maß unseres Vertrauens zu *Ihm* und wie wir uns gegenseitig in diesem Vertrauen bestärken können.

Predigt

Sicher waren Sie etwas erstaunt und haben sich gefragt, was denn der Rettungsring heute in der Kirche zu suchen hat. Hier in der Kirche besteht doch nicht die Gefahr, zu ertrinken oder in Seenot zu geraten.
Und so stürmisch geht es doch auch nicht zu in unserem Gemeindeschiff, höchstens, daß hin und wieder – vielleicht bei einem besonders gestalteten Gottesdienst – eine Welle der Begeisterung durch die Reihen geht. Aber das ist eher erfreulich als gefährlich.
Ich hoffe auch, daß die Flut von Predigtworten heute nicht so gewaltig sein wird, daß es ratsam wäre, einen Rettungsring bei sich zu haben.
Rettungsringe hängen da, wo es normalerweise gefährlich werden könnte, wo die Gefahr besteht, im Wasser unterzugehen: auf Schiffen, am Strand, im Schwimmbad. So ein Rettungsring hat seinen festen Platz. Er muß sichtbar und erreichbar sein. Dort ruht er und wartet auf seinen Einsatz. Lebensgefährlich wäre es, ihn erst lange suchen zu müssen.
Von einer wirklichen Gefahr wird uns heute im Evangelium erzählt. Die Jünger und Jesus fahren am Abend mit ihrem Boot über den See, um am anderen Ufer auszuruhen. Plötzlich erhebt sich ein gewaltiger Sturm. Das ist so auf den Seen in Palästina, sehr plötzlich können Fallwinde von den Bergen die kleinen Fischerboote ganz schön in Gefahr bringen. Und dann heißt es sich festhalten. Als dann die Wellen ins Boot schwappen, haben die Jünger Angst.
Die ganze Geschichte ist ein Bild für unseren Lebensweg. Wir sind unterwegs von einem Ufer zum anderen, von Geburt zum Tod. Und jedes Leben – deines und meines – hat hin und wieder Stürme. Da sind wichtige, aber auch schwere Entscheidungen zu treffen: für einen Beruf, für einen Partner, für die Familie, für ein weiteres Kind.
Da werden Kinder erwachsen und gehen aus dem Haus. – Da sind

Meinungsverschiedenheiten zwischen Partnern aufgetaucht, und sie lassen sich nicht so leicht aus der Welt schaffen. – Da sind Frauen überfordert, wenn sie Familie und Beruf miteinander vereinbaren wollen oder sollen. „Sollen sie doch zu Hause bleiben!" höre ich jemand rufen. Aber die finanzielle Lage, die Gesellschaft zwingt es vielen Familien heute auf, daß die Eltern doppelt verdienen. Da ist jemand plötzlich allein, nachdem er ein Leben lang alles mit seinem Partner oder seiner Partnerin geteilt hatte.
Ja, da hat jede/r ihre/seine eigene Geschichte. Die Argumente für und wider bringen das Lebensschiffchen manchmal ganz schön ins Schlingern. Vieles stürmt auf uns ein bei der Überfahrt von einem Ufer zum anderen. Wir kennen den Ausspruch: Not lehrt beten. Wir kennen aber auch Situationen, in denen wir nicht beten können, in denen wir nicht weiterblicken, sondern zunächst im dunklen Loch der Zweifel stecken und nur die Angst haben unterzugehen. Da gibt es die einen, die meinen, Angst und Gefahr selbst meistern zu müssen. Die verbittert klagen: „Bis jetzt hat mir niemand geholfen, dann werde ich damit auch alleine fertig." Andere meinen: Jetzt kann mir nur noch ein anderer helfen. Da gibt es so etwas wie einen Rettungsring.
So geht es den Jüngern im Boot. Sie rufen ihren Meister, dem sie zutrauen, daß er es schon „meistern" wird. Und vorwurfsvoll fahren sie ihn an: „Kümmert es dich nicht, wenn wir untergehen? – Wie kannst du dich da raushalten?" Und da sein machtvolles Wort: „Schweig, sei still!" Wie durch ein Wunder legt sich der Sturm, völlige Stille tritt ein. Als heutige aufgeklärte Menschen fragen wir natürlich sofort: Wie kann einer dem Sturm und dem Wind befehlen? In den galiläischen Bergen kann der Wind sehr schnell drehen und auf dem See wieder Ruhe einkehren. Aber nicht die Erklärung dieses wundervollen Ereignisses bringt uns weiter, sondern die Frage, wie die Jünger und ebenso wie wir mit der Angst und mit den Stürmen unseres Lebens fertig werden.
Die Angst ist es nämlich immer wieder, die uns die Luft zum Atmen nimmt, die Angst ist es, die uns verkrümmt; die Angst ist es, die uns krank macht; die Angst voreinander ist es, die uns immer wieder in die Isolation treibt.
Jetzt ist es ganz still: „Was seid ihr so ängstlich? Habt ihr keinen Glauben, kein Vertrauen?" In der Stille ist es möglich, tiefer zu gehen, zu sich selbst zu kommen und die Angst anzuschauen.
Es geht also nicht darum, daß Gott mir eine Überfahrt auf einem stillen, ruhigen See bietet. Die Stürme bleiben niemandem erspart – auch Jesus selbst hat sie sich nicht erspart bis hin zum Kreuz. Es geht einzig und

allein um die Frage: Vertraue ich darauf – traue ich es *Ihm* zu, daß *Er* die Macht hat, mich durch die Stürme des Lebens zu führen? Traue ich es *Ihm* zu, daß *Er* mir die Angst vor den schäumenden Wogen nehmen kann? Traue ich es *Ihm* zu, daß *Er* mir auch dann noch festen Halt unter den Füßen gibt, wenn mir das Wasser schon bis zum Hals steht?

„Christ, der Retter, ist da", singen wir an Weihnachten. Das ist unser Bekenntnis. Auch die Christen in den ersten Jahrhunderten nannten ihren Herrn Retter. Wenn ich es *Ihm* zutraue, dann ist Jesus für mich wie so ein Rettungsring: *Ihn* sollte ich mitführen auf meiner Lebensfahrt. *Er* hat in meinem Leben einen festen Platz. *Er* ist sichtbar, nicht verblaßt, sondern deutlich erkennbar in leuchtenden Farben. Jesus ist erreichbar für mich, in Rufweite und, wenn es notwendig sein sollte, auch zum Greifen nahe durch die Hand eines lieben Menschen, den Gott uns schickt.

Es ist gut, und es ist wichtig, wenn wir uns da gegenseitig im Vertrauen bestärken, wie es in dem Gedicht von Reiner Kunze so schön heißt:

rudern zwei ein boot,
der eine kundig der sterne,
der andere kundig der stürme,
wird der eine führ'n durch die sterne,
und der andere führ'n durch die stürme,
und am ende ganz am ende
wird das meer in der erinnerung
blau sein

Fürbitten

Herr Jesus Christus, du bist ewig und wirst immer sein, auch jenseits von Zeit und Raum. Tod und Auferstehung liegen in deiner Macht. So bitten wir dich: Christus, höre uns! – Christus, erhöre uns!

– Laß unser Vertrauen wachsen, daß du, Herr, bei uns bist alle Tage unseres Lebens und uns hilfst, die Stürme unseres Lebens zu meistern.
– Nimm von uns die Angst, die uns entmenschlicht. Nimm von uns die Angst voreinander, und laß uns deine Gemeinde sein. Schenke uns viel mehr Mut und Kraft angesichts der immer größeren und dringenderen Umweltprobleme.
– Wecke Mitleid in allen Menschen angesichts von mißhandeltem und gequältem Leben.
– Bewahre uns davor, mit falschen Ausreden einer Verantwortung aus dem Weg zu gehen.

- Laß Umweltsünder endlich umdenken und das Ausmaß ihrer Zerstörungstaten erkennen.
- Wir beten in unseren ganz persönlichen Anliegen.

Herr Jesus Christus, du warst ganz Mensch wie wir, und du kennst unsere Not. Auf dich wollen wir unser Vertrauen setzen heute und alle Tage. Amen.

Liedvorschläge
Eingang: 300, 1+2
Gloria: 464
Antwortgesang: 291, 1+2
Agnus Dei: 492
Dank: 291, 3
Auszug: 267, 1.3.4

Hinweis für die Gottesdienstgestaltung
Als anschauliches Symbol kann für die Predigt ein Rettungsring verwendet werden.

Heinz Weigand

13. Sonntag im Jahreskreis

Botschaft
Jesus weist niemanden ab, der mit der Bitte um Heil(ung) für sein Leben an ihn herantritt.

Ziel
Ich möchte den ZuhörerInnen Mut machen, auch in „unheilen“ Situationen ihres Lebens mit Glauben und Vertrauen auf Jesus zuzugehen und bei ihm Kraft zu schöpfen. Gleichzeitig sollen sie im Urteil über „unheile“ Lebenssituationen anderer Menschen sensibel werden.

Lesungen
Weish 1, 13-15; 2, 23-24
2 Kor 8, 7.9.13-15 oder alternativ: *Gal 3, 26-28*
Mk 5, (21-24a) *24b-34* (35-43)

Einleitung
So wie im heutigen Evangelium hören wir im Neuen Testament immer wieder, daß die Menschen sich um Jesus drängen. Es spricht sich schnell herum, daß da einer predigt, der es ernst meint mit Gottes Botschaft. Sie wollen ihn hören, sehen und berühren. Der Glaube bewirkt, daß viele dieser Menschen sich öffnen für die göttliche Kraft, die von Jesus ausgeht. Die Berührung mit ihm heilt viele, die ihre letzte Hoffnung auf ihn setzen.
Uns selbst geht es auch oft so, daß wir Jesus gern näherkommen würden, aber wir scheuen den Einsatz, den das von uns verlangen würde. So wollen wir Gott um sein Erbarmen bitten.

Bußakt/Kyrie
Gotteslob Nr. 485, im Wechsel.

Herr, du weißt, wie schwer uns ein Neubeginn oft fällt. Doch du kannst und willst uns heil machen. Deshalb bitten wir dich: Nimm unsere Bereitschaft zur Umkehr an. Reinige uns von unserer Schuld, und erneuere uns in der Kraft deines Heiligen Geistes.

Zugangsweise zum Evangelium
1. Ich persönlich: Aus der verschachtelten Rahmengeschichte von Mk habe ich nicht die VV 21–24a.35–43 gewählt (wie als „Kurzfassung" im „Schott" vorgeschlagen), sondern den eingeschobenen Text mit der „blutflüssigen Frau": als Frau hatte ich eher Zugang zu der „Frauengeschichte"; sie lag mir auch am Herzen, weil sie sonst in der Verkündigung meist zu kurz kommt.
   Als Alternative zur vorgeschlagenen Lesung bietet sich deshalb Gal 3, 26–28 an, da dieser Text eher zum Evangeliumstext paßt.
   Alttestamentlicher Hintergrund der Perikope: Reinheitsvorschriften für Frauen (Lev 15, 19–33).
2. Zugang zu der Frau im Evangelium über alte, überholte Rollenbilder von Frauen, z. B. noch sichtbar in Poesiealben-Sprüchen.
3. Stilmittel „Ich-Erzählung" der Frau:
   – die jüdisch-rechtliche Situation

- die Krankheitsgeschichte
- die (letzte) Hoffnung auf den Prediger und Heiler Jesus und auf die (illegale) Annäherung an ihn.

4. Reaktion Jesu: Mut *und* Glaube der Frau wird honoriert durch Jesus
   - ohne Beharren auf dem jüdischen Gesetz
   - ohne Ansehen der Person.
5. Übertragung ins Heute. Zwei Punkte werden deutlich:
   - Das Gesetz ist für den Menschen da, nicht umgekehrt = Normen müssen auf ihre Menschenfreundlichkeit hin überprüft werden (Auch anderes Beispiel als „Wiederverheiratete Geschiedene" möglich)
   - Auch ich selbst als Glaubende(r) kann mich mit dem Wunsch nach „Heil" für mein Leben an Jesus wenden, egal, worum es sich handelt.
6. Jesu Antwort soll uns Mut dazu machen: Meine Tochter/mein Sohn, dein Glaube hat dir geholfen. Geh in Frieden.

Predigt

Liebe Kinder, liebe Jugendliche, liebe Erwachsene! – Wißt ihr / Wissen Sie, was ein Poesie-Album ist?

Darin haben sich früher – und vielleicht auch heute noch – vor allem Mädchen freundschaftliche Sprüche und Lebensweisheiten hineinschreiben lassen, von Verwandten, FreundInnen, Lehrern usw. Manche Sprüche, die da zu lesen waren, haben auch heute noch ihre Berechtigung und Bedeutung. Über manches darin kann ich heute nur noch den Kopf schütteln, z. B. über das Mädchen- bzw. Frauenbild. Da ist vieles nicht mehr zeitgemäß: Das Mädchen soll sein züchtig, fleißig, gehorsam, treusorgend ... usw. Ein solcher Spruch lautet z. B.:

„Blüh wie das Veilchen im Moose, sittsam, bescheiden und rein.
Und nicht wie die stolze Rose, die immer bewundert will sein."

Vielleicht geht es Ihnen so wie mir: Spontan mußte ich diese Verse in Verbindung bringen mit der Frau im heutigen Evangelium. Sie verhält sich weder sittsam noch bescheiden, schon gar nicht ist sie rein. Was erfahren wir über sie? Wenn sie selbst zu uns sprechen könnte, würde sie uns vielleicht folgendes erzählen:

Seit zwölf Jahren leide ich an unregelmäßigen, dauernden Regelblutungen. Können mir das die Frauen unter Ihnen nachfühlen?

Diese täglichen Beschwerden sind gar nicht leicht zu verkraften. Aber das könnte ich ja noch ertragen. Doch das andere, das ist viel schlimmer: Nach dem jüdischen Gesetz gelte ich nämlich als unrein. Ich bin damit vom öffentlichen Leben ausgeschlossen. Ich darf selbst niemanden berühren und darf auch nicht angefaßt werden. Denn jeder, der mit mir in Berührung kommt, wird selbst unrein und muß sich erst reinigen. Sogar der Stuhl, auf den ich mich setze, gilt als unrein. Niemand würde sich nach mir darauf setzen.

Persönliches Lebensglück gibt es nicht für mich. Ich darf nicht heiraten und eine Familie gründen. Für meine Verwandtschaft stelle ich nur eine einzige Belastung dar.

Als Unreine darf ich auch nicht zum Gottesdienst gehen. Zu Gott beten und flehen kann ich so nur in meinem privaten Kämmerlein. Das ist hart. Meine Krankheit sei eine Strafe Gottes, sagen die Leute. Wofür?, so frage ich mich immer wieder.

Früher besaß ich ein kleines Vermögen. Von einem Spezialisten zum anderen bin ich gelaufen. Helfen konnte mir keiner. Jetzt bin ich dadurch auch noch arm geworden. Alles Menschenmögliche habe ich getan. Meine letzte Hoffnung und mein einziger Ausweg ist dieser Prediger Jesus. Schon öfter hat man von Heilungen durch ihn gehört. Er ist meine letzte Chance. Ich glaube ganz fest daran, daß dieser Mensch von Gott kommt. Es kostet mich all meinen Mut – aber wenn ich nur sein Gewand berühren könnte!

Warum ich nur heimlich und von hinten an ihn herankommen will, das verstehen Sie ja jetzt. Wenn mein Leiden in der Menschenmenge bekanntgeworden wäre, hätte ich den Zorn der Leute auf mich gezogen, wie ich es wagen könnte, mich als Unreine unter fromme Menschen zu begeben!

Tja, liebe Christen, diese Frau ist wirklich verzweifelt. Und dann geschieht tatsächlich, was sie erhofft und erbetet hat: In dem Moment der Berührung hört die Blutung auf.

Und Jesus? Obwohl um ihn herum geschubst und gedrängelt wird, spürt er diese winzige, zarte Berührung. Er spürt, daß jemand offen ist für die Kraft, die von ihm ausgeht. Für die Jünger ist das völlig unverständlich! Er aber dreht sich um und holt die Frau zu sich. Es ist klar, daß sie Angst hat, denn sie hat ja schwer gegen das Gesetz verstoßen. Aber das ist für Jesus überhaupt kein Thema. Für ihn steht der Mensch – die Frau – im Mittelpunkt. Über falsche Normen und Gesetze setzt er sich hinweg. Damit nimmt er – man muß fast sagen: wieder einmal – den sogenannten Autoritäten ihre Autorität. Im Grunde macht Jesus damit deutlich: Solche übertriebenen Gesetze und Vorschriften sind nicht in Gottes Sinn, weil sie Menschen, hier besonders die Frauen, vom Leben ausschließen. Das wird auch daran sichtbar, daß Jesus kein Reinigungsopfer von der Frau verlangt, wie es eigentlich das Gesetz vorschreibt. Sie ist jetzt und für immer geheilt. Sie gehört ohne jede Bedingung zur menschlichen Gemeinschaft und zur Gemeinde.

Zwar ist die Frau, so würden manche sagen, hinterhältig und illegal vorgegangen. Doch von Jesus wird das nicht nur geduldet, sondern honoriert. Er sieht ihren Mut und ihr aktives Handeln. Er weiß, daß dies aus ihrem tiefen und festen, wenn auch verzweifelten Glauben entspringt. Denn nur der Glaube macht offen für die heilende Kraft Jesu. Und nur der Glaube öffnet die Schleusen Gottes.

„Meine Tochter", so spricht Jesus sie an. Im ganzen Neuen Testament kommt diese Anrede nur zweimal vor. Der Frau wird gleichzeitig innerlich und äußerlich Heilung und Frieden zuteil. Sie ist nicht mehr Ausgestoßene, sondern voll angenommen als Kind des Vaters im Himmel.

Das Geschehen zwischen Jesus und der Frau kann unseren Blick öffnen. Übersetzt in unsere Zeit und in unser eigenes Leben, macht es uns zwei Dinge deutlich:

Zum einen: Manchmal werden Menschen aufgrund von Normen und rechtlichen Regelungen ausgeschlossen aus einer Gemeinschaft. Gerade im kirchlichen Bereich und in der Pfarrgemeinde sollten wir sensibel werden. Die Frage Jesu lautet ja immer wieder: Ist der Mensch für das Gesetz oder das Gesetz für den Menschen da? Jeder Mann und jede Frau, der/die mit ehrlichem Herzen zu Jesus unterwegs ist, wird von ihm nicht abgewiesen. Zum Beispiel denke ich da an wiederverheiratete Geschiedene, die in einer zweiten Partnerschaft ein harmonisches Familienleben führen und ihren Kindern gute Eltern sind. Viele wenden sich von Kirche und Gemeinde ab, weil sie zu spüren meinen, daß sie da nicht mehr willkommen sind.

Und was ist das zweite, das wir für uns persönlich aus dieser Begegnungsgeschichte heraushören können?

Es gibt für mich kein Gebrechen und keine Schuld, die mich auf Dauer von Gott fernhalten können. Wie Paulus uns im Galaterbrief in der Lesung gesagt hat, sind wir ja bereits Töchter und Söhne Gottes. Und zwar ohne Unterschied. Es kommt oft nur darauf an, daß ich mir durch die Menge von Sorgen und Problemen hindurch einen Weg zu Jesus bahne. Daß ich den Mut habe, nach ihm zu greifen und ihn um Heilung zu bitten. Auch wenn ich sozusagen nur ein Zipfelchen seines Gewandes zu fassen bekomme. Es kann ja dann geschehen, daß in mir etwas heil wird, daß ich mehr Kraft gewinne für meine tägliche Arbeit; daß sich dann Lösungen für Schwierigkeiten ergeben, auch wenn ich vielleicht

hart darum kämpfen muß. Große Wunder sind selten. Aber kleine gibt es immer wieder.
Was Jesus der Frau antwortet, das sagt er auch zu mir und zu Ihnen und zu den Menschen, die sich den Weg zu ihm erst noch bahnen müssen: Meine Tochter, mein Sohn, dein Glaube hat dir geholfen. Geh in Frieden.

Fürbitten

Herr Jesus Christus, dein Weg wurde immer wieder von Menschen gekreuzt, die von dir Heilung erwartet haben. Auch wir kommen mit unseren Bitten zu dir:

- Für die Kirche: daß sie ihre Normen und Gesetze immer wieder an deinem Evangelium ausrichtet und den Menschen nach deinem Beispiel begegnet.
- Für alle, die ausgegrenzt werden: Stelle ihnen Menschen an die Seite, die sich für sie einsetzen, damit sie von Angst und Abwertung befreit werden.
- Für uns als Pfarrgemeinde: Mache uns einladend für alle, die besonders den Halt und die Gemeinschaft brauchen.
- Für uns selbst: Schenke uns das Vertrauen, daß wir mit all unseren Gebrechen und Schwierigkeiten mutig um deine Hilfe bitten können.
- Für alle, die im Dienst der Heilung und Pflege von Menschen stehen: Begeistere immer wieder Menschen zu diesem Dienst, und stärke sie für ihre verantwortungsvollen Aufgaben.

Herr Jesus Christus, du kennst unsere Anliegen, ob wir sie nun aussprechen oder im stillen zu dir beten. Wir danken dir für deine Zuwendung zu uns. Amen.

Wort für die Woche / Kommunionmeditation

Manche Menschen wissen nicht, wie wichtig es ist, daß sie einfach da sind.
Manche Menschen wissen nicht, wie gut es tut, sie nur zu sehen.
Manche Menschen wissen nicht, wie tröstlich ihr gütiges Lächeln wirkt.
Manche Menschen wissen nicht, wie wohltuend ihre Nähe ist.
Manche Menschen wissen nicht, wieviel ärmer wir ohne sie wären.
Manche Menschen wissen nicht, daß sie ein Geschenk des Himmels sind.
Sie wüßten es, würden wir es ihnen sagen.

Paul Celan

Liedvorschläge
Eingang: 291, 1+2
Kyrie: 485
Gloria: 486
Antwortgesang: 291, 3
Psalm/Halleluja: 487/488
Credo: 489
Übertragung: 640, 1+2
Agnus Dei: 492
Dank: 266, 1+2
Schluß: 266, 3 oder 267, 1+3

Edith Fecher

14. Sonntag im Jahreskreis

Botschaft
In den Grenzen menschlichen Lebens wirkt Gott.

Ziel
Mut zum Glauben in der konkreten Lebenssituation schenken.

Lesungen
Ez 1, 28b-2,5
2 Kor 12, 7-10
Mk 6, 1b-6

Einleitung
Gottesdienst am Sonntag, das kann eine echte Verschnaufpause sein. Wir dürfen einfach dasein vor Gott, so wie wir sind und wie wir uns gerade fühlen. Wer in der Woche Leistung zeigen muß: Du bist willkommen als Mensch; einfach so. Wer in der Woche viel Schönes erlebt hat: Sei hier, froh und dankbar. Wer sich gescheut hat, andere mit seinen Sorgen und seinem Leid zu belästigen: Gott bist du nicht lästig, setz deine Maske ab, du bist ihm recht. Gott kennt uns und liebt uns so, wie wir wirklich sind, in Jesus, unserem menschlichen Bruder:

Kyrie/Vergebungsbitte
Herr Jesus Christus, du menschgewordener Gottessohn:
Herr, erbarme dich.

Du kennst unser Leben mit seinen Freuden und Schwächen:
Christus, erbarme dich.

Sag ja zu uns, jetzt und jeden Tag unseres Lebens:
Herr, erbarme dich.

Erbarme dich unser, laß unsere Masken fallen, damit wir ehrlichen Herzens diesen Gottesdienst feiern mit all den Menschen, die hier sind, vor dir, unserem Gott.

Zugangsweise zur Lesung
1. In allen Lesungen des heutigen Sonntags begegnen wir Menschen, die mit Schwierigkeiten zu kämpfen haben: Ihre Botschaft wird nicht gehört, sie erfahren sich als ohnmächtig, werden abgelehnt – und finden doch einen Weg, ihr Leben zu leben und ihre Aufgabe zu tun.
2. Keiner gibt gerne seine Schwächen zu, und Erfolg ist wichtig. Doch jeder erlebt auf die eine oder andere Weise Schwäche und Mißerfolg.
3. Paulus entdeckt, daß gerade in der Schwäche Stärke liegt. Aber auch er brauchte seinen Weg und Zeit, um das herauszufinden.
4. Wer Platz läßt für Gottes Wirken, der kann unbeschwerter seinen Dienst tun und muß sich und den anderen weniger vormachen. Gott können wir sowieso nichts vormachen.

Predigt
Erst nach Mitternacht.

Tagsüber darf er keine Schwäche zeigen.
Tagsüber muß er sich korrekt verhalten.
Tagsüber muß er gepanzert sein.
Tagsüber darf er sich kein Gefühl erlauben.

Erst am Abend,
im Kreis der Freunde,
hört man, wie ihm die Steine
vom Herzen fallen.
Erst nach Mitternacht sagt er ganz leise:
„Wenn ich ehrlich bin.“

Erst nach Mitternacht hat seine Seele Ausgang.

Martin Gutl

Geht es Ihnen vielleicht ähnlich? Schwäche zeigen macht verletzlich, im Arbeitsleben kündbar. Und so geben wir uns, soweit es irgendwie geht, gerne stark, leistungsfähig und erfolgreich. Am Tag, nach außen darf niemand merken, daß manches schwerfällt, es wird hinter einem lachenden Mund verborgen, hinter der Antwort: „Es geht mir gut!", schnell dahergesagt, damit niemand in mein Inneres schauen kann.
„Und wenn ich ehrlich bin?" ...
Soviel Ehrlichkeit, wie wir sie heute bei Paulus lesen, ist uns sicher nicht geläufig: Da redet einer vom „Stachel im Fleisch", nicht, um sein Leid zur Schau zu stellen, wir wissen nicht einmal, was genau es ist, was ihm da so zu schaffen macht. Auch nicht, um Mitleid zu erregen, schließlich hat ihn die Gemeinde von Korinth, an die er diese Zeilen schreibt, ja gerade wegen seiner Schwäche angegriffen. Sie meinte nämlich, er sei wohl nur in seinen Briefen so wortgewaltig und stark, wenn man ihn persönlich kenne, sei er eher ein Schwächling. Da zieht die Mitleid-Tour dann nicht. Es ist auch nicht so, daß Paulus das Leid verherrlicht, er wäre das Ganze lieber losgewesen – aber er muß erfahren, daß es nicht geht, daß dieser Stachel zu seiner Lebensgeschichte gehört, egal wie er dann vor anderen und vor sich selber dasteht.
Menschliches Leben ist immer Leben in Grenzen und mit Grenzen. Wenn wir das nicht anerkennen wollen, stoßen wir uns wund daran, überfordern unsere Kräfte. Oder gehen dem Alter, der Krankheit, dem Leid aus dem Weg und damit Menschen, die uns brauchen; wir werden unmenschlich, indem wir sie aus unserem Leben verdrängen.
Paulus, der erfolgreiche Verkünder des Evangeliums, entdeckt, daß seine Schwäche auch zur Verkündigung des Evangeliums gehört. Sie läßt Raum für Gottes Wirken, sie macht solidarisch mit den Schwachen in der Gemeinde, sie macht uns ehrlich uns selbst gegenüber. Keiner kann davon reden, daß andere vertrauen sollen, wenn er gerne alles selbst leisten will.
Vor Gott darf jeder der sein, der er ist und so wie er ist, stark und schwach. Und so konnten christliche Gemeinden auch Orte sein, Freundeskreise, in denen dem einzelnen die Steine vom Herzen fallen und er ehrlich und aufrichtig Mensch sein kann.
Nicht nur zur Nachtzeit, wenn keiner uns sieht und hört, darf unsere Seele „Ausgang" haben, müssen unsere Gedanken und Gefühle sich nicht verstecken; sie dürfen beim Tageslicht dasein, und die Panzer der Kälte und Härte fallen. Hinter der Maske erscheinen die menschlichen Gesichter, und jeder Mensch zählt, weil durch ihn Gott scheint und weil seine Menschlichkeit und seine Grenzen Platz lassen für Gottes Gnade.

Fürbitten

Herr, jedem willst du Trost und Hilfe sein:

- Laßt uns beten für die Trauernden, daß ihnen Menschen begegnen, die Geduld und Einfühlungsvermögen haben, und spende selbst den Trost, der alles menschliche Trösten übersteigt.
- Laßt uns beten für alle, die eine wichtige Position bekleiden, daß sie nicht mit allen Mitteln festhalten an Geld und Ansehen, sondern das Wohl der Menschen im Auge haben, für das sie mitverantwortlich sind.
- Laßt uns beten für alle Mächtigen in der Welt, daß ihre Macht sie nicht verführe, sondern daß sie mit ihren Kräften Frieden und Gerechtigkeit suchen.
- Laßt uns beten für die, die deine Botschaft verkünden; gib ihnen die Worte, die die Menschen verstehen, und das Vertrauen, daß du deine Kirche und die Menschen nicht verläßt.
- Laßt uns beten für alle Kranken, daß sie sich nicht ausgeliefert fühlen, daß sie liebevollen Menschen begegnen, denen sie sich gerne anvertrauen.
- Laßt uns beten, für alle, die in einer Welt, die Menschen oft nach ihren Leistungen beurteilt, zu kurz kommen; daß sie nicht an den Rand gedrängt werden und Menschen ihnen menschlich begegnen.

Du kennst uns. Vor dir brauchen wir uns nicht verstellen. Nimm unsere Fürbitten an. Darum bitten wir durch Christus, unseren Bruder und Herrn.

Wort für die Woche

„Einem anderen Menschen Gutes tun ist ohne Gottes Hilfe ebenso unmöglich, wie es unmöglich ist, die Sonne in der Nacht scheinen zu lassen." (Thérèse von Lisieux)

Liedvorschläge

Eingang: 462
Gloria: 464
Antwortgesang: 294
Credo: 467
Übertragung: 621
Agnus Dei: 470, 2
Kommunion: 472
Dank: 266

Vera Badura

15. Sonntag im Jahreskreis

Botschaft
Jesus sandte die Zwölf je zu zweit aus.

Ziel
Die GottesdienstteilnehmerInnen sollen auch sich ausgesandt wissen in der Nachfolge der Apostel und ein neues Verständnis von Mission erhalten.

Lesungen
Am 7, 12-15
Eph 1, 3-14
Mk 6,7-13

Einleitung
„Mission" – geben wir's doch zu: Bei diesem Wort spüren wir jedesmal einen Kloß im Hals. „Eigentlich habe ich ja schon was gegeben, doch ich müßte ja doch noch ... Es ist ja richtig, aber wer weiß, wo das Geld bleibt ..." Und wir denken an die armen schwarzen Kinder, Frauen und Männer, die ihre leeren Hände in die Foto- und Fernsehkameras strecken, die unser Geld ja wirklich nötig brauchen.
Aber gerade das soll heute nicht unsere Gedanken bestimmen. „Mission" ist eigentlich der Auftrag, die Sendung – nicht nur in die sogenannte Dritte Welt. Nein, es ist die Sendung in die Welt, die uns unmittelbar umgibt. Das zeigt uns heute sowohl die alttestamentliche Lesung als auch das Evangelium.

Bußakt/Kyrie
Herr, unser Gott, unser grauer Alltag läßt uns unseren christlichen Auftrag oft vergessen.
Herr, erbarme dich.

Herr, unser Gott, wir beruhigen unser Gewissen durch Spenden für die „Mission".
Christus, erbarme dich.

Herr, unser Gott, wir haben manchmal keinen Mut, dich zu bezeugen.
Herr, erbarme dich.

Herr, nimm unsere Kleingläubigkeit, sieh unseren Willen zur Besserung, und schenke uns deine Versöhnung. Amen.

Zugangsweise zum Evangelium

1. Mitleiderregend: der Penner ohne großes Gepäck, aber ein zahnloses Grinsen im Gesicht. Armut heute!
2. Eindrucksvoll: die Jünger Jesu, außer Wanderstab nichts, kein Geld, kein Brot, keine Tasche, kein Hemd, keine Sandalen.
3. Parallelen? Ja: Armut, Nein: Penner sind ausgestoßen, Jünger sind im Auftrag Jesu unterwegs.
4. Szenarium malen: bildliche Vorstellung, dramatische Musik: der Jesus-Film zeigt die Sendung der Jünger als einen Höhepunkt in ihrem Dasein.
5. Ob es den Jüngern wirklich so leicht fiel?
   - Menschen zur Umkehr rufen
   - Wissen, daß man aneckt, ausgelacht wird
   - Dämonen austreiben
   - Kranke und Ausgestoßene salben und heilen
   - Obdachlose von damals, im Auftrag Jesu unterwegs
6. Wir sind von Jesus ausgesandt, wir sollen auch missionieren, nicht nur in Schwarzafrika, nicht unbedingt ohne Hab und Gut wie Penner und Obdachlose, aber wissend, was entscheidend und wichtig ist.
7. Wir haben den Auftrag, von Jesus Zeugnis zu geben – mitten in unserem Leben.

Predigt

Wie mitleiderregend, der Obdachlose, der auf seiner Wanderschaft hier Station gemacht hat. Fast kein Gepäck, eine Decke, eine Mütze, vielleicht einen Hund. Aber im Gesicht ein zahnloses Grinsen. Was er wohl schon mit uns Menschen erlebt hat? Das ist Armut heute. Das sind die Untersten der Unteren unserer Wohlstandsgesellschaft.

Szenenwechsel: Armut mal eindrucksvoll. Die Jünger werden ohne Hab und Gut zu den Menschen geschickt. Sie sind im Geiste Jesu unterwegs, um in seinem Namen zu handeln.

Sie finden Parallelen hier nicht angebracht? Zugegeben, die Jünger damals und die Obdachlosen verbindet allein die Armut. Aber ist es nicht beeindruckend, daß die Jünger für ihre Mission nichts brauchen?

Ich sehe die Szene eines Jesus-Films vor mir: Die Musik wird dramatisch, Großaufnahme von Jesus und den Jüngern. Er sendet sie würdevoll je zu zweit aus. Und die Jünger gehen be-geistert von dannen. Ob es ihnen wirklich so leicht fiel? Alles zurücklassen, Menschen zur Umkehr rufen, in Kauf nehmen, ausgelacht zu werden, anecken, nicht dazupassen, Kranke und Ausgestoßene salben und heilen, obdachlos im Auftrag Jesu. Ich glaube, es war trotz ihrer Begeisterung für Jesus nicht sehr leicht für die Jünger.

Und so ähnlich geht es uns doch auch heute. Wir haben den Auftrag, in der Welt, in der wir leben, von Jesus Zeugnis zu geben, zu missionieren. Das fällt uns nicht leicht. Wir wollen keinen in seiner Gewissensfreiheit beeinflussen oder beschränken. Gefragt ist einfach das Vor-Leben, Mit-Leben, Liebe-Geben und das Erzählen von Gottes Barmherzigkeit. Das ist Mission, nicht nur in Schwarz-Afrika, sondern direkt hier bei uns. Jesus hat seine Jünger ohne Hab und Gut ausgesandt, damit sie und wir erkennen, auf was es wirklich ankommt: auf den Glauben, auf die Überzeugung, auf die Begeisterung, die die Liebe Gottes zu uns Menschen auslösen kann. Da ist alles andere zweitrangig. Da ist Mission überall möglich.

Fürbitten

Laßt uns zu Jesus Christus beten, der seine Jünger zu den Menschen gesandt hat:

- Für alle Menschen auf dieser Welt: Laß sie ihren Weg des Glaubens finden.
- Für die Kirche, die Gemeinschaft der Christen: Mache ihnen ihren Sendungsauftrag bewußt.
- Für die Armen, Obdachlosen und Flüchlinge: Laß sie eine Heimat finden.
- Für uns selber: Schenke uns Kraft, so zu leben, wie du es von uns erwartest.
- Für unsere Verstorbenen: Führe sie in das Reich des Vaters.

Das gewähre uns, Herr, guter Vater im Himmel, durch deinen Sohn im Heiligen Geist. Amen.

Wort für die Woche

„Und er sandte sie aus, jeweils zwei zusammen“

Ein Trost, Herr.
Du läßt uns nicht ganz allein in unserer Sendung.
Du gibst uns einen zur Seite.
Einen Menschen, den wir lieben.

Oder deinen Geist der Liebe.
Das ist unsere Mission.
Von deiner Liebe zu erzählen.
Deine Liebe zu leben.
Nichts anderes ist nötig.
Obdachlos – wie die Jünger.
Obdachlos – bis auf die Liebe.
Obdachlos – bis wir eine Heimat finden in dir.
Sei ohne Angst, kleines Volk.

Liedvorschläge
Eingang: 270
Antwortgesang: 521
Agnus Dei: 470
Kommunion: „Wenn die Welt euch verlacht" (z. B. in „Troubadour für Gott", Nr. 328)
Dank: 473, 1+2
Auszug: 473, 3

Sabine Mehling-Sitter

16. Sonntag im Jahreskreis

Botschaft
In einem scheinbar nebensächlichen Satz des Evangeliums entdecke ich eine zentrale Wahrheit: Mein Wert vor Gott hängt nicht von meiner Leistung ab.

Ziel
Der 16. Sonntag fällt in die Sommer- und Urlaubszeit. Gerade auf diesem Hintergrund möchte ich die ZuhörerInnen ermutigen, gegen unsere verinnerlichten Leistungszwänge die befreiende Botschaft des Evangeliums an sich heranzulassen.

Lesungen
Jer 23, 1-6
Eph 2, 13-18
Mk 6, 30-34

Einleitung

„Nichts an unserer neuen Zeit scheint mir so neu zu sein wie der Lärm, den sie macht“ (K.H. Waggerl), so stand es auf einer Spruchkarte. Wer kennt sie nicht, die Klage über die schreckliche Hektik und Ruhelosigkeit unserer Zeit? Auch in der Kirche ist das nicht viel besser. Wer zum „harten Kern“ einer Pfarrei gehört, wer sich engagiert, kann oft ein Lied davon singen ...

Wir sind zusammen, um Gottesdienst zu feiern. Wir kommen hierher, so wie wir sind, mitsamt unserem Getriebensein, unserer Unruhe, unseren Sorgen. Vielleicht gelingt es uns, die Einladung dieses Gottesdienstes anzunehmen: einen Raum der Ruhe zu finden – unser Leben mit den Augen Gottes anzuschauen, uns ein Wort sagen zu lassen, das befreit. Und Befreiung – die hätten wir doch alle irgendwie nötig, oder?

– Stille –

Kyrie

Wir jagen dem Glück nach und erreichen es nicht.
Herr, erbarme dich.

Wir suchen das Leben und finden es nicht.
Christus, erbarme dich.

Wir hören dein Wort und trauen ihm nicht.
Herr, erbarme dich.

Der gute Gott erbarme sich unser, er nehme von uns alle quälende Sorge und Unrast und befreie uns zum Leben. Amen.

Zugangsweise zum Evangelium

1a. „Ausruhen-Dürfen“:
- eine wohltuende Einladung im Evangelium
- eine tiefe Sehnsucht in uns

1b. Unsere Schwierigkeiten mit der Ruhe
- Stille nicht aushalten können
- sich an „freier Zeit“ nicht freuen können

2. Gründe für diesen Widerspruch:
- Angst, Zeit zu vergeuden
- Angst, für faul gehalten zu werden
- Angst vor der inneren Leere, auf die ich stoße ...

3a. Wurzeln dieser Ängste:
Botschaften, die unser Leben von klein auf begleitet haben und ein-seitig unsere Leistung anmahnen
3b. Die wichtige Ergänzung:
Ich bin mehr als das, was ich leiste.
4a. Die Angst um den eigenen Wert und
4b. das „Wunder" Jesu: Menschen diese Angst zu nehmen.
5. Mit anderen Worten:
„Gott achtet mich, wenn ich arbeite,
aber er liebt mich, wenn ich singe." (Tagore)

Predigt
Ich finde, es tut einfach gut, was wir gerade gehört haben: *„Kommt mit an einen einsamen Ort, wo wir allein sind, und ruht ein wenig aus".* Kein „Tut Gutes", „Strengt euch an", „Ändert euer Leben", keine Leistung wird gefordert – nein, eine Einladung: *„Ruht ein wenig aus!"*
Wer möchte das nicht gern, wer sehnt sich nicht danach! *Ausruhen* – endlich einmal Zeit haben, ganz für sich allein; von niemand geplagt werden, nicht rennen und springen müssen; die tägliche Hetze, den ganzen Lärm mal abschütteln und hinter sich lassen, eben einfach mal *seine Ruhe haben*: Wer sehnt sich nicht danach?!
Freilich: Wenn sie dann da ist, die Gelegenheit dazu, die ersehnte „freie Zeit", dann können wir uns oft gar nicht recht freuen daran, dann steigt Unruhe in uns auf, dann muß gleich wieder eine Beschäftigung her, eine Ablenkung, und wenn es „nur" der Fernseher ist.
Anscheinend ist es gar nicht so einfach, einmal nichts „Wichtiges" zu tun, sich an der Stille zu freuen, mit sich allein zu sein ...
In einem Pfarrbrief habe ich einmal unter der Überschrift „atempause" eine kleine Besinnung gelesen, einen Text, der das sehr schön beschreibt, unsere Sehnsucht nach Ruhe und unsere Schwierigkeiten damit. Vielleicht findet auch der eine oder die andere unter Ihnen sich darin wieder:

Manchmal möchte ich gerne dasitzen und zum Himmel hinaufschauen, zu den Wolken, die aufziehen, wachsen, sich wandeln und weiterwandern, oder ich möchte an einem klaren Abend die Sterne betrachten und den runden Mond. (...) Ich möchte einen kleinen schwarzen Käfer auf meine Fingerspitze krabbeln lassen, seine winzigen Füße entdecken, die zuckenden Fühler, die glänzenden Flügeldecken. (...) Ich möchte dem Wind zuschauen bei seinem Spiel mit den Blättern.

Ich tue all das nicht. Ich kann doch meine kostbare Zeit nicht mit solchem Unsinn vergeuden. Ich muß sie doch benützen, gebrauchen, aus-füllen ... Und was würden die anderen dann von mir denken? Sie würden lachen und mich überspannt nennen, leicht verrückt, oder einfach faul und nicht passend in die heutige Welt.
Manchmal möchte ich überhaupt nichts tun, mich von meinen Gedanken lösen, möchte immer stiller werden, in mich hineinhorchen wie in eine Muschel, die man ans Ohr hält, um das geheimnisvolle Rauschen in ihrem Innern zu hören.
Auch das tue ich nicht. Ich wage es einfach nicht. Ich habe Angst, nichts zu hören, zu merken, daß die schöne Muschel leergelärmt ist, ausgehöhlt, verdorben, verstummt.
Gott, schenke mir Mut zur Stille.

Johanna Anderka

Stille aushalten – zur Ruhe kommen – ab und zu mal gar nichts tun, ohne gleich ein schlechtes Gewissen zu haben – vielleicht müssen wir das wirklich erst wieder lernen, mit viel Geduld immer wieder versuchen.
Vielleicht steckt uns allzusehr in den Knochen, was wir von klein auf immer wieder gesagt bekommen: *Verplempere keine Zeit – tu was Vernünftiges – sich regen bringt Segen – wer rastet, der rostet!* Lebensregeln, die ja ihre Richtigkeit haben, wer wollte das bestreiten – aber sie sind eben nur die halbe Wahrheit. Die andere Hälfte ist mindestens genauso wichtig, nur wird sie seltener betont: *Mach dich nicht kaputt – überfordere dich nicht – denk auch an dich – du selbst bist mehr wert als alles, was du leistest!*
Wahrscheinlich ist das eine ganz tiefe Angst in uns, daß wir nur dann etwas wert sind, wenn wir etwas leisten, etwas bringen, Erfolg vorweisen können – eine Angst, die Menschen zerstören kann.
Wenn wir noch einmal an das Evangelium denken: Zu den Wundern Jesu gehört in meinen Augen auch, daß er es fertiggebracht hat, Menschen diese Angst zu nehmen! Insofern ist der kleine Satz: *Ruht ein wenig aus!* keine Nebensächlichkeit am Rande, er verweist uns auf etwas ganz Zentrales: *Ruht ein wenig aus! Ihr braucht gar nicht dauernd zu beweisen, wie tüchtig ihr seid! Euer Wert vor Gott hängt davon nicht ab!*
Sicher: Das Evangelium ist keine Aufforderung zur Bequemlichkeit. Es mutet uns einiges zu. Aber das ist nicht das Erste und Wichtigste. Das Erste und Wichtigste ist eine bedingungslose Zusage: Wer immer du bist und was immer du bist, ob erfolgreich oder erfolglos, gesund oder krank, angesehen oder übersehen – in den Augen Gottes bist du unendlich wertvoll.

Wer rastet, der rostet – das ist höchstens die halbe Wahrheit. Wir dürfen auch die andere, vielleicht noch wichtigere Hälfte nicht aus dem Blick verlieren. Der indische Dichter Tagore hat es einmal so ausgedrückt:
Gott achtet mich, wenn ich arbeite,
aber er liebt mich, wenn ich singe.
Ob wir das an uns heranlassen, ob wir das glauben können?

Fürbitten
Gott, du willst das Glück der Menschen. Unser Leben soll ein Leben in Fülle sein. Arbeit gehört dazu, aber auch Erholung und Freude. Sorge gehört dazu, aber auch Muße und Stille. Zu dir wollen wir beten:

- Für alle, die nur noch ihre Arbeit kennen und darüber die Menschen in ihrer Nähe vergessen: Laß sie zur Besinnung kommen.
- Für die Menschen, die ohne Arbeit sind: Laß sie ihre Selbstachtung nicht verlieren.
- Für alle, die in eine Lebenskrise geraten sind und keinen Sinn mehr sehen: Laß sie Menschen begegnen, die ihnen nicht ausweichen, an denen sie Halt finden.
- Für die alten Menschen, die sich überflüssig vorkommen: Laß sie erfahren, daß auch sie wichtig sind.
- Für unsere Toten: Laß sie bei dir finden, wonach sie sich ein Leben lang gesehnt haben.

Der du ein Gott des Lebens bist, des Lebens in Fülle, höre unsere Bitten, und gib uns, was gut für uns ist. Darum bitten wir dich, heute und alle Tage unseres Lebens. Amen.

Wort für die Woche
Bei einem Volleyball-Spiel, die Sportbegeisterten wissen das, gibt es die sogenannte „Auszeit“: Da wird das Spiel für kurze Zeit unterbrochen. Der Trainer kann sich mit den Spielern beraten. Die Unterbrechung soll der Mannschaft helfen, sich neu zu sammeln. Eine „Auszeit“ im richtigen Moment kann spielentscheidend sein.
Gönnen wir uns solche „Auszeiten“ – im Urlaub vielleicht, aber nicht nur da! Und wenn uns dann die Unruhe überfällt und uns von einer Aktivität zur nächsten hetzen will: Haben Sie Geduld mit sich. Auch das „Zur-Ruhe-Kommen“ will gelernt sein. Geben Sie nicht zu schnell auf. Sie wissen ja: Eine „Auszeit“ im richtigen Moment kann spielentscheidend sein!

Liedvorschläge
Eingang: 474, 1-3, alternativ: 640
Antwortgesang: 289
Dank: 295
Auszug: 474, 6+7, alternativ: 267

Stefan Warmuth

17. Sonntag im Jahreskreis

Botschaft
Wenn wir im Vertrauen auf Jesus beginnen, das, was wir haben, miteinander zu teilen, werden alle satt.

Ziel
Ich möchte den GottesdienstteilnehmerInnen zeigen, daß das Wunder der Brotvermehrung auch heute noch möglich ist, und sie dazu ermutigen, die ersten Schritte zu diesem Wunder zu unternehmen.

Lesungen
2 Kön 4, 42-44
Eph 4, 1-6
Joh 6, 1-15

Einleitung
Haben Sie schon einmal bei einem Ausflug erlebt, wie es ist, wenn bei einer Rast jeder seinen Rucksack öffnet und alles Eßbare in die Mitte legt? Es entsteht dann ein köstliches Mahl. Alle werden satt, und es bleibt noch einiges übrig für eine weitere Rast. Und falls jemand gar nichts oder nur wenig eingepackt hat, braucht er trotzdem nicht Hunger leiden.
Wir hören heute von Jesus, der viele, viele Menschen abseits von allen Orten mit nur fünf Broten und zwei Fischen satt macht. Ein einmaliges Wunder? Oder läßt sich so etwas nicht doch auch in unserem Alltag erleben?
Wir wollen kurz still werden und über die vergangene Woche nachdenken.
– Stille –

Kyrie

Herr Jesus Christus, du kennst mich und weißt, was mir Sorgen bereitet.
Herr, erbarme dich.

Du stillst all unsere Sehnsucht und unser Verlangen.
Christus, erbarme dich.

Du bist das Brot des Lebens.
Herr, erbarme dich.

Der Herr stillt den Hunger unseres Lebens. Er erbarme sich unserer Fehler und lasse uns diesen Gottesdienst mit frohen Herzen feiern. Amen.

Zugangsweise zum Evangelium

Vielleicht hat sich ja das Wunder der Brotvermehrung ganz anders abgespielt. Bei einer kleinen Gedankenspielerei über den Ablauf der Erzählung kommen plötzlich ganz neue Aspekte für unseren Alltag in den Blick.

Predigt

Die wunderbare Brotvermehrung läßt uns staunen. Jesus kann mit ein paar Broten eine große Menge von Leuten satt machen, so daß noch übrigbleibt. Eigentlich unvorstellbar – und doch können wir dies Jesus ruhig zutrauen, der als Sohn Gottes noch ganz andere Wunder vollbracht hat.

Manchmal frage ich mich aber, ob die Geschichte nicht auch anders verlaufen sein könnte. Vielleicht so:

Jesus zieht sich mit den Jüngern auf die andere Seite des Sees zurück. Sie wollen ausruhen. Doch der Ruf eilt ihnen voraus. Die Menschen wollen Jesus begegnen. Sie machen sich auf den Weg, um Jesus zu sehen und zu hören. Eine große Menge hat sich versammelt. Jesus redet mit ihnen, und er macht ihnen Mut. Vielleicht heilt er auch Kranke. Gegen Abend werden die Jünger unruhig. Sie bitten Jesus, die Leute wegzuschicken, damit sie sich etwas zu essen kaufen können. Doch Jesus sagt zu ihnen: „Geht und sammelt ein, was jeder für das Essen beisteuern kann."

Die Jünger gehen durch die Menge. Alle, die sie fragen, sagen: „Ich habe nichts!" Und jeder denkt bei sich als Ergänzung: „Ich habe nichts – zu verschenken! Die paar Bissen in meinem Beutel reichen gerade für mich."

Da meldet sich ein Junge, der ganz fasziniert von Jesus ist. Er hat fünf

Fladenbrote und zwei Fische dabei. Ohne lange zu überlegen, stellt er sie zur Verfügung. Jesus läßt die Leute sich in überschaubaren Gruppen setzen. Er nimmt die Gaben des Jungen, segnet sie und fängt an, sie an die verschiedenen Gruppen zu verteilen.
Und da passiert es: Einer nach dem anderen öffnet – erst etwas zögerlich, aber dann immer entschlossener – seinen eigenen Brotbeutel und holt hervor, was er dabeihat: Brot, Fisch, Käse, Butter, Eier, Obst ... In die Mitte jeder Gruppe kommt eine Fülle von Lebensmitteln zusammen – fast wie zu einem Festmahl. Und es herrscht eine frohe, fast schon ausgelassene Stimmung. Die Leute kommen miteinander ins Gespräch und lernen sich kennen. Als alle sich satt gegessen haben, sammeln die Jünger die Reste ein. Zwölf große Körbe können sie mit dem Übriggebliebenen füllen.
Das ist zwar nur ein Gedankenspiel, doch ich frage mich, welches das größere Wunder ist: 5000 Menschen satt zu machen oder die gleiche Zahl zu bewegen, ihre wenigen Vorräte miteinander zu teilen und ihre Angst zu überwinden, daß für sie selber nicht genug übrigbleibt.
Wie sähe die Welt aus, wenn wir Christen miteinander teilen würden. Es gäbe einige Probleme weniger. Die Konflikte zwischen Arm und Reich würden sich erübrigen. Alle Menschen – nicht nur die 5000 im heutigen Evangelium – hätten genug zu essen, und es bliebe noch übrig! Welche Freude und welcher Überschwang würde auf der Welt herrschen!
Zugegeben, das klingt alles sehr utopisch. Dieser Überfluß von Friede und Freude erinnert jedoch an das Reich Gottes. Jesus hat uns aufgetragen, heute und jetzt, jeder an seinem Platz, daran mitzubauen.
Ich möchte Sie einladen, ein wenig von der Haltung des Jungen mit den fünf Broten und zwei Fischen in Ihren Alltag zu integrieren und ganz selbstlos den ersten Schritt zu wagen: So können Sie vielleicht etwas in ihrer Umgebung in Bewegung setzen und damit beim Aufbau des Reiches Gottes mitwirken.

Fürbitten

Guter Gott, du hast Jesus zu uns gesandt, der das Leben mit uns geteilt hat. Du kennst unsere Sorgen und Nöte. Deshalb dürfen wir dich voll Vertrauen bitten:

– Für die, die Hunger leiden müssen auf der Welt: Herr, laß sie heute eine gute Hand finden, die ihnen ihre Schale füllt, und Menschen, die für mehr Gerechtigkeit eintreten.

- Für alle, die so satt sind, daß sie nicht mehr wissen, was Hunger bedeutet: Herr, schenke ihnen Hunger und Durst nach dir.
- Für die Kirche: Herr, laß in ihr ein Klima entstehen, in dem jeder seine Gaben und Fähigkeiten einbringen kann.
- Für unsere Gemeinde: Herr, laß uns sensibel werden für den Hunger der Menschen bei uns in ... (Name des Ortes einsetzen)
- Für uns selber: Herr, laß uns die ersten Schritte zum Teilen wagen.

Nimm du unsere Bitten an, und verwandle sie für uns und die ganze Welt in Segen und Heil durch Christus, unseren Herrn und Bruder. Amen.

Kommunionmeditation
Utopia –
ein Land, von dem man nur träumen kann.

Utopia –
ein Land, in dem jeder genug zu essen hat.

Utopia –
ein Land, in dem Frieden herrscht.

Utopia –
ein Land, in dem Neid, Streit und Haß Fremdwörter sind.

Utopia –
ein Land, in dem jeder von der unersättlichen Gier nach mehr geheilt ist.

Utopia –
ein Land, in dem alle so offen und unvoreingenommen wie ein Kind sind.

Utopia –
ein Land, in dem man aufeinander Rücksicht nimmt und jeder gleichermaßen geachtet ist.

Utopia –
ein Land, in dem zwar nicht alle Wünsche erfüllt werden, aber jeder ein glückliches Leben führen kann.

Utopia –
ein Land, in dem es weder Arme noch Reiche, weder Mächtige noch Ohnmächtige, sondern nur Schwestern und Brüder gibt.

Utopia –
ein Land, das auch Reich Gottes heißt.

Reich Gottes –
von dem man nicht nur träumen kann,
sondern jeder eingeladen ist,
es mit kleinen Schritten zu gestalten.

Liedvorschläge
Eingang: 640, 1+2
Gloria: 261, 1+2
Antwortgesang: 618, 1.2.5
Übertragung: Wenn das Brot, das wir teilen (z.B. in „Troubadour für Gott", Nr. 140)
Auszug: 473, 1+3

Lorenz Hummel

18. Sonntag im Jahreskreis

Botschaft
Der Führung und Fürsorge Gottes stehen das Murren und die Unzufriedenheit der Menschen gegenüber. Gottes Wege zum Heil sind nicht bequem.

Lesungen
Ex 16, 2-4.12-15
Eph 4, 17.20-24
Joh 6, 24-35

Einleitung
„Ihr sucht einen Halt.
Ihr möchtet frei bleiben.
Euch sind alle Welt- und Menschenbilder zerbrochen.
Ihr vertraut auf Gott.
Ihr ringt mit der Kirche.
Ihr glaubt an eine Gemeinschaft aller Suchenden.
Ihr strebt nach geistiger Weite.
Ich bin mit euch unterwegs."

Martin Gutl

In der Lesung hören wir, daß Gott mit den Israeliten in der Wüste unterwegs ist und daß das Volk Israel unzufrieden mit seiner Situation war. Gott erweist sich dann aber als zuverlässiger Bringer von Glück und Heil. Darauf können auch wir vertrauen.

Kyrie/Bußakt

Herr, wir sind unterwegs. Der Lärm und die Hektik des Alltags lassen uns oft auf Abwegen gehen.
Herr, erbarme dich.

Herr, wir suchen dich und sehnen uns nach dir, und doch verfallen wir immer wieder den Verlockungen der Werbung.
Christus, erbarme dich.

Herr, wir erwarten von anderen, daß sie den Weg zu dir gehen. Wir selbst aber bleiben stehen.
Herr, erbarme dich.

Herr, du erweist dich stets als Garant unseres Heiles. Du vergibst uns unsere Schuld und führst uns aus falschen Wegen und Sackgassen, damit wir nicht ziellos umherirren. Amen.

Zugangsweise zum Schrifttext

1. Suchen wir nicht alle unser Glück?
2. Was ist Glück, Heil, Befreiung?
   - Glücksmomente: Hunger – Brot; Schmerzen – keine Schmerzen
   - Sehnsucht nach Befreiung: Es soll besser sein!
   - Sehnsucht nach Heil: Glück als Zustand
3. Suchen wir nicht alle unser Glück?
4. Was macht die Erfahrung von Glück mit uns/mit den Israeliten?
   - Gott als Glücksbringer
   - es wird alles gut (Märchen)
   - unbequeme Wege
5. Ist der Weg der Christen bequem? (War nicht auch Jesus auf einem unbequemen Weg?)
6. Gott möchte, daß wir uns auf den Weg machen. Er bleibt unser treuer Begleiter.

Predigt

Auch die Menschen vor 2000 oder 3000 Jahren strebten – genauso wie wir heute – nach Glück und Heil. Im Grunde genommen läßt sich

Glück aber nicht definieren, sondern nur erleben: Wer Schmerzen hat, hält jeden, der keine Schmerzen hat, für glücklich. Der Arme glaubt, daß der Reiche glücklich ist.
Das Streben nach Glück und die Erfahrung von Glücksmomenten gehören zum Leben jedes Menschen. Glück ist immer ein erfüllter Wunsch: ein gewonnenes Fußballspiel oder ein tolles Geschenk, die Erfahrung des Angenommenseins und Geliebtwerdens. Und jeder Glücksfall, jeder Augenblick des Glücks trägt die Hoffnung nach Vertiefung und Verlängerung in sich. Glücksmomente werden so zum Ausgangspunkt für die Sehnsucht nach endgültigem und umfassendem Heil.
Von genau so einem Glücksmoment erzählt uns heute die Lesung. Das Volk Israel ist aus Ägypten geflohen und wandert durch die Wüste. Alles ist viel beschwerlicher als vorhergesehen. Sie sagen: Wären wir doch in Ägypten geblieben. Das Volk ist unzufrieden und murrt. Sie haben Angst, daß sie vor Hunger sterben könnten. Und da greift Gott ein. Er schickt den Israeliten Wachteln am Abend und Brot am Morgen. Das Volk ist gerettet. Es ist glücklich.
Die Geschichte ist ganz einfach. Der Wüstenzug fordert von den Israeliten den Einsatz ihres ganzen Lebens – bis kurz vor den Hungertod. Und dann hilft Gott. Es ist ein einfaches, leicht begreifliches Schema wie im Märchen: Es wird schon alles gut, darauf kann jeder vertrauen. Und doch: Es ist anders.
Diese Episode aus dem Wüstenzug ist nur ein kleiner Teil der Geschichte Israels. Seine Geschichte ist und bleibt unbequem.
Die Befreiung aus der Sklaverei, weitergegeben in der Exoduserzählung, ist die wichtigste Geschichtserfahrung Israels. Hier wird klargestellt, daß der Gott Israels zu konkreter Freiheit führen will.
Das Glück, das die Israeliten in der Wüste erlebten, indem sie Wachteln und Brot zu essen bekamen, ist nur ein kleiner Teil des Heiles, das Israel durch den Auszug aus Ägypten erfahren hat. Gott ist der Garant des Heiles aller Menschen. Das ist die israelitische Geschichtserfahrung. Der Weg zu dieser Erkenntnis war nicht einfach.
Als Israel aus Ägypten wegzog, da gaben diese Menschen ihr bisheriges Leben auf und stellten sich die Frage: Was wird aus uns?
Als Israel aus Ägypten wegzog, da kam unterwegs die Angst auf, und es stellte sich die Frage: Wie wird das enden?
Als Israel aus Ägypten wegzog, da wählten diese Menschen eine lange Wanderschaft und stellten sich die Frage: Wohin gehen wir?
Als Israel aus Ägypten wegzog, da begannen sie viele neue Erfahrungen zu machen, und sie lernten, daß ihr Gott der Garant für das Heil aller

Menschen ist. Deshalb kann der Prophet Jeremia mit sicherer Gewißheit schreiben:
„Macht euch auf den Weg, mit dem alles anfing.
Befragt die Pfade eurer Urväter,
welcher der Weg zum Glück ist – und den geht!
So werdet ihr Geborgenheit und Heil finden" (Jer 6, 16).

Fürbitten

Herr, unser Gott, der du die Menschen liebst und sie glücklich machen willst, voll Vertrauen, daß du uns auf unserem Weg zum Heil begleitest, wenden wir uns an dich:

- Wir bitten für alle Kinder, die eine schwere Kindheit haben: Herr, schenke ihnen helfende und stützende Hände.
- Wir denken an Heimatlose und Asylanten: Herr, schenke ihnen ein Zuhause, und verschone alle Menschen vor Krieg und Elend.
- Wir bitten für alle Menschen, die Angst haben, die mutlos sind und resigniert, die krank und schwach sind: Herr, schenke ihnen deine besondere Kraft und Gnade.
- Wir denken an die Verantwortlichen unserer Kirche und unserer Regierungen: Herr, schenke ihnen Weisheit und Liebe.

Herr, du rufst alle Menschen an deinen Tisch, damit sie mit dir glücklich sind. Auf dich vertrauen wir als treuen Begleiter unserer Wege, jetzt und in Ewigkeit. Amen.

Wort für die Woche

Wir dürfen neue Wege gehen und müssen bei vielen Problemen der modernen Gesellschaft unbequeme Schritte unternehmen. Wir sollen, wie Abraham, aus Ur wegziehen. Wir sollen, wie Israel, aus Ägypten fliehen. Wir sollen, wie Paulus, ein neuer Mensch werden.
Die Geschichten der Bibel erzählen uns: Wir dürfen etwas wagen, und Gott steht uns bei.

Liedvorschläge

Eingang: 295, 1-3 oder 294, 1-3
Credo: 467
Dank: 262, 1+2
Auszug: Geh mit uns auf unserem Weg (z. B. in „Troubadour für Gott", Nr. 489)

Bruno Schuster

19. Sonntag im Jahreskreis

Botschaft

Gott begegnet uns und hilft uns in Menschen, die uns reinen Wein einschenken.

Ziel

Die GottesdienstteilnehmerInnen sollen Menschen, die es gut mit ihnen meinen, als Engel erleben.

Lesungen

1 Kön 19,4-8
Eph 4,30 - 5,2
Joh 6,41-51

Einleitung

Engel haben heute wieder Hochkonjunktur. Sie werden in Liedern besungen, von Literaten in ihre Werke aufgenommen, ganze Bücher erscheinen über sie.
Es drückt sich wohl eine Sehnsucht in dieser Hochkonjunktur der Engel aus. Vielleicht die Sehnsucht nach etwas Geheimnisvollem, vielleicht nach einem Begleiter oder Beschützer, nach einem Vermittler zum scheinbar unerreichbaren Gott.
Einen ganz anderen Aspekt beschreibt die heutige Lesung aus dem Buch der Könige. Der Prophet Elija begegnet einem Engel. Für ihn wird diese Begegnung prägend.

Bußakt/Kyrie

Bevor wir uns aber auf die Erfahrungen dieses alttestamentlichen Propheten einlassen, sollten wir uns auf unsere eigene Erfahrung mit Gott und seinen Boten, den Engeln, besinnen.
Ich lade Sie ein, auf die vergangene Woche zurückzublicken, wie Ihnen Gott begegnet ist: in einem Mitmenschen, im Gebet, in ein paar Gedanken über mein Leben und unser Zusammenleben?
– Stille –
Gott, der du uns immer wieder neu entgegenkommst, nimm unsere Schuld, unsere Nachlässigkeiten, und wandle sie in Offenheit für die Begegnung mit dir. Verzeihe uns unsere Fehler, und schenke uns dein Erbarmen. Amen.

Zugangsweise zum Schrifttext

- Vom Text her
  Eine der eindrücklichsten Erzählungen des Alten Testaments berichtet von der unbedingten Treue Gottes zu seinen Beauftragten und von der oft unkonventionellen Weise, wie er das tut.
- Vom Leitgedanken des Gottesdienstes
  Engel sind wieder in Mode gekommen. Doch es sind neue Zugangsweisen zu suchen, was sie sind und wie sie in Erscheinung treten.
- Von einem Symbol
  Der Text steckt voller Symbole: Weg; Schlaf; Strauch; Brot; Asche; Wasser.
- Von einer Geschichte
  Janosch: „Komm, wir finden einen Schatz"
  Auf der „Schatzsuche" entdecken Bär und Tiger, daß sie selbst einander ein solcher Schatz – wir könnten sagen: Engel – sind.
- Von einem persönlichen Erlebnis
  Eine sich wiederholende Erfahrung: Immer wenn sich kein Ausweg mehr zeigt, wenn die eigene Kraft versagt, werden wir offen für Begegnungen von außen, oder es ereignen sich unerwartete Begegnungen.

Predigt/Ansprache

„Ein Tag im Leben eines Propheten", so könnte man die Stelle aus dem Alten Testament, aus dem Leben des Elija, bezeichnen. Ein Prophet, ausgelaugt von dem, was seine Aufgabe als Prophet von ihm verlangt, will sich auf den Weg machen. Er hat einiges hinter sich gebracht: Einsatz für seinen Gott, Eifer bis zum Äußersten, Auseinandersetzungen mit seinen Gegnern, Kampf ums Überleben. Und jetzt muß er weg.
Die Stelle könnten wir aber auch überschreiben: „Ein Tag im Leben eines Menschen", wohl nahezu im Leben eines jeden von uns. Wer kennt sie nicht, diese Situation: Ich bin müde geworden. Das Leben hat mich zu sehr mitgenommen. Jetzt bin ich aufgerieben, vom Beruf, von Auseinandersetzungen mit Kollegen, vom Leistungsstreß, der in Schule oder Beruf von mir abverlangt wird, von einem Streit mit meinem Partner, von Spannungen in der Familie, davon, daß meine Kinder ihr Leben nicht so gestalten, wie es gut für sie wäre, davon, daß das Leid in der Welt scheinbar überhandnimmt, die Kriege kein Ende nehmen, davon, daß es Korruption, Eigennutz und Bosheit in dieser Welt gibt. Beliebig kann ich diese Liste fortsetzen. Für jeden ist es etwas anderes, für jeden etwas Belastendes, für jeden etwas, das ihm die Kraft raubt.

Wie leicht kann es mir da ergehen wie dem Propheten: Ich will mich unter einen Baum legen und sterben. Die Kraft schwindet, die Lähmung steigt, die Hoffnung versiegt.
Wie schön wäre es, wenn jetzt, wie damals beim Propheten Elija, ein Engel käme und mir Brot und einen Krug mit Wasser brächte. Aber das sind ja nur alles alte Geschichten. Und wenn diese Geschichte sich je ereignet haben sollte, dann ist sie ja vorbei.
Aber vielleicht gibt es sie ja noch wirklich, vielleicht spielt sie sich ja noch heute ab. Vielleicht hat der Erzähler dieser Episode aus dem Leben des Elija gar keine Geschichte erzählen wollen, sondern uns Bilder berichtet, Bilder, die vom Leben und vom Heil erzählen. Schauen wir uns die Episode unter dem Baum doch noch einmal genauer an!
Ein Mann legt sich unter einen Baum. Ein Bild, das Sie aus verschiedensten Geschichten, Märchen und Erzählungen kennen. Auch, daß er dort schläft. Aber dann gibt es zwei Möglichkeiten: Der Baum wird zum Ort, an dem ich begraben werde, oder: Es ist der Ort, an dem etwas geschieht. Im Schlaf, also wenn ich selber nichts mehr beitragen kann, wird mir etwas geschenkt. Im Märchen mögen es goldene Äpfel sein, für den Propheten ist es die Kraft, weitermachen zu können.
Diese Kraft wird ihm aber auch in Zeichen übergeben: Ein Engel kommt und bringt ihm ganz spezielle Gaben: Brot, das in glühender Asche gebacken worden ist, und einen Krug mit Wasser. Schauen wir uns zuerst die Gaben an: Brot ist Grundnahrung. Brot ist aber auch Kraftquelle. Doch dieses Brot ist noch einmal etwas Eigenes. Es ist in glühender Asche gebacken. Glühende Asche ist ein Symbol für Reinigung und Lauterkeit. Es ist durch die Feuerprobe gegangen.
Nicht anders ist es mit dem Krug mit Wasser. Wasser ist das Zeichen für Reinheit und Sauberkeit schlechthin. Wir kennen diese Symbole auch in unserer Tradition von Taufe und Aschermittwoch. Es kommt also ein Engel, ein Bote Gottes, zu Elija und bringt ihm Gaben, die Reinheit und Lauterkeit symbolisieren. Diese Gaben stärken Elija. So sehr, daß er, der vorher den einen Tag in der Wüste nicht geschafft hat, jetzt vierzig Tage durch die Wüste gehen und seinem Auftrag als Prophet nachkommen kann.
Jetzt wird es vielleicht deutlicher, daß der Verfasser dieser alttestamentlichen Erzählung uns nicht einfach eine Geschichte weitergeben wollte, sondern eine Erfahrung mit Gott, die auch heute gilt: Gott schickt uns seine Boten. Es sind Menschen, die uns in Lauterkeit und Ehrlichkeit begegnen. Sie schenken uns reinen Wein ein. Das kann mir die Augen öffnen für die Situation, in der ich stehe, das kann manchmal

schmerzhaft sein, weil Wahrheit, vor allem über mich selbst, weh tun kann. Damit wird auch das letzte Symbol unserer Erzählung aus dem Alten Testament erklärt: Engel können Menschen sein. Sie sind Boten, die eine Nachricht bringen, die mir weiterhilft, oft unverhofft, oft unerwartet, aber immer einen Schritt im Leben weiterhelfend. „Es müssen nicht immer Männer mit Flügeln sein", sagt ein Lied.
Diese Erfahrung des Elija steht auch Ihnen offen: Wenn es Ihnen schlecht geht, wenn Sie selbst nicht mehr weiterkönnen oder -wollen, wenn Sie sich in die Ecke setzen und den Tod wünschen, daß Ihnen dann ein Engel begegnet oder jemand, der Ihnen reinen Wein einschenkt und ein Stück Brot schenkt, das Ihnen Kraft gibt, ein Mensch, der Ihnen voll Lauterkeit, Offenheit und Liebe begegnet. Ich bin mir sicher, daß auch Sie dann nicht nur einen Tagesmarsch weiter gehen können, sondern vierzig oder mehr, wie der Prophet Elija auch.
Und wenn dieser Wunsch bei Menschen versagt, so darf ich Ihnen immer noch die Worte Jesu weitersagen, die wir gleich im Evangelium hören werden: „Ich bin das Brot des Lebens. Ich bin das lebendige Brot, das vom Himmel herabgekommen ist." Wenn die Boten versagen, steht immer noch unser Gott dahinter und wird selbst in Brot und Wein diese Kraft zum Weitergehen.
Ich wünsche Ihnen, daß Sie die Erfahrung des Elija nie machen müssen. Wenn es aber soweit ist, können Sie darauf vertrauen, daß Gott Ihnen Boten schickt, die Ihnen offen und ehrlich begegnen, und daß er selbst der letzte Bote ist, der für Sie da ist.

Fürbitten

Mit unseren Bitten, mit dem, was uns belastet und bedrängt, können wir uns an unseren Vater wenden, der uns auf vielfältige Weise entgegenkommt:

- Menschen leiden heute unter Einsamkeit und Anonymität. Laß uns füreinander Engel sein, als Menschen, die einander offen begegnen.
- Menschen tun sich schwer, heute Gott zu erfahren und zu begreifen. Hilf uns, daß wir Dinge und Geschehnisse, die uns widerfahren, als Botschaften von dir verstehen lernen und auch weitersagen können.
- Menschen sehen für ihr Leben manchmal kein Ziel, keine Perspektive mehr. Schicke du ihnen einen Engel, wo sie selbst nicht mehr weiterkönnen.
- Menschen haben ihren Weg beendet. Schenke unseren Verstorbenen

das Leben bei dir und uns die Zuversicht, daß du das Ziel unseres Weges bist.

Guter Gott, wie dem Propheten Elija schenkst du uns Zeichen, Menschen und Ereignisse, die uns weiterhelfen, wo wir selbst nicht mehr können. Dafür danken wir dir, und darauf vertrauen wir bei unserem eigenen Weg, heute und alle Tage. Amen.

Kommunionmeditation/Wort für die Woche

Ein Mensch, mit dem ich rede,
mit dem ich mich versteh',
ein Mensch, mit dem ich rede,
ist eine Quelle für mich.

Quelle, die für mich sprudelt, wenn ich verzweifelt bin;
Quelle, die für mich sprudelt, wenn ich verloren bin;
Quelle, die für mich sprudelt, wenn ich am Ende bin;
Quelle, mit der ich fließe in den Strom zum neuen Land.

Hans-Jürgen Netz (als Lied z. B. in „Troubadour für Gott", Nr. 502)

Liedvorschläge

Eingang: 300
Antwortgesang: 471 + K 106
Credo: 448
Übertragung: 618
Agnus Dei: 461
Kommunion: 483
Dank: 261
Auszug: 473

Michael Pfrang

20. Sonntag im Jahreskreis

Botschaft

Im Abendmahl hat uns Jesus ein sinnfälliges Zeichen der Liebe Gottes zu den Menschen geschenkt. Das erlaubt uns, aus dieser greifbaren Rückversicherung an den lebendigen Gott ein Stück befreiter zu leben.

Lesungen
Spr 9, 1-6
Eph 5, 15-20
Joh 6, 51-58

Einleitung
„Brot, Brot, Brot,
Brot gegen den Tod,
gib dich uns in unsre Not,
daß wir essen, daß wir leben, daß wir handeln, daß wir geben
Brot für die Menschen Brot.“

Alois Albrecht

So beginnt ein neues religiöses Lied. Brot gegen den Tod – davon berichtet heute das Evangelium. Es macht uns darauf aufmerksam, was dieses Brot vom Himmel alles vermag.

Bußakt/Kyrie
Am Beginn unseres Gottesdienstes lade ich Sie ein, bei sich zu schauen, was für Sie in der vergangenen Woche das Brot zum Leben war, das Sie getragen hat; oder auch was Ihnen dieses Brot zum Leben weggenommen hat. – Stille –

Du hast uns Brot vom Himmel gegeben.
Herr, erbarme dich.

Du selbst bist unser Brot geworden.
Christus, erbarme dich.

Du ermutigst uns, Brot für andere zu werden.
Herr, erbarme dich.

Zugangsweise zum Evangelium
– Vom Text her
Bei dieser Stelle handelt es sich um eine Interpretation der vorhergehenden Brotrede (Joh 6, 48-51). Die Betonung liegt dabei auf dem personalen Geschehen in der Eucharistie, also der Verbindung Gottes über Jesus zu den Menschen in diesem Zeichen.
– Vom Leitgedanken des Gottesdienstes
Viele Menschen leiden an der Orientierungslosigkeit und dem fehlenden Rückhalt in einer pluralen Gesellschaft. Für sie und für uns kann dieses Brot Zeichen des Rückhalts (Mystik) in Gott sein.

- Von einem Symbol
  Brot ist nach wie vor ein erfahrbares Grundnahrungsmittel des Menschen. Es zu haben bedeutet, leben zu können.
- Von einer Geschichte
  „Die Rose“ von Rainer Maria Rilke: siehe Text zur Kommunion
- Von einem persönlichen Erlebnis
  Die Brotzeit, die geteilt wird, damit zwei satt werden können, ist wohl schon (fast) jedem widerfahren; ebenso die kleinen Geschenke, „die die Freundschaft erhalten“.

Predigt

Wer kennt sie nicht, die kaum hörbar gehauchten Worte „Ich liebe dich“ am Ende eines Films, bei dem sie sich endlich „gekriegt“ haben. „Ich liebe dich“ steht wohl auch am Beginn einer jeden Liebe. Doch schnell verliert es sich mit den Jahren, wird seltener zueinander gesagt. Doch auch, wenn es nicht vergessen wird, mit der Zeit brauchen die Worte eine Unterstützung, sozusagen eine materielle Bezeugung. In einer Ehe sind das die Blumen, die hoffentlich nicht vergessen werden; in einer Freundschaft ist es das kleine Mitbringsel.
Von einer solchen materiellen Bezeugung einer großen Liebe spricht heute das Evangelium. Es spricht von der Liebe Gottes zu den Menschen und dem bezeugenden Zeichen dieser Liebe, der Eucharistie.
Doch ist dieses Zeichen etwas schwerer zu verstehen als die Blume in der Ehe. Schon die Juden hatten ihre Schwierigkeiten damit und wohl auch die Christen aller Tage. Zu groß ist die Gefahr, dieses Zeichen zu verselbständigen und damit in ein falsches Licht zu rücken. Wie kann er uns sein Fleisch zu essen geben?, fragten sich die Juden zu Recht. Mit physikalischen Augen betrachtet, wäre das Kannibalismus. Das aber hat Jesus nicht gemeint.
Wie bei einem Geschenk in einer Freundschaft nicht der materielle Wert zählt, geht es Jesus auch im Geschenk seines Blutes und seines Fleisches nicht um die Materie, den Stoff, mit dem er die Liebe Gottes zu uns zeigt. Es geht ihm um die Realität, die dahinter steht. Ebenso wie das Geschenk in der Freundschaft weist das eucharistische Brot auf das hin, was dahinter steht: den grenzenlosen Einsatz Gottes für uns, seine unendliche Zuneigung zu den Menschen. Es ist deshalb gefährlich, wenn wir das Zeichen verabsolutieren und vergessen, was dahinter steht, wofür es eigentlich Zeichen ist.
Dieses Zeichen der Liebe Gottes zu uns kann eine ähnliche Wirkung haben wie die Blume in der Ehe. Wie die Blume zeigt, ich habe dich

immer noch gern, und dem anderen einfach Kraft und Freude schenken will – und das auch tut, weil sie zeigt: der andere steht zu mir –, so ist das auch mit dem Zeichen von Brot und Wein. Als Leib und Blut Jesu erinnert es immer wieder an den Einsatz Jesu bis zum Äußersten, bis zum Kreuz, damit wir leben können. Es kann mir sagen: Gott steht zu mir, er hat mich gern, er läßt mich nicht fallen. Es ist deshalb das einzige Sakrament unserer Kirche, das immer und immer wieder empfangen werden kann und soll. Es ist das Zeichen der Liebe Gottes zu uns, das uns Kraft und Freude für den Alltag schenken kann, weil es sagt: Gott steht zu mir.

Und wie aus einer geschenkten Blume in der Ehe oder einem Mitbringsel in der Freundschaft neue Freude am Leben und Zuversicht für mein Leben wachsen kann, so kann das auch durch Brot und Wein in der Eucharistie geschehen.

Es kann mir sagen, wenn ich traurig bin: „Schau her, ich, Gott, habe dich immer noch gern." Es kann mir sagen, wenn es mir gutgeht: Du hast noch andere Möglichkeiten in dir und kannst sie mit anderen teilen. Und es kann mir sagen, wenn ich keinen Weg mehr sehe: Schau, ich, dein Gott, habe mit dir immer noch meine Pläne. Es geht weiter.

Daß Gott uns durch dieses Zeichen seine Zuneigung zeigt und nicht nur im Wort zusagt, kann mir eine Hilfe sein, mein Leben anders, befreiter zu leben.

Das zu erleben, lädt Gott uns ein. Und er zeigt es uns im Brot des Lebens, in seinem Fleisch und seinem Blut, das er uns gibt.

Fürbitten

Gott schenkt uns im Brot des Lebens ein Zeichen, wie sehr er uns mag. Deshalb dürfen wir auch mit unseren Bitten und Anliegen zu ihm kommen:

- Du gibst uns das Brot der Freude. Wir bitten für die Menschen, deren Tage hart, freudlos und bitter geworden sind. Schenke ihnen die Zuversicht, daß das Ziel Leben in Fülle ist.
- Du gibt uns das Brot der Stärkung. Wir bitten für die Menschen, die aufgegeben haben und sich nicht mehr weitertrauen oder keinen Weg mehr wissen. Öffne ihnen die Augen für die Möglichkeiten, die du uns schenken willst.
- Du gibst uns das Brot der Gemeinschaft. Wir bitten dich für uns, deine Gemeinde. Hilf uns, durch die Feier deines Gedächtnismahles zu Schwestern und Brüdern und zu einer glaubwürdigen Gemeinschaft zu werden.

– Du gibst uns das Brot der Hoffnung. Wir bitten für unsere Verstorbenen. Laß sie einen Platz finden an deinem Tisch.

Guter Gott, immer wieder erinnerst du uns in deinem Wort und im Zeichen von Brot und Wein daran, wie sehr du uns magst. Das hilft uns zu leben. Dafür danken wir dir alle Tage unseres Lebens. Amen.

Kommunionmeditation/Wort für die Woche

Von Rainer Maria Rilke gibt es aus der Zeit seines ersten Pariser Aufenthaltes diese Geschichte:
Gemeinsam mit einer jungen Französin kam er um die Mittagszeit an einem Platz vorbei, an dem eine Bettlerin saß, die um Geld anhielt. Ohne zu irgendeinem Geber je aufzusehen, saß die Frau immer am gleichen Ort. Rilke gab nie etwas; seine Begleiterin gab häufig ein Geldstück. Eines Tages fragte die Französin verwundert nach dem Grund, warum er nichts gebe, und Rilke gab zur Antwort: „Wir müßten ihrem Herzen schenken, nicht ihrer Hand."
Wenige Tage später brachte Rilke eine eben aufgeblühte Rose mit, legte sie in die offene, abgezehrte Hand der Bettlerin und wollte weitergehen. Da geschah etwas Unerwartetes: die Bettlerin blickte auf, sah den Geber, erhob sich mühsam von der Erde, tastete nach der Hand des fremden Mannes, küßte sie und ging mit der Rose davon.
Eine Woche lang war die Alte verschwunden. Nach acht Tagen saß sie plötzlich wieder wie früher am gewohnten Platz. Sie war stumm wie damals. „Aber wovon hat sie denn all die Tage, da sie nichts erhielt, nur gelebt?" fragte die Französin. Rilke antwortete: „Von der Rose...."

Liedvorschläge

Eingang: 300
Antwortgesang: 649
Credo: 489
Übertragung: 620
Agnus Dei: 492
Kommunion: 493
Dank: 618
Auszug: 494

Gestaltungsvorschläge

Bei der Thematik des Gottesdienstes bietet es sich an, das *„Vaterunser"* mit der Bitte um das tägliche Brot hervorzuheben. Es kann durch eine entsprechende Einleitung oder auch durch das Beten mit Gesten geschehen. Auch wäre es denkbar, bei der Übertragung des eucharistischen Brotes, Dinge, die wir zum Leben brauchen bzw. die uns das Leben froher machen, auf den Altar zu bringen.

Michael Pfrang

21. Sonntag im Jahreskreis

Botschaft

Die Lesungen des Tages stellen verschiedene Personen zu verschiedenen Zeiten vor die Entscheidung: Zu wem wollt ihr gehören? Diese Frage stellt sich auch uns.

Ziel

Die GottesdienstteilnehmerInnen sollen sich diese Frage „Zu wem wollt ihr gehören?" selbst stellen und zu einer ehrlichen Antwort motiviert werden.

Lesungen

Jos 24, 1-2a.15-17.18b
Eph 5, 21-32
Joh 6, 60-69

Einleitung

„Politikverdrossenheit", „Abwanderung aus den Volksparteien" – das sind die Schlagworte, die in den Medien immer wieder zu hören und zu lesen sind. Vor allem die junge Generation würde sich darin auszeichnen, ich-bezogen, egoistisch und unsozialisiert zu sein. Daher die Un-Lust einer großen Gemeinschaft anzugehören und Verpflichtungen sozialen Charakters einzugehen.
Ob es wirklich so ist, sei offengelassen.
Festzustellen ist jedenfalls, wir stehen vor der Frage: Wohin gehören wir eigentlich? Wozu wollen wir gehören? Das ist kein neues Problem – es gehört zum Denken und Leben der Menschen dazu. Das hören wir heute sowohl in der alttestamentlichen Lesung als auch im Evangelium.

Bußakt

Herr, es fällt uns manchmal schwer, eine klare Entscheidung für etwas zu treffen.
Kyrie eleison.

Herr, wie oft fehlt uns der Mut, zu einem Menschen zu stehen.
Christe eleison.

Herr, wir haben Angst vor der Entscheidung für dich und gegen die menschliche Bequemlichkeit.
Kyrie eleison.

Gott, du zwingst uns nicht in die Entscheidung für dich. Doch du hilfst uns dabei, wenn wir unsere Fehler eingestehen. Schenke uns dein Erbarmen. Amen.

Zugangsweise zu den Schrifttexten

1. Wie oft hätten wir einen Menschen nötig, der uns die Augen öffnet in verstrickten Situationen, z. B. in einem Konflikt mit dem Chef, dem Partner ...
2. Jeder Mensch, jedes Volk befindet sich irgendwann einmal in solch einer Sackgasse.
3. Zum Beispiel die Israeliten: Sie sind endlich im gelobten Land, und schon kehrt der „innere Schweinehund" zurück ...
4. Josua tut das Richtige, er öffnet die Augen der Israeliten: Er erinnert sein Volk an seine Vergangenheit:
   - Wer hat euch aus Ägypten herausgeführt?
   - Wer hat große Wunder getan?
   - Wer hat euch auf dem Weg beschützt?
   - Was wollt ihr eigentlich?
5. Entscheidung für Jahwe, für den mitgehenden, erfahrenen Gott.
6. Jesus stellt seine Jünger auch vor diese Entscheidung: Glaubt ihr an mich, oder mißtraut ihr mir? „Wollt auch ihr weggehen?"
7. Die Jünger entscheiden sich für Jesus. Johannes legt dem Petrus die Worte in den Mund: „Herr, zu wem sollen wir gehen?" Das heißt: Wohin gehören wir denn sonst, außer zu dir?
8. Auch wir stehen immer wieder vor dieser Frage.
   Vielleicht ist auch unsere Antwort: „Herr, du hast Worte des ewigen Lebens."

Predigt

Wie oft hätten wir einen Menschen nötig, der uns aus den verstrickten Situationen heraushilft. Der uns die Augen öffnet und uns zeigt: So schaut es aus, entscheide dich, wie es weitergeht, zum Beispiel im wiederholten Streit mit dem Ehepartner. Man versteht den anderen einfach nicht mehr. Dann ist einer nötig, der einem die Augen öffnet. Oder im Konflikt mit dem Chef; eigenes Bemühen hilft nicht mehr aus der verfahrenen Situation heraus. Dann muß ein anderer das Ruder in die Hand nehmen und behutsam das Schiff heraushieven.

Jeder Mensch, ja jedes Volk befindet sich irgendwann einmal in solch einer Sackgasse. Wohl dem, der dann einen Menschen zur Seite stehen hat, der ihm die Augen öffnet und ihn vor eine Entscheidung stellt. So ging es auch dem Volk der Israeliten. Sie hatten endlich das gelobte Land erreicht, sie hatten sich seßhaft gemacht. Da kehrt auch schon der „innere Schweinehund" zurück, man wird bequem, man vergißt, man gleicht sich an, man wird sich selbst untreu. Da steht einer auf. Es ist Josua, er erkennt die verfahrene Lage. Er sieht, wie abtrünnig das auserwählte Volk wieder geworden ist. Er steht auf und stellt sein Volk vor die Entscheidung: Zu wem wollt ihr gehören? Denkt doch an den Gott, der euch aus Ägypten herausgeführt hat, der Wunder getan und euch durch die Wüste geleitet hat, der euch beschützt hat und der euch seinen Namen genannt hat. Wollt ihr ihn verlassen, ihm untreu werden? Den Israeliten wird klar, daß sie sich wieder neu für ihren Gott entscheiden müssen.

Genau diese Frage stellt auch Jesus seinen Jüngern. Er fragt sie: Glaubt ihr an mich, oder mißtraut ihr mir? Wollt auch ihr weggehen wie die anderen? Die anderen haben gehört, aber doch nicht gehört.

Im Evangelium entscheiden sich die Jünger für Jesus. Der Evangelist Johannes legt Petrus die Worte in den Mund: „Herr, zu wem sollen wir gehen?" Diese Worte zeigen, an welchem Punkt die Jünger angelangt sind: Es scheint eine Sackgasse zu sein. Was haben die Jünger für Alternativen? Sie ahnen, wer Jesus ist, aber sie glauben es noch nicht. Sie wissen weder ein noch aus. Sollen sie bleiben, sollen sie gehen, aber wohin? Was ist das Richtige, was das Falsche? Nein, die Jünger fühlen sich von Jesus angezogen. Sie gehören zu ihm. Die Entscheidung ist gefallen.

Auch wir müssen uns immer wieder neu entscheiden. Wollen wir zu Christus gehören? Und: Verhalten wir uns auch so, oder beten wir fremde Götter an? Fremde Götter mit den Namen Bequemlichkeit, Egoismus, Falschheit, Intoleranz. Jesus kann uns die Augen öffnen, er kann uns aus der Sackgasse der Unentschiedenheit helfen. Dann können wir wie Petrus beten: „Herr, du hast Worte des ewigen Lebens."

Fürbitten

Wir sind in Gemeinschaft mit allen, die zu Christus gehören, wir beten:

– Für alle, die verzweifelt sind, die keine Freunde haben. Laß sie Menschen finden, bei denen sie sich Rat holen können.
– Für die Menschen, die sich unsicher sind auf ihrem Glaubensweg. Schenke ihnen Sicherheit im Glauben.
– Für die unter uns, die vergessen haben, daß du, Herr, der Ursprung ihres Seins bist.
– Für alle Kinder und Jugendlichen: Laß sie in ihren Familien und Gemeinden den Glauben lebendig erfahren.
– Für alle Sterbenden, daß sie getröstet und gestärkt werden.

Liebender Gott, blicke auf deine Gemeinde, die sich hier versammelt hat, höre unser Gebet, und schenke uns deinen Frieden. Darum bitten wir durch Christus, unseren Bruder und Herrn. Amen.

Wort für die Woche

Wohin sollen wir gehen? – Herr, du hast Worte des ewigen Lebens.
Entscheiden wir uns Tag für Tag für Ihn, der unser Weg zum Vater ist.

Liedvorschläge

Eröffnung: 519
Antwortgesang: 623
Credo: 489
Agnus Dei: 492
Dank: 494
Kommunion: 624
Auszug: Den Weg wollen wir gehen. Die Liebe geht mit uns (z. B. in „Troubadour für Gott", Nr. 144)

Sabine Mehling-Sitter

22. Sonntag im Jahreskreis

Botschaft

Das Wichtigste für Gott ist das Heil des Menschen. Das ist sein großes „Herzens"-Anliegen. Wo dieses nicht beachtet wird, verlieren Gesetze und Ordnungen ihren Sinn.

Ziel

Die GottesdienstteilnehmerInnen sollen sich bewußt werden, welche Regeln und Gesetze ihr eigenes Leben bestimmen. Kommt in diesen persönlichen Ordnungen noch das zum Tragen, was das „Wichtigste" ist: Begegnung, Gemeinschaft, Nähe, Barmherzigkeit?

Lesungen

Dtn 4, 1-2.6-8
Jak 1, 17-18.21b-22.27
Mk 7, 1-8.14-15.21-23

Einleitung

Hören und handeln. Das sind zwei Schlüsselworte, die sich durch die heutigen Lesungen hindurchziehen. Was sich so einfach sagt, ist für viele Menschen schwer geworden. So lauten unsere alltäglichen Vorwürfe: „Du hörst ja nicht richtig zu!", oder: „Du handelst ja auch nicht nach dem, was du sonst redest!" Worauf sollen wir hören im Stimmengewirr unserer Zeit? Wohin gehen, wofür leben? Fragen, die nicht nur am Schreibtisch gelöst werden wollen, sondern vorrangig im Alltag.
Wenn wir uns der Barmherzigkeit Gottes anvertrauen, dann wollen wir selbst wieder Hörende werden. Wir erhoffen uns Antwort von dem, der uns angesprochen hat.
– Stille –

Kyrie

Herr Jesus Christus, du hast hingehört auf die Not der Menschen.
Herr, erbarme dich unser.

Du hast in der Stille das Wort des Vaters vernommen.
Christus, erbarme dich unser.

Du bist das Ja Gottes zu allem, was lebt.
Herr, erbarme dich unser.

Zugangsweise zum Evangelium

1. Wer sind die Pharisäer?
   Die Pharisäer sind für uns sprichwörtlich geworden. Dieses Bild ist historisch nicht zutreffend. Benutzen wir dieses Etikett, um uns selbst in unserem Handeln zu ent-schuldigen? Wir haben kein Recht darauf, uns auf die andere, „bessere" Seite zu stellen und mit dem Finger auf die vermeintlichen „Pharisäer" zu zeigen.
2. Regeln, Ordnungen, Gesetze
   Sie sind wichtig für menschliches Zusammenleben, weil sie einen (dahinterliegenden) Wert schützen sollen. Welche Regeln beachte ich in meinem persönlichen Leben? Welche Werte stehen dahinter?
3. Gottes Gebot
   Menschen erfahren „Gottes Gebot" unterschiedlich: als Weg-Weiser, als hilfreichen Fingerzeig, als Belehrung, als strenges Gesetz. Dahinter verbergen sich oft schmerzhafte Erfahrungen und angsteinflößende Gottesbilder.
4. Was kommt von außen, was von innen ...
   Im Symbol des Kreises (Fensterrose) bzw. des Mandalas können dem Hörer/der Hörerin wichtige Fragen nahegebracht werden: Was zieht mich nach außen, was nach innen? Wo bin ich bei mir selbst? Was kommt „von Herzen"?

Predigt

„Ein Mann kam zum berühmten Rabbi Schammai und sagte: ‚Ich will Jude werden, wenn du mir das Wichtigste der jüdischen Religion in der Zeitspanne sagen kannst, wie ich auf einem Fuß stehen kann.' Der Rabbi dachte an die fünf Bücher Mose und an all die jüdischen Auslegungen zu diesen Büchern, die angeben, was alles wichtig ist, um das Heil zu erlangen. Er mußte zugeben, daß es ihm unmöglich sei, alles in ein paar Sätzen zusammenzufassen."

Einen kleinen Teil des pharisäischen Gesetzes haben wir heute im Evangelium gehört: Reinheitsvorschriften und Speisevorschriften. Dahinter stand der Gedanke, daß man auf die Begegnung mit Gott auch äußerlich vorbereitet sein muß. Nur wer „rein" ist, darf dem „reinen" und „heiligen" Gott begegnen. Auch die Lesung aus dem Alten Testament ist einem Gesetzeswerk entnommen: dem Buch Deuteronomium, dem „zweiten Gesetz". Es enthält manchmal sehr detaillierte Vorschriften über das Leben der Israeliten im Alltag.
Daneben gab es noch die wichtigen Auslegungen, die Einzelfälle regelten. Angesichts dieser Überfülle von Regeln, Vorschriften und

Auslegungen erscheint es tatsächlich unmöglich, das Wichtigste in kurzen Sätzen zusammenzufassen.
Aber seien wir nicht überheblich: Haben wir nicht mit unserem Christentum manchmal die gleichen Probleme? Könnten Sie das Wichtigste am Christentum in kurzen Sätzen zusammenfassen, während ich auf einem Bein stehe? Ich glaube, die meisten von Ihnen würden schnell überlegen und einige Sätze zusammenstellen. Am Ende fiele jedem noch etwas Wichtiges, noch etwas und noch etwas ... ein, was auch unbedingt noch über das Christentum gesagt werden müßte.
Es ist offensichtlich sehr leicht, über all den Vorschriften, die wir Menschen kennen, das Wichtigste zu vergessen.
Jesus wirft seinen Gegnern nicht vor, daß sie eine Unmenge von Vorschriften haben, sondern daß diese Vorschriften das Eigentliche töten; der Sinn all dieser Regeln geht nicht nur verloren, er wird sogar umgedreht.
Was als äußeres Geschehen zur Gottesbegegnung beitragen soll, wird zum veräußerlichten Gehabe. Was Menschen in ihren Herzen umtreibt und bewegt, interessiert da nur wenig. Jesus geht es dagegen darum, den ursprünglichen Sinn von Gottes Gebot wieder freizulegen.
Aber was ist dieses Gottes-Wort? Das Wichtigste für Gott: das Heil des Menschen. Wo dieses nicht mehr beachtet wird, verlieren Gesetze ihren Sinn. Gesetze sind wichtig, wenn sie das Zusammenleben der Menschen ordnen und den Blick auf das Wichtigste freigeben. Sie verlieren ihre Berechtigung, wenn sie gerade das verhindern, was sie gewährleisten sollten: den dahinterliegenden Wert. Im Glaubensbekenntnis sprechen wir jeden Sonntag: Für uns Menschen und zu unserem Heil ist er vom Himmel herabgekommen. Dieses „für uns" hat Jesus gelebt, wenn er um Gottes willen den Menschen wieder in den Mittelpunkt stellt. Der heilige Irenäus von Lyon hat es in einem bemerkenswerten Satz zusammengefaßt: Die Ehre Gottes ist der lebendige Mensch.

Ich habe Ihnen die Geschichte am Anfang nicht ganz zu Ende erzählt. Der Mann geht nämlich noch zur Konkurrenz, zu einem anderen Rabbi namens Hillel, und fragt auch ihn nach dem Wichtigsten in seiner Religion. Der antwortete sofort: „Was dir selbst widerwärtig ist, das tue auch deinem Nächsten nicht an! Das ist das ganze Gesetz. Alles andere ist Auslegung!"

Auch in unserer Kirche müssen wir vorsichtig mit den Gesetzen umgehen. Verdecken sie nicht manchmal den Blick auf das Wesentliche, auf das zu schützende Gut?

Aber auch unser privates Leben hat seine eigenen Gesetze und Vorschriften. Sie sind zwar nicht schriftlich festgelegt, aber deswegen nicht minder vorhanden und wirksam. Wir lieben es nicht allzusehr, aus unserem alltäglichen Trott, aus den kleinen Traditionen unseres eigenen Lebens herausgeworfen zu werden. Aber auch hier müssen wir aufpassen: Stoßen wir damit andere ab? Verdecken wir mit unserer schönen Regelmäßigkeit nicht das Wichtigste?
Das wäre doch eine befreiende Erfahrung: Unser Glaube hängt nicht an einer Vielzahl von Vorschriften, sondern an der Botschaft: Unser Gott Jahwe ist uns nahegekommen wie keiner sonst. Das erfordert zumeist mehr Aufmerksamkeit und Geduld, als wir meinen.

Fürbitten
Jahwe, unser Gott ist uns nahe. Wir rufen ihn in unserer Mitte an, weil er allein Leben in Fülle zu schenken vermag.

- Laß die Christen zur Mitte finden, die du selbst bist, und aus ihr heraus leben.
- Laß uns im Nächsten, der uns anblickt, dein Angesicht erkennen und die Hand zur helfenden Tat ausstrecken.
- Schenke deiner Kirche die Weisheit, göttliches Heils-Wort und menschliche Gesetze zu unterscheiden.
- Öffne den Menschen, die sich deinem Anruf verschließen, das Herz, damit sie dich in dieser Welt entdecken können.
- Bereite unseren Verstorbenen eine Heimat, in der sie dein Leben in Fülle erfahren dürfen.

Gott, unser Vater, um des Heils des Menschen und der Welt willen hast du deinen Sohn in den Tod gegeben. Laß uns auch mit ihm in der Wirklichkeit der Auferstehung leben, heute und alle Tage unseres Lebens bis hinein in deine Ewigkeit. Amen.

Wort für die Woche
Menschendienst und Gottesdienst gehören zusammen. Wir können uns darin einüben, im anderen den zu erblicken, der das Leben aller will. Gott begegnet uns in der helfenden Hand, im mitfühlenden Hinhören, in der geschenkten Zeit ... Nehmen wir diese Gottesbegegnung wahr?

Liedvorschläge
Eingang: 623
Antwortgesang: 622

Credo: 356
Dank: 618
Auszug: 641

Hinweis zur Gottesdienst-Gestaltung

- Das Symbol des Kreises (eine projizierte Fensterrose, ein Mandala, das Meditationsbild von Nikolaus von der Flüe ...) kann mit kurzen Gedanken als Kommunion-Meditation verwandt werden.
- Lied Nr. 622 kann als zweistimmiger Kanon gesungen werden (Einsatz der zweiten Stimme bei: „Hilf, Herr meines *Le*bens ...“); die einzelnen Stimmen singen die Strophen durch und klingen am Ende aus.

Anton Dimpflmaier

23. Sonntag im Jahreskreis

Botschaft

Worte können die Welt verändern – zum Guten und zum Schlechten. Auch wenn der Mensch für Gott und seine Umwelt taub ist – Gott selbst spricht das er-lösende Wort.

Ziel

Die Sprache ist wichtigstes Kommunikationsmittel zwischen den Menschen – sie macht den Dialog lebendig. Achten wir auf das *Wie* der Worte. (Wie spreche ich es? Wie spricht es Gott aus?)

Lesungen

Jes 35, 4-7a
Jak 2, 1-5
Mk 7, 31-37

Einleitung

Wenn ich Sie fragen würde, wie wir heute zueinander Kontakt aufnehmen, würden Sie wahrscheinlich sagen: durch unsere Sprache.
Und es stimmt, denn schon in den ersten Lebensminuten benutzen wir

die Sprache oder besser unser Sprechorgan, um Aufmerksamkeit zu erreichen.
Wie sehr wir die Sprache gebrauchen, merken wir, wenn wir in ein anderssprachiges Land reisen, um dort Urlaub zu machen. Um mit den Menschen dort in Kontakt zu kommen, um dort zu leben, benötigen wir die Sprache dieses Landes – zumindest die wichtigsten Grundbegriffe.
Die Sprache verbindet die Menschen untereinander; sie ist aber auch Mittel zum Gespräch mit Gott. Er selbst hat sein Wort, Jesus Christus, in diese Welt gesprochen, um mit den Menschen in Kontakt zu bleiben; er läßt sich auf diese menschliche Sprache ein, um auch weiterhin in Begegnung, in Kontakt mit uns zu bleiben. So wollen wir uns ihm öffnen, sein befreiendes Wort in unser Herz aufnehmen und ihn um sein Erbarmen bitten.
– Stille –

Kyrie
Herr, guter Gott, in unserem Leben hat die Sprache eine wichtige Bedeutung. Mit ihr können wir uns miteinander verständigen; doch oft reden wir aneinander vorbei – dann sprichst du zu uns:
Effata, öffne dich (Gemeinde wiederholt!)

Herr, guter Gott, immer wieder fügen wir einander Wunden zu durch verletzende Worte; sie dringen tief in unser Herz ein und vergiften die Atmosphäre – dann sprichst du zu uns:
Effata, öffne dich (Gemeinde wiederholt!)

Herr, guter Gott, du selbst bist in unsere Welt gekommen durch dein Wort, deinen Sohn Jesus Christus; oftmals hören wir es nicht und leben so, als ob es dich nicht gibt – dann sprichst du zu uns:
Effata, öffne dich (Gemeinde wiederholt!)

Gott, dir vertrauen wir uns an und bitten um Vergebung unserer Schuld. Öffne uns neu für deine Botschaft, und führe uns zum neuen und ewigen Leben. Amen.

Mögliche Zugangsweisen zum Evangelium
1. Bildmeditation mit dem Bild „Der Hörende" von Toni Zenz
2. Impulsfragen zu Beginn des Gottesdienstes:
   – Mit wem habe ich heute schon gesprochen?
   – Kann ich mich noch an die Worte erinnern, die ich gesprochen habe?

– Wie habe ich sie ausgesprochen? Wohlwollend? – Bestimmend? – Fragend? – War ich verärgert?

Predigt

„Ich muß dir mal was sagen: das, was du da heute morgen verzapft hast, war der reine Quatsch!“ (streng, aufbrausend sagend)
„Du, kann ich dich mal sprechen: Ich wollte dir nur sagen: Das, was du heute morgen gesagt hast, finde ich persönlich nicht ganz in Ordnung.“ (mit normaler Stimme gesprochen)
Zwei einfache Sätze, die beide das gleiche aussagen wollen: Es geht darum, jemandem nahezubringen, daß er/sie etwas Falsches gesagt hat. Nur: Im ersten Beispiel wird dies ziemlich schroff und hartherzig getan: Es steckt nicht viel Liebe und Wohlwollen in diesen Worten, eher die Aussage: Na warte, dir geb' ich's heute!
Wenn so ein Dialog begonnen wird, besteht die Gefahr, daß der/die andere den Inhalt mißversteht und gekränkt reagiert. Hier wird sicherlich nicht auf die Gefühle der angesprochenen Person geachtet – man will die Person im Innersten treffen; es geht hier nicht um die Sache, sondern um die Person.
Mit dem zweiten Beispiel läßt sich da schon besser umgehen. Es ist zwar nicht die beste Lösung, doch allemal die Lösung, mit der man leben kann. Hier wird ganz klar zur Sache Stellung genommen und die eigene Person mit ins Spiel gebracht („für mich persönlich“); auch die Stimme ist normal, so daß der/die andere darauf in gutem Sinne reagieren kann.
Zwei Weisen, auf je verschiedene Anfrage zu antworten. „Der Ton macht die Musik“, heißt es; und das stimmt auch so: Wenn der Ton, das *Wie* stimmt, läßt sich eine Kritik, eine Mahnung leichter annehmen als in unserem beschriebenen ersten Beispiel.
Wer von uns ist nicht schon einmal in eine solche Situation gekommen, die viel Fingerspitzengefühl von ihm verlangt hat. Da gilt es, genau hinzusehen auf die jeweilige Stimmung meines Gegenübers, ob er sich vielleicht gerade in einer angestrengten Phase befindet ... Wir können jedenfalls viel durch unser Wort, das wir sprechen, bewirken; es kann niederdrücken oder aufmuntern, trösten, helfen, aber auch verzweifelt machen. So benötigen wir selbst mehr denn je eine Person, die uns vorlebt, wie ich richtig reagieren kann in solchen Situationen. Ein Beispiel gibt uns das heutige Evangelium. Es ist eine Heilungserzählung, in der Jesus einem Taubstummen zu seiner Sprache und seinem Gehör verhilft. Jesus hat hier keine Scheu; er begegnet dem Kranken sehr offenherzig, ja berührt ihn sogar an seinen wunden Stellen. Die

Menschen haben wohl nicht mehr weitergewußt und diesen Mann an Jesus verwiesen.
Jesus will uns in diesem Evangelium zeigen, daß er *für* die Menschen gesandt ist, ihnen das er-lösende und be-freiende und heilende Wort Gottes zuzusprechen, denn so wird Gottes Reich unter den Menschen lebendig. Schließlich können die Menschen nur staunend mit dem Zitat aus der Schöpfungserzählung darauf reagieren: Ja, er hat alles gut gemacht.
Auch heute soll dieses Wort Bedeutung haben, denn Gottes Schöpfung besteht und wächst durch die Zeiten fort. Wenn wir heute den Menschen die tröstenden Worte Gottes zusprechen, wächst seine Schöpfung; sie wird gut, weil Gottes gutes Wort *durch uns* weiterwirken kann.
So möchte ich uns für die kommende Woche wünschen, daß wir in unserem Denken, Reden und Tun das gute Wort Gottes auf unseren Lippen führen, damit die Menschen in ihm die Er-lösung, Be-freiung und Heilung erfahren. Amen.

Fürbitten

Gott, unser Vater, in Jesus von Nazaret hast du uns dein ewiges Wort geschenkt. Durch seine Botschaft und sein Leben hat er uns dich als den menschenfreundlichen Gott nahegebracht. Als seine Gemeinde versammelt, rufen wir zu dir:

- Schenke deiner Kirche immer wieder deinen lebendigen Atem, der sie antreibt und der Welt deine Botschaft weitersagen läßt.
- Laß alle Verantwortlichen in Politik und Wirtschaft die Zeichen der Zeit wahrnehmen und nach Wegen einer gerechten Lösung der Probleme für die Nationen suchen.
- Öffne unsere verstockten Herzen für dein Wirken unter uns, damit die Bedrängnisse der Zeit uns nicht die Sicht zu dir verstellen.
- Stehe den Taubstummen und allen Behinderten in ihrer Not bei. Laß ihnen Menschen begegnen, die sie akzeptieren und annehmen.
- Rufe unsere Verstorbenen aus ihren Gräbern, führe sie zur Auferstehung, und laß sie teilhaben an deiner himmlischen Herrlichkeit.

Gott, alles geht auf dich zu, und alles hat in dir seinen Anfang, denn du bist Ursprung und Ziel zugleich. Schenke uns auch weiterhin dein Geleit. So preisen wir dich durch Jesus Christus, deinen Sohn, im Heiligen Geist, jetzt und in alle Ewigkeit. Amen.

Wort für die Woche
Im Evangelium heilt Jesus den Taubstummen und öffnet ihm seine Ohren. In diesem Gottesdienst bin ich ihm begegnet und habe sein Wort in mein Herz aufgenommen. Es tut mir sicher gut, wenn ich mir ab und zu Zeit zur Stille gönne, damit sich dieses Wort in mir „festsetzen“ kann. Dann werde ich erfüllt sein von seinem Wort, das mich befähigt, auch anderen dieses Wort der Er-lösung weiterzusagen.

Liedvorschläge
Eröffnung: 270, 1+3 oder 505, 1-3
Kyrie: 270, 4
Gloria: 486
Antwortgesang: 521
Halleluja: 530, 1
Credo: 489
Übertragung: 546, 1-3
Agnus Dei: 502
Dank: 637, 1-3

Jürgen Schwarz

24. Sonntag im Jahreskreis

Botschaft
Glaube verlangt danach, auch in die Gesellschaft hinein gesagt und in ihr gelebt zu werden. Deshalb sind Christen aufgefordert, in der Gemeinschaft aller Menschen ihre Werke zu tun und ihren Glauben zu verkünden, das heißt, sich auch an der Politik zu beteiligen.

Lesungen
Jes 50, 5-9a
Jak 2, 14-18
Mk 8, 27-35

Einleitung

Die Politik, so heißt es, steckt heute in einer großen Krise. Es scheint wohl eher eine Krise der Glaubwürdigkeit der Politikerinnen und Politiker zu sein. Es ist nicht nachvollziehbar, wenn von anderen Opfer verlangt werden, aber gleichzeitig immer wieder Skandälchen und Skandale um Bereicherungen durch PolitikerInnen bekannt werden. Aber wir brauchen gar nicht den Splitter im Auge des anderen zu suchen.

Dies geschieht im „Kleinen" bei uns oft nicht anders: Wir reden so und handeln anders, wir sagen, wir stehen zu jemandem, und lassen ihn dann doch bedenkenlos fallen.

Denken wir zu Beginn dieses Gottesdienstes darüber nach, wie es mit der Übereinstimmung unseres Redens mit unserem Handeln in den vergangenen Tagen ausgesehen hat.

Kyrie

Herr Jesus, du hast die Frohbotschaft gepredigt.
Herr, erbarme dich.

Du hast den Menschen diese Botschaft durch Taten bezeugt.
Christus, erbarme dich.

Du rufst die Gläubigen, dir in Wort und Tat zu folgen.
Herr, erbarme dich.

Zugangsweise zum Schrifttext

- Vom Text her
  Der Verfasser des Jakobusbriefes legt hier den Zusammenhang von Glaube und Werken dar. Dabei grenzt er sich von reiner Frömmelei und reinem Aktionismus ab. Er betont den Zusammenhang von „Kampf und Kontemplation".
- Vom Leitgedanken des Gottesdienstes
  Von Politikern werden Äußerungen von Christen bzw. der Kirchen gerne als Einmischung in innere Angelegenheiten verstanden. An diesen Punkten wird häufig das Verhältnis Glaube und Politik thematisiert und kritisch hinterfragt. Die Stelle aus dem Jakobusbrief (oder auch die Frage nach der Steuermünze = Mt 22, 15-22) kann eine Antwort darauf sein.
- Von einem Symbol
  Bibel und Tageszeitung: Erst wenn sie gemeinsam gelesen werden, wird der Glaube lebendig.

- Von einer Geschichte
  Bertolt Brecht soll die Christen gefragt haben: „Wie lebt man, wenn man glaubt, was ihr sagt?“
- Von einem persönlichen Erlebnis
  Menschen wie Gemeinschaften (z.B. Sekten), die zwar fleißig predigen oder beten, aber davon nichts durch ihre Werke erfahrbar werden lassen, erscheinen unglaubwürdig.

Predigt

Sie kennen wahrscheinlich einige dieser „Was ist der Unterschied?“-Witze. Einer von ihnen lautet: „Was ist der Unterschied zwischen einem Pfarrer und einem Wegweiser? Die Antwort lautet: Es gibt keinen. Beide weisen den Weg, aber sie gehen ihn nicht.“

Darin steckt schon ein heftiger Vorwurf, der hier letztlich nicht nur gegen Pfarrer, sondern wohl gegen alle Christen geäußert wird. Sie weisen den Weg, aber sie gehen ihn nicht. Das heißt wohl, Christen wissen oft, wo es langgeht, sie wissen Orientierung und verkünden sie auch, aber sie gehen selbst nicht den Weg, den sie anderen gewiesen haben. Eine Erfahrung, die gleichermaßen vertraut wie ärgerlich ist: Mitchristen, die sich als Moralapostel oder Besserwisser gebärden, aber wenn es Hacke auf Spitze kommt, ist nicht viel dahinter. Einen solchen Menschen zu erleben wirkt enttäuschend. Da redet einer, aber lebt es nicht, oder wie das Sprichwort sagt: Da predigt einer Wasser und trinkt selbst den besten Wein.

Wie kann es zu einem solchen Verhalten kommen? Wie kann es geschehen, daß Menschen – oft sogar wohlmeinend – Wasser predigen, sich zum Richter über andere aufspielen, aber mit der Umsetzung in ihrem eigenen Leben hapert es.

Eine Hilfestellung bei dieser Frage kann uns die Lesung aus dem Jakobusbrief geben. Die Gemeinde, an die der Verfasser des Jakobusbriefes schrieb, hatte da offensichtlich auch einige Probleme. Da scheint es Menschen gegeben zu haben, die sich im Besitz des Glaubens wähnten, anderen fleißig den Frieden wünschten. Aber sie haben offensichtlich nicht die Not der anderen in ihrer Gemeinde gesehen, nicht, daß den anderen Kleidung und Nahrung fehlte.

Für diese Menschen hat der Verfasser des Jakobusbriefes klare Worte bereit: „So ist auch der Glaube für sich allein tot, wenn er nicht Werke vorzuweisen hat.“ Damit meint der Schreiber des Briefes sicher nicht, daß man sich durch Werke, durch wilden Aktionismus und Sammeln guter Werke allein, gerecht machen könne: kein „veruntreuter Himmel". Die Mahnung an die Aktivisten folgt auf dem Fuße: „Nun könnte einer sagen: Du hast Glauben, und ich kann die Werke vorweisen; zeig mir den Glauben ohne die Werke, und ich zeige dir meinen Glauben *aufgrund* der Werke."

Im Klartext heißt das: Es gibt zwei Pole, den Glauben und die Werke. Und es gibt zwei Fehlformen: sich nur auf seinen Glauben zu verlassen – ohne Werke, oder sich nur auf die Werke zu verlassen – und dabei den Glauben aus den Augen zu verlieren. Beides führt in eine Sackgasse, wird für die Mitmenschen unglaubwürdig: die fromme Betschwester, die die Realität um sich herum nicht mehr wahrnimmt, genauso wie der Pfarrgemeinderatsvorsitzende, der vor lauter „Ich muß was auf die Beine stellen in meiner Pfarrei" lieblos und zum Lokalfürsten wird.

Der Verfasser des Jakobusbriefes will uns klarmachen: Beides gehört zusammen: der Glaube, das Wissen um meine Wurzel, das Leben aus der frohen Botschaft, die Werke, das Handeln, das aus der Liebe entspringt, die Tat, die aus Liebe zum Mitmenschen geschieht. Wo dies zusammenkommt, wird Glaube, werden Christen glaubwürdig und für andere anziehend. So entsteht interessantes und missionierendes Christentum.

Es kann uns als einzelnem Christ, ebenso wie als Gemeinde von Christen, deshalb nicht egal sein, was um uns herum geschieht. Es kann mir nicht egal sein, wie es meinem Nachbarn geht, und es kann uns als Gemeinde nicht egal sein, was in meinem Dorf oder meiner Stadt oder auch in der Welt geschieht, ob es gerade Frieden gibt oder Krieg, ob gerade Menschen benachteiligt werden oder nicht.

Es kann ein Geschenk an unsere Mitmenschen sein, wenn wir uns als Christen einmischen in das Gemeinwesen, teilnehmen an der Politik unserer Städte oder Dörfer, weil wir im Glauben, in der Frohbotschaft Jesu Christi, eine Grundlage und Orientierung für unser Handeln haben. Und die kann für andere sehr wohltuend sein, wenn sie spüren, daß da einer lebt, was er sagt: eben Wasser predigt und tatsächlich auch Wasser trinkt. Ein solcher Mensch ist als Mensch und als Christ glaubwürdig und kann etwas lebendig werden lassen von den Möglichkeiten liebevollen Zusammenlebens, wie sie Gott uns in der Botschaft der Heiligen Schrift gezeigt hat.

Fürbitten

Gott hat uns die Freiheit geschenkt, zu leben und zu handeln, wie wir es für uns entscheiden. Dabei machen wir Fehler oder treffen manchmal falsche Entscheidungen, die unseren Lebensweg und den anderer beeinflussen. Es ist deshalb gut, daß wir zu unserem Vater kommen dürfen und ihm unsere Bitten für unser Zusammenleben vortragen können.

- Für diejenigen, die sich zurückgezogen haben, die verbittert sind über die Welt und was in ihr geschieht. Laß sie Menschen und Hilfen finden, die ihnen die Augen für ihre Mitwelt öffnen.
- Für diejenigen, die in eine Sekte oder Glaubensgemeinschaft geraten sind, die sich von anderen abkapselt oder die Welt verteufelt. Laß sie die Augen der Liebe wiederentdecken, die ihnen helfen, wieder offen zu werden für andere.
- Für diejenigen, die in Aktivitäten und Arbeit verhaftet sind. Laß sie zurückfinden zu ihren Wurzeln und zu einem freudigen Lebensstil.
- Für diejenien, die darunter leiden, daß sie in ihrem Leben Glauben und Handeln nicht zur Übereinstimmung bringen. Laß sie Geduld mit sich haben, damit sie daran nicht verzweifeln und Wege zu sich selbst finden können.
- Für unsere Verstorbenen: Laß sie in jenem Frieden leben, den die Welt mit ihren Spannungen nicht geben kann.

Guter Gott, du hast uns den Glauben geschenkt, damit wir durch ihn leben und anderen Wege zum Leben zeigen. Bleibe du uns nahe, wenn wir versuchen, unser Handeln an den Maßstäben auszurichten, die deine Liebe zu uns gesetzt hat. Darum bitten wir heute und alle Tage. Amen.

Kommunionmeditation / Wort für die Woche

„Unser Christsein wird heute nur in zweierlei bestehen: im Beten und im Tun des Gerechten unter den Menschen. Alles Denken, Reden und Organisieren in den Dingen des Christentums muß neu geboren werden aus diesem Beten und aus diesem Tun.“

Dietrich Bonhoeffer

Liedvorschläge

Eingang: 637
Kyrie: 523
Antwortgesang: 624
Credo: 644
Übertragung: 558
Agnus Dei: 435
Kommunion: 503
Dank: 618
Auszug: 277

Michael Pfrang

25. Sonntag im Jahreskreis

Botschaft

Groß in den Augen Gottes ist der, der sich auf die Seite der Kleinen stellt.

Ziel

Größter/Erster sein wollen – Letzter/Diener sein sollen: Nicht ohne Grund dürfte diese Gegenüberstellung des Evangeliums bei vielen ZuhörerInnen auch ungute Assoziationen hervorrufen: Aufforderung zur Unterwürfigkeit, Verzicht auf begründete Rechte, Klischee eines schwächlichen Jesus ... Gegenüber solchen verbreiteten Mißdeutungen möchte ich die ZuhörerInnen darauf aufmerksam machen, welche provokative Kraft hier im Reden und Tun Jesu aufleuchtet. In dieser Entdeckung liegt zugleich ein Appell an das eigene Verhalten.

Lesungen

Weish 2, 1a.12.17-20
Jak 3, 16 - 4,3
Mk 9, 30-37

Einleitung

„Ich bin der Größte!", sagte er von sich: Cassius Clay alias Muhammad Ali, vor 30 Jahren Boxweltmeister im Schwergewicht. „Ich bin der Größte!" Am größten, stärksten, mächtigsten, am beliebtesten oder auch am schönsten zu sein – Wünsche, wahrscheinlich so alt wie die Menschheit selbst: an der Spitze sein wollen, ganz oben – das gehört zum Menschen dazu.
So gesehen ist das Evangelium heute ziemlich weltfremd. Wer Erster sein wolle, heißt es da, solle Letzter und Diener aller sein. Das ist weltfremd, ohne Zweifel, das ist gegen die normale Ordnung. Aber vielleicht ist das Evangelium ja genau dazu da: unsere „normale" Ordnung immer wieder in Frage zu stellen. Deshalb lesen wir Sonntag für Sonntag aus den Evangelien vor: damit wir nicht vergessen, daß die „normale" Ordnung dieser Welt nicht die einzige Ordnung ist, daß es auch einen anderen Maßstab gibt.
Besinnen wir uns, nach welchem Maßstab wir unser Leben ausrichten.
– Stille –

Kyrie

Herr Jesus Christus, du bist uns nahe und doch so fern.
Herr, erbarme dich.

Du sprichst zu uns, doch wie oft bleibt dein Wort uns fremd.
Christus, erbarme dich.

Du lädst uns ein, dir auf deinem Weg zu folgen.
Herr, erbarme dich.

Der gute Gott erbarme sich unser, er öffne unser Ohr und unser Herz, damit wir in dieser Feier ihm begegnen. Amen.

Zugangsweise zum Evangelium

Der heutige Evangeliumstext besteht aus zwei Teilen, die nur auf den ersten Blick wenig miteinander zu tun haben. Beide Male geht es um den „anderen Weg" Jesu.

1. Schwierige Zeiten wecken die Sehnsucht nach dem „starkenMann"
2. Auch zur Zeit Jesu ist diese Sehnsucht verbreitet:
   ein Mächtiger, der das Reich Davids wiederherstellt
3. Mit Jesus zum eindrucksvollen Erfolg?
   Die erste Provokation Jesu: Sein Weg führt ins Leid
4. Der Jüngerstreit: Wer ist der Größte?
   Die zweite Provokation Jesu: am größten ist der Diener
5. Ein Lob der Schwächlichkeit? Nein!
   Größe bedeutet: sich auf die Seite der Kleinen stellen
6. Verstehen wir besser als die Jünger damals?

Predigt

Wenn die Zeiten unsicher sind, die Probleme übermächtig werden, wenn Menschen nicht wissen, wie es weitergehen soll, dann taucht immer wieder *eine* Idee auf: die Hoffnung auf den „starken Mann", der die Zweifel beendet, die Lösung weiß, die Schwierigkeiten beiseite räumt, der alles gutmacht ...
Solche Gedanken sind nicht erst in unserem Jahrhundert aufgetaucht. Auch zur Zeit Jesu – als Israel unter der römischen Besatzungsmacht stöhnte –, auch damals lagen solche Sehnsüchte in der Luft: Es müßte einer kommen, einer – so groß, so stark, so mächtig wie einst der König David –, stark genug, um die Römer aus dem Land zu jagen, groß genug, um das alte Reich wieder aufzurichten ...
Als Jesus in der Öffentlichkeit auftritt, da bekommen diese Hoffnungen

neue Nahrung. Nicht wenige meinen: *Er* könnte es sein. *Er* hätte das Zeug dazu. Auch unter seinen Freunden, denke ich mir, haben nicht wenige davon geträumt: von neuem Glanz, von neuer Macht, von neuer Größe für ihr Volk Israel – und für sich selbst.
Jesus hat ihre Wunschträume wohl gekannt, denn er nimmt sie beiseite, um mit ihnen zu reden:

Macht euch nichts vor, sagt er. Täuscht euch nicht! Ihr träumt von Glanz und Macht und Einfluß ... Ihr träumt, wovon alle träumen. Aber das ist nicht mein Weg. Mein Weg sieht anders aus. Er wird anders enden, als ihr euch das vorstellt. Ich sehe es kommen, immer deutlicher: Sie werden mich aus dem Weg räumen. Es paßt ihnen nicht, was ich sage; es paßt ihnen nicht, was ich tue. Versteht ihr? Umbringen werden sie mich – das ist mein Weg, kein Weg zu Glanz und Macht.

Aber sie haben ihn nicht verstanden, nichts haben sie verstanden.
Das ging über ihren Horizont. So etwas konnten sie sich einfach nicht vorstellen. Und so gehen sie gar nicht auf das ein, was Jesus da sagt, sie haben ganz andere Probleme: Sie träumen immer noch. Wer der Größte von ihnen ist, die Nummer eins, der Wichtigste – darüber diskutieren sie. Wer von ihnen am meisten zu melden hat – das ist ihr Problem. Und noch einmal versucht Jesus, *seinen* Weg deutlich zu machen:

Wenn es euch schon so wichtig ist, der Erste zu sein, dann will ich euch sagen, wie ihr das werdet. Wer wirklich – das heißt, wer in den Augen Gottes – der Erste sein will, der Größte, der Wichtigste, der soll der Letzte von allen und der Diener aller sein!

Was soll das heißen? Der Letzte von allen und der Diener aller?
Sich alles gefallen lassen? Immer nachgeben? Ja kein kritisches Wort? Immer den anderen das Feld überlassen? Denen, die keine Hemmungen haben, den Skrupellosen?
Was soll das heißen? Der Letzte von allen und der Diener aller?
Soll das heißen sich treten und ausnutzen lassen und zu allem Unrecht schweigen in der Hoffnung, Gott wird es reichlich vergelten?
Ich fürchte, er ist oft so verstanden worden, dieser Satz. Ich fürchte, er ist oft, allzuoft dazu mißbraucht worden, Menschen klein, schwach, wehrlos zu machen. Bloß: Davon steht nichts im Evangelium, kein Wort!
Wer wirklich der Erste sein will, der soll der Letzte von allen und der Diener aller sein. Jesus zeigt selbst, was er damit meint: Er holt ein kleines Kind und nimmt es auf den Arm.

Schaut euch dieses Kind an. Es ist klein, ungeschützt, hilflos, angewiesen auf andere. Wenn ihr groß sein wollt in den Augen Gottes, dann begebt euch nach unten, zu denen, die so sind wie dieses Kind: ungeschützt, hilflos, rechtlos, angewiesen auf andere – zu denen, die wenig gelten und kein Ansehen haben – zu denen, die jemand brauchen, weil sie keinen haben! (An ihnen ist kein Mangel, ihr müßt euch nur umschauen: aus ihrer Heimat Geflüchtete – vom Krieg Verfolgte – in ihre Einsamkeit Eingemauerte – Enttäuschte – Verbitterte – Alleingelassene ...)

Nicht dadurch, daß ihr euch alles gefallen laßt und jedes Unrecht schweigend hinnehmt, nicht dadurch werdet ihr „Letzter und Diener aller", nein, sondern dadurch, daß ihr euch auf die Seite derer stellt, die in dieser Welt die Letzten sind; wenn ihr eure Stimme denen leiht, die keine Stimme haben, wenn ihr euch zum Anwalt derer macht, die sich selbst nicht helfen können! Wenn ihr euch dazu nicht zu schade seid, dann seid ihr groß in den Augen Gottes.
Eines freilich muß euch klar sein: Groß in den Augen der Menschen werdet ihr damit kaum werden, auf Macht und Ansehen braucht ihr nicht zu hoffen. Das ist der Preis für meinen Weg.

Ob die Jünger Jesus damals verstanden haben?
Ob seine Kirche ihn später immer verstanden hat?
Ob wir ihn heute besser verstehen?

Großer Bruder Jesus – wie weit bist du uns allen voraus!

Fürbitten
Wir wollen beten zu unserem Herrn Jesus Christus, der auf uns zukommt in all denen, die ganz unten sind:

- Für die Menschen, die nichts vorzuweisen haben, die ohne Ansehen sind:
  daß wir uns nicht scheuen, sie anzusehen, sie anzusprechen und anzuhören.
- Für alle, die auf der Flucht sind, vor Hunger, vor Krieg, vor Verfolgung:
  daß sie Menschen finden, deren Tür und Herz offen ist.
- Für die Großen und Mächtigen:
  daß sie ihre Verantwortung nicht vergessen.
- Für unsere Toten, vor allem für jene, an die niemand denkt:
  Sei du an ihrer Seite!

Ja, Herr, darum bitten wir dich, der du einen jeden von uns angenommen hast, mit all unserer eigenen Kleinheit. Amen.

Wort für die Woche

„Wenn ich mächtig sein will, muß ich andere schwächen. Wenn ich groß sein will, muß ich andere klein machen" – diese Logik ist uns vertraut.

Die Größe Jesu war von anderer Art: Er hatte es nicht nötig, Menschen klein zu machen, um sich zu beweisen. In seiner Nähe konnten Menschen wachsen, konnten selbstbewußt, konnten „sie selbst" werden. Nicht auszudenken, wenn auch wir uns auf diese Art gegenseitig unsere Größe beweisen würden ...!

Liedvorschläge

Eingang: 183 oder 622
Antwortgesang: 521
Dank: 620 oder 300
Auszug: 257, 5+6

Stefan Warmuth

26. Sonntag im Jahreskreis

Botschaft

Der Text warnt uns davor, nicht mit neidischen, beleidigten oder abfälligen Blicken nach außen zu deuten, sondern wir sollen bei uns selbst bleiben und uns ständig korrigieren.

Ziel

Ich möchte den GottesdienstteilnehmerInnen klarmachen, daß der Text nichts mit Körperfeindlichkeit und Angstmacherei zu tun hat, sondern daß er in Bildworten anfragen will, ob unsere Glaubwürdigkeit Hand und Fuß hat.

Lesungen
Num 11, 25-29
Jak 5, 1-6
Mk 9, 38-43.45.47-48

Einleitung
Sind Christen bessere Menschen? Woran merkt man, daß jemand ein Christ ist? Die Jünger werden im heutigen Evangelium von Jesus hart hergenommen, weil sie neidisch auf einen anderen sind, der nicht zur Christengemeinde gehört und doch Gutes tut.

Kyrie
Gott, oft denken wir: Andere kümmern sich auch nicht, wieso immer ich. Andere machen sich das Leben viel leichter und haben es auch gut.
Herr, erbarme dich.

Gott, oft leben wir unseren Glauben als Beiwerk ohne Verpflichtung.
Christus, erbarme dich.

Gott, manchmal gehen Wort und Tat auseinander, bei uns persönlich, in unserer Gemeinde, in der Kirche. Du machst uns deutlich, worauf es im Christsein ankommt.
Herr, erbarme dich.

Zugangsweise zum Evangelium
1. Die Heilige Schrift enthält ziemlich brutale, angstmachende Sätze.
2. Erläuterung des Texthintergrundes: Situation der Jünger, die bisweilen unseren Erfahrungen entspricht: Unrechtsempfinden, das auftaucht, wenn jemand sich „mit fremden Federn schmückt“ oder wenn jemand einem die Idee klaut.
3. Jesus reagiert anders: Es kommt ihm darauf an, daß man „keinen um den Glauben bringen“ darf. Was heißt das?
4. Mit seinen harten Worten sagt Jesus den Jüngern unmißverständlich, worauf es ankommt: Lebt glaubwürdig! Der Text drückt das in drastischen Bildworten aus.
5. Glaubwürdigkeit und Echtheit sind das Schwierigste im Leben, aber auch der Kernpunkt.
6. Deutlichkeit schafft Orientierung im Leben.

Predigt

Einen Mühlstein um den Hals und ertränken, hack deine Hand ab, reiß dein Auge aus, hau deinen Fuß ab. Ziemlich brutale Sätze. Und das in unserer Heiligen Schrift. Dieser Text hat vielen angst gemacht, auch wurde er lange Zeit zur Begründung einer unchristlichen Körperfeindlichkeit hergenommen. Grund genug, den Hintergrund dieses Bibeltextes genauer anzuschauen. Stellen Sie sich vor, Sie wären einer der Jünger Jesu und zögen durch die Lande. Sie sind begeistert von Jesu Botschaft und haben eine super Idee, andere Menschen mit Taten zu überzeugen. Und als Sie sich umdrehen und anfangen wollen, Ihre Idee zu verwirklichen, sehen Sie doch tatsächlich einen, der nicht zu Ihnen gehört, der mitten auf dem Marktplatz steht und genau Ihre Super-Idee verkauft. Verkauft sie als seine, und erntet damit noch Riesenerfolg bei den Leuten. So etwas verletzt ganz schön. Und genau so ging es den Jüngern. Sie sind explodiert. Sie laufen zu Jesus und sagen: Meister, wir sahen, wie jemand, der uns nicht nachfolgt, in deinem Namen Dämonen austreibt, und wir wollten ihn daran hindern, weil er uns nicht nachfolgt. Es ist so etwas wie das Unrechtsgefühl, das sich bei manchen von uns bereits einstellt, wenn sich vielleicht einer an eine Stadtführung o.ä. anschließt, obwohl er nicht bezahlt, oder die Vorzüge eines Vereins nutzt, ohne Mitglied zu sein. Aber Jesus schwenkt nicht in das Fahrwasser der Jünger ein. Er sagt – wohl zum Ärger der Jünger: Hindert ihn nicht. Keiner, der in meinem Namen Wunder tut, kann so leicht schlecht von mir reden. Ich sage euch: Er wird nicht um seinen Lohn kommen. Das muß die Jünger ziemlich geärgert haben, da stiehlt ihnen jemand die Show, und dann sagt Jesus noch, er wird dafür belohnt werden. Und ich denke, gerade weil sie so aufgeregt waren, gerade weil das ja nur allzumenschliche Regungen sind, die einem in einem solchen Fall hochkommen, redet er in harten und unmißverständlichen Worten weiter: Wer einen einfachen Gläubigen um seinen Glauben bringt, für den wäre es besser, mit einem Mühlstein um den Hals im Meer ertränkt zu werden. Darauf kommt es ihm an. Keinen, wirklich niemanden darf man um den Glauben bringen, alles, nur das nicht. Was heißt das? Wenn ein Mensch gläubig wird, dann wird er das in der Regel nur, wenn er in seiner Umgebung irgendeinen hat, der auch glaubt, irgendeinen, bei dem er sieht: Das ist o.k., der steht mit seiner Person dahinter, der überzeugt mich, der ist glaubwürdig. Und da sind wir im Zentrum der Aussage gelandet: Mit seinen harten Worten sagt Jesus den Jüngern unmißverständlich: Lebt glaubwürdig!! Entweder ihr macht Nägel mit Köpfen, oder das Ganze hat keinen Sinn. Jesus wird hier sehr drastisch. Lieber ein

Auge ausreißen, als dadurch unglaubwürdig zu sein. Und dann noch die Beispiele der abzuhackenden Hand und des Beines. Im wahrsten Sinn des Wortes schneiden diese Sätze ganz schön ins Fleisch – auch heute noch. Noch einmal: Dieser Text hat nichts mit Körperfeindlichkeit und Angstmacherei zu tun. Er will nur in allerdeutlichsten Bildworten unsere Glaubwürdigkeit anfragen. Die Jünger sollen nicht mit neidischen, beleidigten oder abfälligen Blicken nach außen deuten, sondern sie sollen bei sich bleiben, sollen sich selbst hart hernehmen und sichtbar korrigieren. Das kann heute heißen: Mit unserer, mit meiner, mit Ihrer Glaubwürdigkeit steht und fällt der Glauben unserer Gemeinde, unserer Kirche. Unsere Glaubwürdigkeit ist das A und O. Es ist hart, das so deutlich vor Augen zu haben. Denn wenn ich ehrlich bin, muß ich persönlich gestehen, daß ich es so manches Mal an Glaubwürdigkeit habe fehlen lassen ... Glaubwürdigkeit und Echtheit sind mit das Schwierigste im Leben, aber auch genau der Punkt, den Jesus so heftig einfordert. Glaubwürdig zu sein in unseren Versprechungen, angefangen von kleinen Gefälligkeiten, die wir versprechen, bis hin zur Steuererklärung. Glaubwürdigkeit, die deutlich wird im Einsatz für etwas, was mit mehr zu tun hat als nur mit meiner eigenen Person, sei es nun eine Initiative für Gerechtigkeit, ein Arbeitskreis zum Umweltschutz oder Nachbarschaftshilfe. Glaubwürdig sein, indem ich nicht tatenlos zusehe, wie Unrecht begangen wird, angefangen von einem Streit zweier Kinder auf der Straße, an dem wir doch häufig vorbeigehen und uns ablenken mit dem Gedanken: „Es sind ja nicht meine ...“, bis hin zum mutigen Einschreiten gegen Ausländerfeindlichkeit.
Ich habe mich gefragt, wie sich die Jünger wohl gefühlt haben, nachdem Jesus ihnen so scharf die Leviten gelesen hat. Ich nehme an, sie waren ziemlich beschämt, beschämt über ihren Stolz, erschrocken über die Härte Jesu, obwohl sie sich doch sicher redlich und mit Eifer bemüht haben. Ich fühle ähnlich. Muß es denn wirklich so hart sein? Und doch: Ein deutliches Wort hallt auch deutlich nach, und wenn ich ehrlich bin, schätze ich es, wenn einer gerade in wichtigen Dingen des Lebens nicht so um den heißen Brei herumredet, sondern deutlich sagt, worauf es ankommt.

Fürbitten

Guter Gott, du zeigst allen deine Güte. Wir bitten dich:

– Hilf uns, von dir zu lernen, mit Menschen so umzugehen, daß wir nicht vor Neid und Mißgunst die Ansätze zu guten Werken zerstören.

– Hilf uns, Andersgläubigen und Nichtgläubigen freundlich und anerkennend zu begegnen, und stärke gleichzeitig unser Ringen um unsere eigene christliche Glaubwürdigkeit.
– Mach uns offen für die Fragen, die andere an uns stellen. Und mach uns selbst unsicher und fragend nach dem Christlichen, das in unserem Leben ist.
– Gib uns Mut, unseren Glauben zu bezeugen und sichtbar zu machen. In Verzicht und Selbstlosigkeit, im Hoffen und Nicht-locker-Lassen, wo andere längst das Handtuch werfen.

Guter Gott! Du hast uns in Jesus gezeigt, wie groß deine Güte zu allen Menschen ist. Laß uns deine Liebe spüren, damit man es uns ansieht, daß wir von dir angesteckt sind und dir nachfolgen. Die Kraft dazu erbitten wir von Jesus Christus, unserem Bruder und Herrn. Amen!

Wort für die Woche
Unser Christsein erweist sich an unserer Glaubwürdigkeit. Unser Leben bekommt Hand und Fuß, wenn wir immer wieder versuchen, den Blick nicht abwertend auf andere zu werfen, sondern unsere eigenen Maßstäbe durch das Wort Jesu zu korrigieren.

Liedvorschläge
Eingang: 889, 1-2
Gloria: 264
Antwortgesang: 520, 1+2
(Nach der Predigt betet die Gemeinde den Psalm 119A = GL 750)
Agnus Dei: 492
Dank: 291
Schluß: 266

Monika Schraut

27. Sonntag im Jahreskreis

Botschaft
Gottes Gebote (auch in bezug auf die Ehe) sollen den Menschen helfen. Sie sollen ein gelingendes Leben ermöglichen.

Ziel
Ich möchte verdeutlichen, was Jesus mit seinem Ehescheidungsverbot ausdrücken wollte und wozu die Ehe nach christlichen Maßstäben dient.

Lesungen
Gen 2, 18-24
Hebr 2, 9-11
Mk 10, 2-16

Einführung
Die Ehe beherrscht immer wieder die Diskussion in unserer Gesellschaft. Die Anzahl der Eheschließungen, die steigenden Zahlen bei den Scheidungen, die Diskussion um eheähnliche Gemeinschaften, die Forderungen nach Gleichstellung nichtehelicher Lebensgemeinschaften. Es gibt viele Themen, über die es sich zu reden lohnt. Und auch die Kirche hat den Auftrag, sich bei den Diskussionen um die Ehe zu beteiligen, die für uns Christen ja eine besondere Bedeutung hat. So wollen wir in diesem Gottesdienst die Bedeutung der Ehe besonders herausstellen.

Kyrie
Herr Jesus Christus, du liebst uns als ganze Menschen, als Mann und Frau.
Herr, erbarme dich.

Du segnest den Bund der Ehe und schützt die Liebenden.
Christus, erbarme dich.

Du stehst aber gerade auch den Menschen zur Seite, deren Ehe und Liebe zerbrochen ist.
Herr, erbarme dich.

Zugangsweise zum Evangelium
1. Wagnis der Eheschließung:
   - Hohe Scheidungszahlen
   - Scheitern schon programmiert?
2. Katholisches Eheverständnis: Ernsthaftigkeit, Dauerhaftigkeit
3. Konkrete Aussage Jesu:
   - Scheidungsurkunde nach Dtn
   - Scheidungspraxis zur Zeit Jesu: Rabbi Schammai und Rabbi Hillel
   - Jesus wendet sich gegen Fehldeutungen der Scheidungspraxis: Klares und strenges Wort

4. Erfahrungen:
   - Menschen entwickeln sich – manchmal auch auseinander
   - Möglichkeit des Scheiterns und damit der Trennung ist da
5. Pastorale Folgerungen:
   - Veränderte Sicht der Problematik der wiederverheirateten Geschiedenen
   - Gemeinde muß Räume für gescheiterte Beziehungen schaffen
   - Das Scheitern bekommt einen Platz, weil es zu unserem Leben dazugehört
6. Gottes Gebote sollen dem Menschen helfen
7. Gemeinde: Liebe untereinander und Sorge füreinander als Maßstab
8. Jesus will, daß wir glücklich sind, gerade auch in der Ehe.

Predigt

Manche Paare können vor ihrer Hochzeit den Satz hören: „Ihr traut euch was." Und den Zahlen nach scheint es auch ein großes Wagnis zu sein, heute zu heiraten; denn bis zu einem Drittel aller geschlossenen Ehen wird bei uns im Laufe der Jahre wieder geschieden; in den USA sollen es sogar über 50% der Ehen sein. Wenn man diese Statistik hört, dann kann man verstehen, daß manche Leute die Heirat als ein Wagnis ansehen.

Wir katholischen Christen sagen dann auch sehr schnell, daß vielen Menschen heute das katholische Eheverständnis von vornherein fehlt; sie sehen alles viel zu locker und nehmen eine solche eheliche Bindung auf die leichte Schulter. Jedoch denke ich, daß dies nur teilweise zutrifft und sozusagen nur die halbe Wirklichkeit ist.

Dank des Neuen Testamentes glauben wir, ganz genau Bescheid zu wissen; denn selten hat sich Jesus in einer Sache so konkret geäußert wie beim Eheverständnis. Wie konnte es eigentlich dazu kommen, daß Jesus so detailliert Stellung bezieht? Wie wir im Buch Deuteronomium nachlesen können, gab es im Judentum die Möglichkeit, daß ein Ehemann seiner Frau eine Scheidungsurkunde ausstellen konnte. Jedoch wurde dies immer als der allerletzte mögliche Schritt gesehen. Die Möglichkeit des Mißbrauchs dieser Regelung war durchaus gegeben, und zur Zeit Jesu gab es heftige Kontroversen in den Rabbinerschulen wegen der Auslegung dieser Anweisung. Während Rabbi Schammai und seine Anhänger sich ernsthaft bemühten, diese Vorschrift möglichst eng zu fassen, legten Rabbi Hillel und seine Schule diese Scheidungsmöglichkeit sehr großzügig aus. Das konnte dahin führen, daß ein Mann sich wegen einer Alltäglichkeit, über die er sich geärgert hatte, von seiner Frau

trennen konnte. Rabbi Hillel hatte offensichtlich diese mosaische Anweisung gründlich mißverstanden, was verständlicherweise zu katastrophalen Auslegungen in manchen Teilen des Judentums führte.
Gegen diese Fehlentwicklungen geht Jesus vor. Er warnt seine Mitmenschen vor Leichtfertigkeit beim Umgang mit der Ehe. Aber ich glaube nicht, daß Jesus wollte, daß Menschen auf Gedeih und Verderb zusammenbleiben. Wir Menschen sind Wesen, die sich ständig weiterentwickeln. Da kann es durchaus auch passieren, daß zwei Eheleute sich im Laufe der Zeit weit auseinanderentwickeln. Die Möglichkeit des Scheiterns – auch einer ehelichen Beziehung – ist also durchaus gegeben. Und da kann es doch keinesfalls Gottes Wille sein, daß solche Menschen für immer zusammenbleiben und sich gegenseitig das Leben schwermachen.
Unser katholisches Eheverständnis ist auf Treue, Ernsthaftigkeit und Dauerhaftigkeit aufgebaut. Nicht der äußere Pomp einer kirchlichen Trauung ist wichtig, sondern daß zwei Menschen ihre Liebe zueinander in einem Bund unter den Segen Gottes stellen. Dennoch gibt es meines Erachtens auch unter solchen Voraussetzungen immer noch die Möglichkeit des Scheiterns und der Trennung. Vielleicht hat es diese Möglichkeit auch für Jesus gegeben; nur wollte er eventuell die Betonung seiner Anweisung wegen der vorherrschenden Praxis im Judentum anders setzen.
Diese Gedanken ziehen natürlich einige wichtige pastorale Schlußfolgerungen nach sich. Die Problematik des Umgangs mit wiederverheirateten Geschiedenen in unseren Gemeinden wird dadurch in ein neues Licht gestellt. Des weiteren sollte es doch gerade in unserem christlichen Umfeld möglich sein, daß wir auch Raum für gescheiterte Beziehungen schaffen. Wenn nur das Glück, die Freude und das Gelingen in bezug auf die Ehe bei uns offenbar werden dürfen, würden wir einen wichtigen Teil an Lebenserfahrungen, die oft sehr schmerzlich sind, ausklammern. Das Scheitern und der Umgang damit gehört auch zu unserem Leben dazu – dies sollte auch für die Ehe gelten. Schließlich sollten wir nie das eigentliche Ziel aus den Augen verlieren; nämlich daß Gottes Gebote den Menschen zu einem glücklichen und guten Leben verhelfen sollen. Wir als Gemeinde haben deshalb die Aufgabe, uns vor schnellen Verurteilungen und zu hohen moralischen Anweisungen zu hüten. Die Liebe untereinander und die Sorge füreinander kann uns dabei als Maßstab dienen. Wir können und sollten uns immer fragen, wie Jesus sich in einer solchen Situation verhalten hätte. Bei all unserem Denken und Tun sollten wir aber nie vergessen, daß Jesus letztendlich will, daß wir glücklich sind oder glücklich werden, gerade auch in der Ehe.

Fürbitten

Guter Gott, du hast den Menschen als Mann und Frau geschaffen. Dich bitten wir voll Vertrauen und Zuversicht:

- Für alle Eheleute: Beschütze sie auf ihren gemeinsamen Lebenswegen, und stärke sie in ihrer Liebe.

  Gott, du Schöpfer aller Dinge.
  A: Wir bitten dich, erhöre uns.

- Für alle Männer und Frauen, deren eheliche Liebe gestört oder zerstört ist: Tröste sie in ihrem Schmerz, und laß sie nicht allein.
- Für alle Menschen, die sich auf die Ehe vorbereiten. Befreie sie von falschen Vorstellungen, und stärke sie in ihrer Ernsthaftigkeit.
- Für unsere Gemeinde: Schaffe in ihr auch Räume, in denen Menschen sich zu Hause fühlen können, die mit ihrem Lebensentwurf gescheitert sind.
- Für unsere Kirche: Hilf ihr, deine Ehegebote recht zu deuten und den Menschen zu verkünden.

Ja, du bist wirklich der Schöpfer aller Dinge. Du segnest unser Gelingen und verläßt uns nicht in unserem Scheitern. Dir sei Dank, jetzt und alle Tage und in Ewigkeit. Amen.

Liedvorschläge

Eingang: 289, 1
Gloria: 265, 1-3
Antwortgesang: 289, 2
Credo: 467
Agnus Dei: 470
Kommunion: 297
Dank: 266, 1+2
Auszug: 266, 3

Vorschläge für die Gottesdienstgestaltung

Es können Ehepaare vor dem Gottesdienst gefragt werden, was für sie wichtig ist, damit Ehe gelingen kann. Diese Antworten könnten im ersten Teil des Gottesdienstes oder nach der Kommunion vorgelesen werden.

Johannes Reuter

28. Sonntag im Jahreskreis

Botschaft
Gott hat uns für unseren Lebensweg Orientierungshilfen gegeben, seine Gebote wollen uns gut voranbringen.

Ziel
Ich möchte die Gläubigen ermutigen, die Gebote Gottes als Lebenshilfen zu entdecken.

Lesungen
Weish 7, 7-11
Hebr 4, 12-13
Mk 10, 17-27 (Kurzfassung)

Einleitung
„Manches auf der Welt wäre längst nicht so interessant, wenn es nicht verboten wäre" – so lesen wir zuweilen auf Spruchkarten. Das etwas ironische Wort spricht aber auch eine ernste Sache an: Gebote, Weisungen, Anordnungen erhalten oft gerade dadurch ihren Reiz, daß man ausprobieren kann, wie weit sie überschritten werden können. Gebote als Zwangsjacke?
Vielleicht ist uns ihre andere Seite etwas aus dem Blick geraten, daß sie uns im Grunde Hilfe fürs Leben sein wollen?
Nehmen wir uns die Zeit, diesen Gedanken auf uns wirken zu lassen.
– Stille –

Kyrie
Herr Jesus Christus, oft machen wir uns unsere eigenen Regeln so, daß es am vorteilhaftesten für uns ist.
Herr, erbarme dich.

Wir verstellen uns selbst oft den Blick für den Sinn deiner Weisungen.
Christus, erbarme dich.

Mit deinen Geboten begegnet uns die Lebensfreundlichkeit Gottes.
Herr, erbarme dich.

Guter Gott, du hältst für immer an dem Bund fest, den du mit dem Volk Israel am Sinai geschlossen und in Jesus Christus endgültig besiegelt hast.

Nimm von uns nun Sünde und Schuld, und laß uns in deiner Freude leben. Amen.

Zugangsweise zum Evangelium

1. Vom persönlichen Erleben her:
   - Dunkelheit, Nebel, einzige Orientierungshilfe die Begrenzungspfosten der Straße
   - die Leitpfosten als Hilfe, sicher voranzukommen
2. Vom Text her:
   - der junge Mann kennt die Gebote zu gut, sucht neue Herausforderungen
   - Jesus verweist ihn auf die Gebote, die Leitpfähle Gottes auf dem Lebensweg
   - die gesuchte Herausforderung bringt den jungen Mann ins Schleudern
3. Von unserer Lebenssituation her:
   - Nehmen wir die Gebote noch wahr?
   - im Alltag werden die „Leitpfosten" oft „umgefahren"
   - Beispiele: Notlügen, Ausreden, Kränkungen ...
4. Die Leitpfosten Gottes sind eine große Herausforderung, sicher auf dem Lebensweg voranzukommen.

Predigt

(Wenn möglich, aus der Straßenmeisterei einen Begrenzungspfosten holen und gut sichtbar aufstellen)

Sicher ist Ihnen die Situation gut bekannt: Sie müssen abends im Dunkeln noch Auto fahren, es ist dichter Nebel, die Straße wirkt noch schwärzer als sonst, der Mittelstreifen ist fast nicht zu sehen. Aber wenigstens stehen am Straßenrand die Begrenzungspfosten; ihre reflektierenden Lichter sind wie Hoffnungsschimmer, die einen etwas ruhiger vorwärtskommen lassen. Keiner von uns würde, besonders in dieser Situation, die Begrenzungspfähle als Maßnahme zur Beschneidung unserer Freiheit empfinden, sondern jeder wird sie dankbar als Hilfe verstehen, sicher auf der Fahrbahn zu bleiben. Bei normalen Straßenverhältnissen sehen wir sie oft gar nicht mehr bewußt, weil Weg, Zeit und Ziel unser Interesse beanspruchen. Ihre Wichtigkeit wird dann wieder klar, wenn wir von der Straße abkommen und im Graben landen. In einer ähnlichen Situation ist der junge Mann in unserem Evangelium. Von Jugend an mit den Geboten vertraut, sucht er nach neuen reizvollen Herausforderungen für seinen Weg mit und zu Gott, nach dem absolut

sicheren Treffer, der ihn garantiert zum Erfolg bringt. Doch Jesus weist ihn zunächst hin auf die Gebote, diese Leitpfähle Gottes für unseren Weg durch den Alltag. Auf mich wirkt der junge Mann mit seiner Antwort etwas gelangweilt: „Kenne ich doch schon." Und Jesus bietet ihm die Herausforderung seines Lebens: „Tu mehr, als die Weisungen verlangen, verkaufe deinen Besitz, und unterstütze die Armen." Ich spüre direkt, wie der junge Mann innerlich ins Schleudern kommt, die Notbremse zieht. So schnell und radikal hatte er es eigentlich doch nicht gemeint, die Herausforderung war doch zu groß. Er wendet sich ab, geht wieder zurück in seinen Alltag. Für ihn bietet sich so die Chance, durch das Korsett der Gewohnheit hindurch die Strahlkraft der Weisungen Gottes neu zu entdecken, um sich an ihnen zu orientieren.
Und wir? Nehmen wir die Gebote noch wahr? Oder haben wir uns an sie gewöhnt, sind sie uns allzu bekannt, gar lästig, so daß wir einen besonderen „Kick" für unser religiöses Leben brauchen?
Ich merke für mich, wie spannend es ist, diese Alltagsleitpfosten nicht umzurennen, nicht zwischen ihnen hindurch in den Graben des Lebens zu rutschen: Hier und da eine Notlüge, Ausrede, Unehrlichkeit, einen anderen Menschen kränken, verletzen, wie selbstverständlich das Eigentum eines anderen verwenden, ohne vorher zu fragen ... Ich glaube, diese Weisungen Gottes sind für mich Herausforderung genug. Ich bin froh, daß sie an meinem Lebensweg stehen, um mich vorwärtszuleiten auf meinem Weg mit und zu Gott.

Fürbitten

Gemeinsames Gebet: GL Nr. 29/6:
„Herr, mach mich zu einem Werkzeug deines Friedens".

Kommunionmeditation

„Die zehn großen Freiheiten"

Das 1. Gebot:
Du brauchst keine Angst zu haben!

Weder vor der Macht der Sterne – noch vor der Macht der Menschen –
weder um dein Geld – noch um dein Vergnügen –
Wenn du dein Herz an diese Dinge hängst,
wirst du zum Sklaven.
Ich, der allmächtige Gott, will dein Helfer sein.
Halte dich an mich, und du bleibst frei.

Das 2. Gebot:
Du brauchst mich nicht zu zwingen, dir zu helfen!

Weder durch fromme Leistungen – noch durch törichte Beschwörungen – weder durch scheinheiliges Gerede – noch durch christliche Bemäntelung deiner eigennützigen Ziele –
Denn das alles heißt: Schindluder treiben mit meinem Namen.
Ich, der allmächtige Gott, bin ganz freiwillig dein Freund.
Halte dich an mich, dein Gebet ist nicht vergeblich.

Das 3. Gebot:
Du brauchst dich nicht zu Tode zu hetzen!

Weder durch pausenlose Arbeit – noch durch eine pausenlose Vergnügungsjagd –
weder durch die Sorgen, die du dir machst – noch durch die Angst, du könntest etwas versäumen –
Das alles bringt dich nur in eine heillose Verkrampfung und nimmt dir alle Lebensfreude.
Ich, der allmächtige Gott, will dein Meister sein.
Halte dich an mich, und dein Leben wird Erfüllung finden.

Das 4. Gebot:
Du brauchst nicht in ständiger Auflehnung zu leben!

Weder gegen deine Eltern – noch gegen deine Lehrer –
weder gegen das, was Sitte ist – noch gegen das, was Gesetz ist –
Auflehnung gegen die guten Ordnungen des Lebens macht so unfrei wie Kadavergehorsam.
Ich, der allmächtige Gott, will dein Vater im Himmel sein.
Du kannst es dir leisten, dich in Liebe einzuordnen und so deine Freiheit zu gewinnen.

Das 5. Gebot:
Du brauchst die anderen nicht als Konkurrenten zu behandeln!

Denen man „zuvorkommen" muß – die man von sich abhängig machen muß –
die man beruflich und politisch oder persönlich „fertigmachen" muß –
So ein Verhalten ist kein Zeichen von Kraft und Tüchtigkeit, sondern von Schwäche und Angst.
Ich, der allmächtige Gott, will dein Beschützer sein.
Du kannst es dir leisten, deinem Nächsten leben zu helfen.

Das 6. Gebot:
Du brauchst dich nicht „auszutoben"!

Weder durch unsauberes Geschwätz – noch durch schwüle Tagträume –
weder, indem du dich selbst befriedigst – noch, indem du andere zu deiner Befriedigung mißbrauchst –
Bring dich nicht durch die Karikaturen der Liebe um die Freude der Liebe!
Ich, der allmächtige Gott, will Stifter deines Glückes sein.
Du kannst es dir leisten, auf den Menschen zu warten, den ich dir sende.

Das 7. Gebot:
Du brauchst dich nicht unehrlich zu bereichern!

Weder durch Diebstahl – noch durch Geschäftsbetrug –
weder, indem du den Nächsten – noch, indem du den Staat übers Ohr haust –
Was du dadurch an Besitz gewinnst, verlierst du an Frieden und Selbstachtung.
Ich, der allmächtige Gott, will dein Versorger sein.
Du kannst es dir leisten, zu geben, statt zu nehmen.

Das 8. Gebot:
Du brauchst nicht von der Wahrheit abzuweichen!

Weder, um den Nächsten schlechtzumachen – noch, um dein Versagen zu vertuschen –
weder zu deiner eigenen Bequemlichkeit – noch, weil andere es von dir verlangen –
Die Lüge macht das Zusammenleben der Menschen auf die Dauer zur Hölle.
Ich, der allmächtige Gott, habe Vertrauen zu dir.
Du kannst es dir leisten, Vertrauen zu schenken und zu schaffen.

Das 9. und 10. Gebot:
Du brauchst nicht neidisch zu sein!

Weder auf den Besitz der anderen – noch auf das Können der anderen –
weder auf die Güte der anderen – noch auf den Erfolg der anderen –
Der Neid auf die anderen nimmt dir die Freude am Eigenen.
Ich, der allmächtige Gott, bin der Geber guter Gaben für dich.
Du kannst es dir leisten, den anderen ihr Gutes zu gönnen.

Ernst Lange

Liedvorschläge
Eingang: 298, 1-5
Antwortgesang: 299, 1+4
Credo: 467
Kommunion: Instrumental, dann Meditationstext (s.o.)
Auszug: 263, 1.3.4

Vorschlag zur Gottesdienstgestaltung
Einen Straßenbegrenzungspfosten (zu bekommen in der Straßenmeisterei) gut sichtbar schon zu Beginn des Gottesdienstes aufstellen.

Eva-Angelika Herbst OP

29. Sonntag im Jahreskreis

Botschaft
Jesus vertritt den stark „herrschaftskritischen Anspruch" seiner Botschaft nicht nur gegenüber den Mächtigen unter den Juden, sondern gerade auch gegenüber seinen eigenen Anhängern. Gegen den Machtmißbrauch der weltlich und religiös Mächtigen stellt er den Dienst selbstloser (in diesem Sinne „sklavischer") Liebe. Diesen Dienst fordert er radikal und ausdrücklich von seinen Jüngern.

Ziel
Die GottesdienstteilnehmerInnen können sich und ihre konkrete Gemeindeerfahrung im Kreis der Jünger Jesu wiederfinden. Nicht einmal die leibliche Anwesenheit des Meisters – diese Erfahrung haben die Jünger von damals uns ja voraus – kann sie von kleingeistigen Rangstreitigkeiten und der Verkennung des Wesentlichen abhalten. Ihnen wie uns gilt es vor Augen zu führen, wie herrschaftskritisch und ausschließlich liebesdienstorientiert die Botschaft Jesu ist und die Nachfolge sein muß.

Lesungen
Jes 53, 10-11
Hebr 4, 14-16
Mk 10, 35-45 (Kurzfassung Mk 10, 42-45)

Einführung

Wer sich einsetzt, der hofft auf Anerkennung seiner Arbeit. Wer sich besonders einsetzt, hofft auch auf besondere Anerkennung, vielleicht sogar auf eine kleine Auszeichnung. Diese Hoffnung ist sehr menschlich, und sie ist auch berechtigt! Wir nehmen vieles in Familie und Arbeitswelt, in Gesellschaft und Kirche oft als zu selbstverständlich an, bleiben die notwendige Anerkennung und den Dank schuldig.
Wir hören heute von zwei ehrgeizigen Jüngern Jesu. Die Verdienste, die sie sich um seine Sache erworben hatten, die möchten sie gerne für sich ausschlachten. Jesus soll sie ihnen bei der Verteilung von Amt und Würden anrechnen. Wir kennen oder erahnen zumindest die Abfuhr, die Jesus ihnen erteilt. War ihre Hoffnung auf Anerkennung nicht berechtigt?

Kyrie

Guter Gott, wo liegt die Grenze zwischen gesundem und krankhaftem Ehrgeiz? Wir suchen Orientierung.
Herr, erbarme dich.

Jesus Christus, du machst das Schwache stark und das Kleine groß. Mit deinem ganzen Leben bist du ein Lehrer der Dankbarkeit, nichts anderes heißt ja Eucharistie. Welche Art von Dank dürfen deine Jüngerinnen und Jünger erwarten?
Christus, erbarme dich.

Guter Gott, Pöstchengerangel, eifersüchtige Rechthaberei und Machtmißbrauch sind uns in Familie, Arbeitswelt, Politik und Kirche nur zu gut vertraut. Diesen Anteil ganz alltäglicher persönlicher und struktureller Sünde wollen wir heute ganz besonders mit dir verhandeln.
Herr, erbarme dich.

Zugangsweise zum Evangelium

1. Die Situation der um Posten und Anerkennung feilschenden Jünger ist uns aus allen Lebensbereichen vertraut. Ich will sie für unsere Zeit übersetzen.
2. Der Herrschaftsanspruch der Jünger klingt noch immer nach der „falschen Macht".
3. Jesus nutzt die Gelegenheit, um (einmal mehr!?) die ganz andere Art von Macht zu beschreiben, die er vertritt, die er in der Welt (auch durch seine Jünger) stark machen will.
4. Wie kann und muß eine solcherart herrschaftskritische und liebes-

dienstbereite Christenheit aussehen? Persönliche, gemeindliche, politische Perspektiven wären nötig. Sie sollen sich in direktem Fürbittgebet anschließen.

Predigt

Da leben die Jünger nun schon längere Zeit ganz eng und ganz alltäglich mit Jesus zusammen, und trotzdem haben sie offensichtlich noch nicht viel kapiert vom Kern seiner Botschaft! Das könnte für uns heute, die wir Jesus ja nicht von Angesicht zu Angesicht kennen und die Jünger vielleicht schon manchmal um diese konkrete Erfahrung beneidet haben, eigentlich ganz tröstlich sein: Wenn schon denen damals die Nachfolge nur so mäßig gelang, was wundern wir uns dann über die Machtprobleme bei uns in Kirche und Gesellschaft!? Es wäre allerdings ein billiger Trost, wenn wir es dabei beließen. Was haben die Jünger falsch gemacht? War ihre Hoffnung auf Anerkennung nicht berechtigt? Und dürfen wir keinen Dank erwarten? Ich versetze mich einmal in die Situation der Jünger. Was werden sie gedacht haben? Wir wissen doch heute in Zeiten von Arbeitslosigkeit und Konkurrenz nur zu gut, daß man nicht nur inhaltlich gut und kompetent sein muß, sondern sich auch gut selbst darstellen und „verkaufen“ muß. „Jesus“, so höre ich die Jünger reden, „wenn du demnächst an der Macht bist, dann brauchst du doch Berater, Fachleute für bestimmte Aufgaben. Es muß doch etwas getan werden, um deine Macht dann dauerhaft zu sichern. Die Opposition, die Konkurrenz schläft nicht! Wir werden uns anstrengen müssen, wenn wir die entmachteten Unterdrücker dann klein halten wollen. Und wir beide, das muß man doch bei aller Bescheidenheit sagen, wir haben doch schließlich schon gezeigt, was wir können und daß auf uns Verlaß ist. Von Anfang an sind wir dabei, haben Mut und Ausdauer bewiesen, kein Risiko gescheut. Du selbst hast uns doch ausgezeichnet, indem du uns den Beinamen ‚Donnersöhne‘ gegeben hast. Das weist uns doch aus für einen Posten als Staatssekretär oder Verwaltungsrat. Dann sind wir immer in deiner Nähe. Du wirst es nicht bereuen. Jemand muß dir doch den Pöbel vom Hals halten. Es wird auf Dauer viel zu gefährlich, wenn du dich so unter das Volk mischst, wie letztens die Sache mit dem Haufen Kinder. Kinder sind doch kein Fundament für Machterhalt! Es geht doch um Wichtigeres, wenn du endlich an der Macht bist! Und für Sentimentalitäten hast du zukünftig doch keine Zeit mehr!“ So werden sie geredet haben, die ehrgeizigen, eitlen und ach so erfolgsgewissen Jünger.

Und ich denke mir, Jesus wird ordentlich erschrocken sein über seine

Jünger. So sehr, daß kein Platz mehr für ein anerkennendes Wort ist. „Jakobus, Johannes, natürlich weiß ich, was ich an euch habe! Natürlich bin ich froh und dankbar für euren Einsatz für meine Sache, aber ...!“ Ich denke mir, Jesus wird erschrocken sein über die Härte und das Mißverständnis bei den Jüngern in bezug auf die Art von Macht, die er anstrebt. Er wird gespürt haben, daß sein Beispiel bei den eigenen Leuten immer noch nicht genügend Schule gemacht hat. Der Ton, den die Jünger anschlagen, der klingt ihm doch zu sehr nach weltlicher Macht, nach menschlich üblicher Macht. Da muß er noch deutlicher werden: „Das, was ihr da von mir fordert, Jakobus und Johannes, das klingt nach einer Art von Macht, die ich deutlich ablehne! Habt ihr es noch immer nicht begriffen! Benutzt mich bitte nicht für eure eigenen Vorteile. Es klingt, als würde euer Engagement für meine Sache von sehr persönlichen, eitlen Motiven überlagert. Hier verläuft die Grenze zwischen gesundem und krankhaftem Ehrgeiz! Es geht mir übrigens auch nicht um die Unterdrückung der Unterdrücker, nicht um Säuberungsaktionen, nicht um Machtsicherung. Es geht nicht darum, anderen die Wahrheit aufzuzwingen; es geht nicht um schnelles Urteil und Gericht. Und sagt mir nichts gegen die Kinder! Ihr Vertrauen und ihre Offenheit, ihre Vorbehaltlosigkeit und Liebeskraft sind gerade das beste Beispiel für das Leben, wie ich es im Namen unseres himmlischen Vaters zu lehren versuche! Die Macht, die ich anstrebe, gilt vielen als töricht, sie bleibt riskant, wird leicht mit Füßen getreten. Sie bleibt so verletzlich, wie die Liebe eben ist, wenn sie vorbehaltlos und selbstlos und frei und echt zu sein versucht.“

So höre ich Jesus den Donnersöhnen antworten. Und ich merke, wo wir diese ganz und gar nicht autoritäre Macht der Liebe Gottes ausüben, da ist uns Jesu Dank und Anerkennung gewiß und der Platz im „Haus seines Vaters“ für uns bereitet.

Es ist allerdings das Drama unserer Kirche, vom einzelnen Christen, über unsere Gemeinden bis zur sogenannten Amtskirche, daß wir bis heute – entgegen allen Lippenbekenntnissen – immer noch Vorstellungen von Macht praktizieren, die immer wieder den herrschaftskritischen Einspruch Jesu und sein Mahnwort vom Dienen herausfordern.

Vielleicht schafft es am ehesten die Haltung selbstkritischer Fürbitte, daß wir diesem Drama ungebrochenen kirchlich-menschlichen Machtmißbrauchs endlich eine spürbarere und echtere Haltung christlichen Liebesdienstes entgegensetzen. So lade ich Sie ein zum Fürbittgebet:

Fürbitten

Guter Gott, in der Theorie ist es uns ja längst klar, welche Art von Macht uns dein Sohn Jesus lehren will: eine leidensfähige Liebe, die so frei und selbstlos um das Gegenüber wirbt, daß es selbst irgendwann zur gleichen Liebe erwachen kann. Diese Liebe ist die einzige Macht, die das Böse und Gemeine, den Haß, die Gewalt, das Friedlose und Ungerechte überwindet, ohne selbst andere Mittel als die Liebe anzuwenden. So ist deine Liebe, guter Gott, deine Macht. Wir bitten dich, in dieser Liebe unseren Umgang mit der Macht zu korrigieren:

- Wenn wir so genau zu wissen meinen, was für die anderen gut ist, und wenn wir dazu neigen, sie zu ihrem Glück zwingen zu wollen, dann lehre uns in deiner Liebe das genauere Hinhören, was die Menschen von uns wirklich brauchen, und schenke uns die Kraft, ihnen genau das geben zu können.
- Wenn wir oft so schnell urteilen, was gut und christlich sei, und wenn wir uns dann selbstgerecht für deine wahre Kirche halten, dann lehre uns die Demut deines Sohnes, der sich mit allen Menschen guten Willens einig weiß und für den allein die Liebe zählt.
- Wenn wir so oft dazu neigen, beim anderen eher die Fehler und Schwächen zu sehen und sie stärker zu bewerten als ihre guten Seiten, wenn wir also Menschen anderer Meinung und anderer Lebensweise oft abwerten und kleinmachen, dann lehre uns die Liebe deines Sohnes und ihre Macht, das Kleine groß zu machen und das Schwache zu stärken und damit das Gute im Menschen wachsen zu lassen.

Ob wir nun über unsere Rollen als Eltern nachdenken, als Vorgesetzte, als Erzieherinnen und Lehrer, als Politiker oder aber auch als Pfarrer, pastorale MitarbeiterInnen und Pfarrgemeinderäte, als Familie, als Staat oder als Kirche, immer bleibt das Problem mit der Art von Macht, die wir ausüben. Sie ist radikal neu und schwer zu verwirklichen, aber ungemein befreiend und heilsam, die Macht deiner Liebe, guter Gott, die dein Sohn Jesus uns lehren möchte. Diese Liebe schenkt eine Autorität, die keine Gewalt und kein autoritäres Auftreten mehr braucht, um sich durchzusetzen. Aber sie bleibt verletzlich; sie kennt keinen sicheren Erfolg; sie wird leicht zur Ohnmacht, weil sie niemanden zwingt und sich nicht mit den Mitteln verteidigt, mit denen sie angegriffen wird. Guter Gott, öffne uns immer mehr für diese Macht deiner Liebe. Amen.

Lied- und Textvorschläge

Eines Tages kam einer, der hatte einen Zauber in seiner Stimme (z. B. in „Troubadour für Gott“, Nr. 200)
Hilf, Herr meines Lebens (GL 622)
Alles Leben ist dunkel (GL 552)
Gemeinsames Gebet (GL 6.5)

Stefan Herok

30. Sonntag im Jahreskreis

Botschaft

Die Heilungsgeschichte vom blinden Bartimäus zeigt uns beispielhaft, daß Jesus nicht ungefragt an uns handelt. Wir müssen selbst immer wieder Schritte der Nachfolge tun.

Ziel

Ich möchte die GottesdienstteilnehmerInnen ermutigen, daß sie sich trauen, sich für ihre Lebensgestaltung einzusetzen, auch wenn es bisweilen schwerfällt und sie auf Ablehnung stoßen.

Lesungen

Jer 31, 7-9
Hebr 5, 1-6
Mk 10, 46-52

Einleitung

Es gibt Dinge im Leben, die sind einem so selbstverständlich und sonnenklar, daß wir gar nicht verstehen können, wenn andere das nicht so sehen. Bewußt und unbewußt rechnen wir deshalb oft damit, daß sie uns unsere Wünsche von den Augen ablesen können. Wir rechnen damit, daß sie einfach spüren, was wir jetzt von ihnen erwarten. Wenn unsere Erwartung dann aber nicht erfüllt wird, sind wir enttäuscht.

Kyrie

Gott, wenn wir enttäuscht sind, dann denken wir manchmal: Die ganze Welt ist schlecht, alle sind gegen mich.
Herr, erbarme dich.

Gott, wenn andere unsere Wünsche nicht erfüllen, dann denken wir oft: „Das macht der jetzt absichtlich ..., der will mich jetzt erst recht hängenlassen ..."
Christus, erbarme dich.

Gott, mit deinem Wort willst du uns den richtigen Weg des Miteinanders zeigen. Du willst unsere Blindheit heilen und uns sehend machen für das, was wirklich ist.
Herr, erbarme dich.

Zugangsweise zum Evangelium

1. Die Predigt geht von der Erfahrung ungehörter Wünsche innerhalb einer Partnerschaft aus.
2. Die Textanalyse des Evangeliums zeigt, daß der Wunsch des Bartimäus auch lange Zeit unerfüllt blieb. Erst nach mehreren Anläufen wird er geheilt.
3. Eigentlich hätte Jesus doch wissen müssen, was ein Kranker von ihm will.
4. Auch in der Partnerschaft meinen wir oft, der andere müßte wissen, was ich will.
5. Bartimäus ermutigt uns, nicht nach dem ersten Versuch aufzugeben, sondern es immer wieder zu versuchen.
6. Wenn Menschen sich trauen, ihre Erwartungen laut zu sagen, wenn sie sich trauen, es auch nach einer Absage noch einmal zu versuchen, und sich immer wieder aufmachen, das zu suchen, was sie zum Heilwerden brauchen, dann entsteht Verständigung, dann wächst Partnerschaft, dann gelingt Leben, und das ist wie ein Wunder.

Predigt

„Hallo", begrüßt Gabi ihren Mann, als er am Abend nach Hause kommt. Erwartungsvoll hatte sie ihre Straßenschuhe schon angezogen und ihn bereits an der Tür erwartet. Mit müden Augen fragt er „Ist was?" und geht an ihr vorbei ins Haus. Gabi verstummt. Irgendwie ist sie enttäuscht, und nach einer Weile sagt sie dann „ach nichts", und alles geht seinen Gang. Äußerlich läuft dann ein Abend ab wie alle Abende sonst auch. Aber innerlich, innen drin ist es anders, Gabi ist verletzt, ist abwechselnd wütend und enttäuscht auf sich und auf Georg; sie zweifelt an sich, an ihrer Ehe und überhaupt. Was ist passiert? Am selben Tag beim Frühstück hatte Gabi gesagt: „Man könnte mal abends wieder spazierengehen", worauf Georg nur mit einem „Hm" geantwortet hat. Für Gabi hieß das: Ja, heute abend gehn wir. Georg hatte das wohl vollständig überhört. Ihr Wunsch, einmal kurz angetippt, wurde nicht gehört, nicht erfüllt, und ihre Sehnsucht war groß. Leidvolle Zeiten einer Partnerschaft.

Wieso diese alltägliche Geschichte zum Evangelium von der Heilung des blinden Bartimäus? Bartimäus war blind, und eigentlich hätte der Evangelist sich ziemlich viele Worte in seinem Text sparen können. Die eigentliche Heilung erzählt er in der letzten Zeile des Textes. Wieso schreibt der Evangelist so viel Zusätzliches? Da muß Bartimäus zuerst laut rufen, damit er gehört wird, dann wird er von den Herumstehenden zurechtgewiesen, er solle gefälligst den Mund halten. Dann muß Bartimäus ein zweites Mal und lauter als zuvor schreien, bevor Jesus überhaupt von ihm Notiz nimmt. Und dann, als er endlich vor ihm steht, macht Jesus nichts von sich aus, sondern fragt erst noch: Was willst du, was ich dir tun soll?

So ein langer Weg für etwas, was doch eigentlich sonnenklar ist. Ist doch klar, daß der Blinde zu dem vielgelobten Wunderheiler will. Ist doch klar, daß ein Kranker den Wunsch hat, geheilt zu werden. Das sind doch Selbstverständlichkeiten. Das sind doch Wünsche, die jeder, der ein bißchen mitdenkt, kennt. So vieles gibt es im Leben, was Ihnen und mir sonnenklar ist: Logisch, daß z. B. eine Partnerschaft nicht von alleine wächst, sondern daß sie gepflegt werden muß. Logisch, daß jeder Mensch im Leben Wertschätzung und Liebe braucht zum Leben.

So klar, wie das ist, so deutlich muß ich auch immer wieder erfahren, daß einem solche Grundgesetzlichkeiten des Lebens nicht in den Schoß fallen. Der Weg, diese notwendigen Wünsche erfüllt zu bekommen, ist unserem Willen, unserem Einsatz und unserer Freiheit zur Lebensgestaltung freigegeben. Und daran scheitern wir oft, bis wir es begriffen haben. Bartimäus wird uns im heutigen Evangelium als Beispiel hingestellt. Wir sollen es ihm nachmachen in der christlichen Nachfolge. Er zeigt, daß ein geglückter Glaubens- und Lebensweg einem keineswegs in den Schoß fällt, sondern Beharrlichkeit und ein „Immer-wieder-Neu" benötigt. Da können diejenigen viel von ihm lernen, die meinen, Liebe heißt, daß der andere einem die Wünsche an den Augen ablesen kann. Bartimäus säße mit dieser Einstellung noch heute an seinem Platz. Er hat statt dessen deutlich auf sich aufmerksam gemacht. Immer wieder ist der

eine oder die andere gefrustet und nahe daran, alles hinzuwerfen, weil wir auf eine Anfrage eine Abweisung bekommen. Und oft ziehe ich mich schmollend zurück, wenn z. B. meine Idee bei einem Gespräch abgelehnt wurde. So wäre Bartimäus nicht zu Jesus vorgedrungen. Er hat statt dessen noch einmal und gegen den Willen der herumstehenden Menge sein Anliegen vorgetragen.
Und dann gibt es noch folgendes Phänomen: Wo zwei Menschen sind, gibt es auch mindestens zwei Vorstellungen von derselben Sache. Wenn aber Partnerschaft und Liebe gelingen soll, gilt es, auf einen für beide wohltuenden Nenner zu kommen, das heißt, es ist gut, bisweilen wie Jesus zu fragen: „Was willst du, was ich dir tun soll?" Nur so lebe ich nicht vor mich hin „wie immer" und übersehe die sich verändernden Wünsche meines Gegenübers.
Nun ja, kann jetzt einer sagen. In dem Bibeltext ging es aber doch um ein Wunder, das geschehen soll. Deshalb mußte die Geschichte eben spannend gemacht werden mit Anfrage, Ablehnung, sich noch einmal trauen, beim zweiten Mal lauter und deutlicher aufmerken, und dann und noch einmal genau erklären, was ich will, bevor die Heilung geschieht. Ich meine auch, es ist ein Wunder, wenn Menschen sich trauen, ihre Erwartungen laut zu sagen, wenn sie sich trauen, es auch nach einer Absage noch einmal zu versuchen, und auch ein drittes Mal den Mut haben, deutlich zu machen, um was es ihnen geht und was sie brauchen zum Heilwerden. Nur so entsteht Verständigung, nur so wächst Partnerschaft, nur so kann Leben gelingen. Es ist nicht einfach, aber wenn es gelingt, ist es wie ein Wunder.

Fürbitten

Gott, du forderst uns auf, den Weg zu einem gelingenden Leben zu suchen. Du schenkst uns Kraft, nicht aufzugeben. Doch du kennst auch unsere Schwächen. Wir bitten dich:

- Für die Ängstlichen und die Verzagten, daß sie sich trauen, den Weg zum Leben zu suchen.
- Für die Entnervten und die Enttäuschten, daß sie ihre Hoffnung nicht aufgeben und es noch einmal versuchen.
- Für die Traurigen und die Mutlosen, daß sie nicht verbittern.
- Für die Suchenden und die Sehnsüchtigen, daß sie den richtigen Weg finden.

Gott, öffne unsere Augen für das Wichtige im Leben, schenke uns

Klarheit über unseren Lebensweg, den wir gehen in der Hoffnung auf die Begleitung durch Jesus Christus, unseren Herrn und Bruder. Amen.

Kommunionmeditation
Jesus fragt auch uns: „Was willst du? Was soll ich dir tun?“ Gott, laß uns heil werden und wie Bartimäus immer wieder rufen: „Jesus Christus, Sohn Gottes, erbarme dich meiner.“

Liedvorschläge
Eingang: 462
Gloria: 457
Antwortgesang: 520, 1+2
Übertragung: 273 V/A
Agnus Dei: 823
Dank: 302, 1.3.4 (auch auf die Melodie von 261 möglich)
Schluß: 277

Monika Schraut

31. Sonntag im Jahreskreis

Botschaft
Gott gibt seinen Menschen aus Liebe alles. Seine Lebensregeln wollen dieses Liebesverhältnis stützen.

Ziel
Ich möchte die Gläubigen ermutigen nachzuschauen, ob sie das Liebesverhältnis zu Gott mit seinen Lebensregeln aus ganzem Herzen bejahen können.

Lesungen
Dtn 6, 2-6
Hebr 7, 23-28
Mk 12, 28b-34

Einleitung

Gesetze, Gebote, „du sollst – du sollst nicht“ sind Begriffe, mit denen wir heute oft nichts mehr anfangen können oder wollen, freiheitsliebend, wie wir sind. Wir fühlen uns eingeengt und versuchen erst recht, unsere Grenzen auszutesten. Daß in einem „du sollst doch“ oder „du sollst doch nicht“ häufig eine flehentliche Bitte mitschwingt, tiefe Sorge um uns steckt, wird uns dabei gar nicht bewußt.
Auch Gottes Weisungen stehen meist im Verdacht, uns eher Freiheit wegnehmen als ermöglichen zu wollen. Könnte es nicht sein, daß es sich bei Gottes Geboten um Lebensregeln, Gestaltungshilfen einer großen Liebe handelt, die für uns Leben in Fülle bereithält?
Überlegen wir uns, ob wir für solche Gestaltungshilfen offen sind.

Kyrie

Psalm 1 linke und rechte Seite im Wechsel beten (GL Nr. 708, 1+2)

Herr, unser Gott, du liebst uns und willst uns jeden Tag Leben in Fülle schenken. Nimm du nun von uns, was uns bedrückt und trennt von dir und anderen, und laß uns froh und frei auf deinen Wegen gehen. Darum bitten wir durch Christus, unsern Herrn. Amen.

Zugangsweise zur Lesung

1. Persönliche Lebenssituation
   - Erinnern an die Zeit des Verliebtseins
   - die Entscheidung zusammenzubleiben, das Entwickeln von gemeinsamen Lebensregeln
   - gemeinsames Leben wird Routine, andere Herausforderungen kommen hinzu; Beispiele: Beruf, Lebensstandard, Kindererziehung
   - Frage: Wie steht es um die gemeinsame Liebe?
2. Vom Text her
   Erinnerung des Volkes an den Bundesschluß am Sinai
   - Aufruf zu einer umfassenden Antwort
   - Drei Eckpunkte der Liebe Gottes: langes Leben, Wohlstand, einziger Gott
   Gott gibt aus Liebe alles.
3. Von Riten und Feiern her
   - Festtage als Gelegenheit zur Bilanz für zwischenmenschliche Beziehungen

– Festtage auch als Gelegenheit zur Bilanz für die Gottesbeziehung: Gebe ich Gott eine ganze Antwort?

Predigt

Erinnern Sie sich einmal zurück an die Zeit, als Sie Ihren Freund/Ihre Freundin, Ihren Ehepartner kennenlernten! Versuchen Sie auch, nochmals die Gefühle der ersten Begegnungen wachzurufen. Irgendwann im Lauf der nächsten Zeit haben Sie beschlossen: Wir bleiben zusammen, meistern das Leben gemeinsam. Sie haben einander kennen- und liebengelernt; Ihre Liebe war stark genug, auch die Andersartigkeiten und Schwächen des Partners anzunehmen. Vieles erschien vielleicht plötzlich einfach, wie selbstverständlich: Absprachen fürs gemeinsame Leben treffen, Kompromisse schließen, sich auf den anderen an meiner Seite einstellen, mein Leben mit ihm teilen. Fast wie von selbst ergaben sich gemeinsame Spielregeln, die Sie um Ihrer Beziehung willen einhielten, ohne daß Sie es groß merkten. Ihr Herz, Ihr Wesen war erfüllt von Lieben und Geliebtwerden. Bei der Hochzeit hatten Sie sich selbst und einander für das gemeinsame Leben in die Pflicht genommen.

Gehen Sie nun in der Erinnerung einige Zeit weiter; Ihre Beziehung ist „in die Jahre gekommen". Vielleicht ist die gemeinsame Liebe, sind die gemeinsamen Lebensregeln so spielend leicht geworden, daß allmählich andere Dinge das Interesse stärker reizen und herausfordern: Kindererziehung, Fortkommen im Beruf, Erhaltung des Lebensstandards, so daß die Zeit füreinander, sei es an Feierabend, Wochenende, Urlaub, immer öfter kurzfristig drangegeben wird. Vielleicht ist bei Ihnen schon einmal die Frage aufgetaucht: Liebst du mich noch? Siehst du mich noch neben dem anderen Wichtigen? Was ist mit dem, was wir einmal vereinbart haben?

In einer solchen Situation spielt sich unsere Lesung ab. Mit eindringlichen Worten erinnert Mose sein Volk daran, was einst zwischen Gott und Israel vereinbart wurde, aus Liebe, die im Bundesschluß am Sinai festgeschrieben worden war.

Nicht ein Befehl zur Liebe geht hier von Mose aus; Liebe kann nicht verordnet werden, sie ist immer Geschenk. Mose ruft das Volk auf, in seiner Liebesantwort Gott gegenüber nicht einzuschlafen, ihm nicht mit nur halbem Herzen, halber Seele, halber Kraft zu begegnen. Die Lebensregeln, die bislang zwischen Gott und Israel lebendig waren, sollen nicht in Gesetzesbüchern verstauben oder im Kopf auswendig gewußt werden, sondern im Wesen der Menschen lebendig sein, das Leben

untereinander und mit Gott prägen und gestalten! Warum? Weil Gott seine Liebesgeschenke noch weiter geben will!
Mit drei Eckpunkten wird die liebende Zuwendung Gottes ausgefaltet:

1. Langes Leben für den einzelnen Menschen und das ganze Volk. Über Generationen hinweg möchten die Weisungen Gottes das gemeinsame Leben lebendig erhalten, es sind Regeln zum Leben.
2. Wohlstand und Größe des Volkes können mit Hilfe der Lebensregeln im Fortgang gesichert werden. Es muß ja nicht sein, daß jede Generation mit dem Kampf ums *Über*leben von vorn anfangen muß; Sicherheit, Ruhe, Frieden dürfen fortdauern und ausgestaltet werden, damit das Volk einmal *leben* kann, die Menschen Zeit für sich, füreinander, für ihren Gott haben.
3. Jahwe hat sich seinem Volk in einzigartiger Weise zugewendet, angefangen mit der Befreiung aus Ägypten bis hin zur Übergabe des Gelobten Landes. In einzigartiger Weise hat er um das Volk geworben, will er der einzige Gott für Israel sein. Alles ist Jahwe bereit zu geben.

Mose spricht hier im Auftrag Jahwes, wenn er Israel sagt: Schau in dich hinein: Wie sieht es mit deiner Beziehung zu Gott aus? Bist du noch ganz dabei? Bist du noch bereit, dich an die gemeinsam bejahten Regeln zu halten, oder änderst du manchmal einseitig die Absprache?
Unter uns Menschen ziehen wir zuweilen Bilanz, wie wir zueinander stehen; Geburtstage, Hochzeitstage sind hierzu gern genutzte Anlässe. Nutzen wir solche Tage besonders, um auch für die Beziehung „Gott und ich" Bilanz zu ziehen? Bin ich mit ganzer Seele bei ihm? Interessiert es mich noch, wo ich ihn in meinem Leben, bei den Menschen, mit denen ich täglich zusammen bin, in den Ereignissen finde, die ich schnell „Zufall" nenne? Oder bleibe ich ihm und damit letzten Endes mir die Antwort schuldig?
Höre, Jahwe ist einzigartig. Alles gibt er aus Liebe. Und ich?

Fürbitten
„Um Glauben, Hoffnung, Liebe" als Wechselgebet = Gotteslob Nr. 4, 2.3.4

Wort für die Woche
Gottes Weisungen wollen keine Zwangsjacke sein. Ich verstehe sie eher als Stützgerüst, als Kletterhilfe, um die Wege des Lebens mit Freude gehen zu können.

Liedvorschläge
Eingang: 268, 1+2
Kyrie: 708, 1+2
Gloria: 268, 3+4
Antwortgesang: 558, 1.5.6
Credo: 489
Dank: 266, 1-3

Eva-Angelika Herbst OP

32. Sonntag im Jahreskreis

Botschaft
Gott durchschaut allen Schein und blickt auf das Herz. Im Vertrauen auf ihn können die Witwe in Sarepta wie auch die Witwe im Tempel vom Letzten, was sie haben, verschenken.

Ziel
Die GottesdienstteilnehmerInnen sollen ermutigt werden, im Vertrauen auf Gott sich selber einzubringen.

Lesungen
1 Kön 17, 10-16
Hebr 9, 24-28
Mk 12, 38-44

Einleitung
Immer wieder wird uns Christen Scheinheiligkeit vorgeworfen. Wir weisen dies weit von uns. Doch wie wir heute im Evangelium hören, hält auch Jesus dies den Schriftgelehrten und den Reichen vor. Ihnen fehlt letztlich das Vertrauen auf Gott, der für die Menschen sorgt und die Not wenden kann.
Zu Beginn dieses Gottesdienstes wollen wir uns fragen, wie weit wir uns der Hand Gottes anvertrauen und wie ernst wir in der letzten Woche unsere Gebete genommen haben. Spielen wir uns und anderen etwas vor?
– Stille –

Kyrie
Herr, du kennst unsere Stärken und Schwächen.
Herr, erbarme dich.

Du hast dir immer wieder Zeit genommen und dich zum Gebet zurückgezogen.
Christus, erbarme dich.

Du durchschaust den äußeren Schein und blickst in unser Herz.
Herr, erbarme dich.

Der Herr erbarme sich über all unsere Nachlässigkeit und Gedankenlosigkeit. Er nehme von uns alle Schuld und lasse uns diese Feier mit wachen Sinnen erleben. Amen.

Zugangsweise zum Evangelium
Die hier gewählte Zugangsweise ist die Spannung zwischen den Schriftgelehrten und den beiden Witwen in Lesung und Evangelium, die Spannung zwischen Scheinheiligkeit und totalem Gottvertrauen, die Spannung zwischen den ehrbaren Schriftgelehrten oder den reichen Geldgebern und der einfachen, armen Witwe. Aus dieser Spannung ergeben sich Konsequenzen.

Predigt
Haben Sie es nicht auch gern, auf der Straße gegrüßt zu werden? Gehen Sie manchmal nur in den Gottesdienst, um eine Pflicht zu erfüllen oder um gesehen zu werden?
Wenn wir ehrlich sind, kennen wir diese Haltungen mehr oder weniger bei uns. Manchmal handeln wir auch nach dem Werbeslogan „Tu Gutes, und rede davon", denn wer bekommt sonst mit, daß wir uns so ehrenhaft einsetzen.
Ganz anders hört es sich heute im Evangelium an. Gott schaut nicht auf das Äußere und den Schein, sondern er schaut auf unser Herz.
Jesus schimpft die Schriftgelehrten scheinheilig, weil sie zwar lange Gebete verrichten, aber ihre Taten eher vom Gegenteil zeugen: Witwen werden um ihre Häuser gebracht. Sie werden ausgebeutet und noch ihres letzten Besitzes beraubt. Witwen galten damals als die Ärmsten der Armen, als solche, denen das Not-wendende fehlt.
Im Gegensatz zu den Schriftgelehrten werden uns heute in der Lesung und im Evangelium zwei Witwen als positive Beispiele vorgestellt. Sie sind von einem unerschütterlichem Gottvertrauen geprägt und handeln von Herzen aufrichtig.

Da ist die Witwe in Sarepta. Das Land wird von einer Hungersnot heimgesucht. Sie gibt Elija von dem Letzten, das ihr und ihrem Sohn geblieben ist. Sie vertraut, daß Gott weiterhilft. Und so passiert es dann auch: Im Mehl- und Öltopf bleibt immer so viel, daß es für eine weitere Mahlzeit ausreicht. Im Kampf ums Überleben hat sie noch ein so offenes Herz, Elija an dem wenigen teilhaben zu lassen, das ihr geblieben ist. So überstehen alle drei die Hungersnot mit Gottes Hilfe.

Als zweite Witwe begegnet uns heute die Witwe im Tempel, die zwei Groschen in den Opferkasten wirft. Für die Witwe ist das mehr als die Gaben der Reichen, die ein Vielfaches davon gegeben haben, betont Jesus.

Beide Witwen geben von dem, was sie selber zum Leben bräuchten. Sie verschenken nicht von ihrem Überfluß, sondern von ihrem Herzen. Ja, sie stellen ein Stück von sich selber, von ihrer Existenz, von ihrem Leben zur Verfügung.

Wenn wir heute die zwei Witwen als beispielhaft gezeigt bekommen, so heißt das für uns, daß wir nicht irgend etwas, das wir vielleicht nicht mehr brauchen, hergeben sollen. Vielmehr sind wir aufgefordert, ans „Eingemachte" zu gehen und davon zu verschenken, unsere wahren Schätze hervorzuholen und einzusetzen. Mag das noch so wenig erscheinen.

Außer den materiellen Schätzen denke ich an die vielen Gaben, die unserer heutigen Zeit so sehr fehlen:

Zeit haben, Geduld zum Zuhören, Gedanken und Lebenserfahrungen der älteren Generation, Talente und Fähigkeiten in den verschiedensten Bereichen ...

Diese Schätze bleiben oft vergraben oder werden als solche gar nicht erkannt.

Den Schriftgelehrten geht es nur darum, daß der Schein gewahrt und die Pflicht erfüllt wird. Bei den Witwen geht es um das Leben, um das Vertrauen auf Gott, der das Leben will und weiß, wie es weitergeht.

Gott sieht auf das Herz. Ihm brauchen wir nichts vorzuspielen. Er kennt uns und weiß es zu schätzen, wenn wir von uns selber etwas hergeben.

Schriftgelehrter, der den Schein sucht, und Witwe, die sich selbstlos verschenkt – beides sind Anteile in uns.

Ich wünsche Ihnen für die nächste Woche etwas von dem Gottvertrauen der Witwe, den Mut, sich selber zu verschenken, und die Gewißheit, daß Gott Ihnen soviel Kraft für den nächsten Schritt schenkt, wie Sie benötigen. Amen.

Fürbitten

Herr, unser Gott, du weißt, was unser Herz bewegt. Zu dir dürfen wir voll Vertrauen mit unseren Bitten kommen:

- Für die Kirche:
  Daß sie Wege findet, deine Botschaft heute glaubwürdig zu leben und zu verbreiten.
- Für die Armen und Notleidenden in unserem reichen Land:
  Sende ihnen Menschen, die ihnen helfen, die Not zu wenden, und die bereit sind, sich von ihren Gaben beschenken zu lassen.
- Für den Frieden in unserer friedlosen Welt:
  Laß uns und alle Menschen Schritte des Friedens aufeinander zu wagen.
- Für unsere Gemeinde:
  Laß sie wachsen im Glauben und im Vertrauen auf dich.
- Für uns Christen:
  daß wir nicht nur Überflüssiges, sondern unsere besonderen Fähigkeiten und Talente zum Wohle unserer Gemeinde und unserer Mitmenschen einsetzen.
- Für uns selber:
  Herr, schenke, daß wir im Vertrauen auf deine Führung immer wieder neu ja sagen können zu dem, was du uns zumutest.

Herr, nimm unsere Bitten an. Laß sie Frucht bringen, damit wir und unsere Welt gesunden. Darum bitten wir dich durch Jesus Christus, unseren Herrn und Bruder. Amen.

Kommunionmeditation

Der Weg ins Leben

Hab keine Angst um übermorgen,
sondern glaub' daran,
daß du soviel Licht bekommst,
wie du brauchst
immer für den nächsten Schritt.

Nicht ich kann gehen,
er kann gehen in mir
und mit mir.

Ich habe keine Sicherheit,
ob ich und wo ich ankomme.

Aber ich habe die Sicherheit,
daß er bei mir ist,
bei uns ist
und dem je nächsten Schritt.

So geht der Weg.

Bischof Klaus Hemmerle

Liedvorschläge
Eingang: 614, 1+2
Gloria: 261, 1+2
Antwortgesang: 291, 1+3
Nach dem Friedensgruß: Herr, gib uns deinen Frieden
Dank: 292, 1+5
Auszug: 473, 1+3

Lorenz Hummel

33. Sonntag im Jahreskreis

Botschaft
Viele Katastrophen auf unserer Erde lassen am Sinn des Lebens zweifeln. Er scheint wie Sand zwischen den Fingern zu zerrinnen. Dem widerspricht *sein* Wort des Lebens und der Liebe, das bleibt.

Ziel
Die GottesdienstteilnehmerInnen sollen erkennen, daß die Liebe auch über den Tod hinaus Gültigkeit hat und damit dem Leben seinen Sinn gibt.

Lesungen
Dan 12, 1-3
Hebr 10, 11-14.18
Mk 13, 24-32

Einleitung
Wo geht es hin mit unserer Erde? Wer fragt sich das nicht manchmal. Im

Gewirr der Meinungen suchen wir eine Antwort auf diese Frage. Die großen und kleinen Katastrophen auf unserer Erde schreien nach dem Sinn. Wir Menschen haben die Fähigkeit und das Bedürfnis, über den eigenen Horizont hinauszusehen. Immer wieder treffen wir dabei auf den Unsagbaren, den Unbegreifbaren. Wir nennen ihn Gott. Am Ende des Kirchenjahres kommen wir hier zusammen, weil wir *Ihn* als den Sinn und Grund unseres Daseins bekennen.
Überlegen wir still für uns: Ist das so? Können wir das glauben?
– Stille –

Bußakt/Kyrie

Herr Jesus Christus, das Leben verlangt oft viel von uns.
Du hast es auf dich genommen.
Herr, erbarme dich!

Du hast die Sorgen und Nöte mit den Menschen geteilt und warst ihnen nahe.
Christus, erbarme dich!

Du hast dich den Dunkelheiten der Welt und des Todes gestellt und uns die Tür zum Leben geöffnet.
Herr, erbarme dich!

Laß uns aufschauen zu dir. Vor dir können wir aufrecht stehen. Weil du uns liebst, gibst du unserem Leben Sinn und Würde. Dich preisen wir heute und alle Tage. Amen.

Zugangsweise zu den Schrifttexten

1. Es sind keine „leicht verdaulichen" Worte in Lesung und Evangelium.
   – Warum solche Worte? Woher diese Sprache in der Bibel?
   – Sie sind Ausdruck der Sehnsucht der Menschen nach Gerechtigkeit in Bedrängnis und Not.
2. Wir erleben heute auf unserer Erde Bedrängnisse verschiedenster Art.
   – Weltuntergänge können uns lähmen.
3. Dennoch haben wir den Auftrag, Schöpfung zu erhalten und zu bewahren.
   – *Sein* Wort des Lebens zu hören und weiterzusagen.
   – Worte und Taten der Liebe bleiben in aller Vergänglichkeit.

Predigt

Es sind harte Worte, die uns heute in den Lesungen zugemutet werden. Prophezeiungen vom Ende der Welt, vom Weltgericht, vom großen Buch, in dem alles aufgeschrieben ist, von Katastrophen, die über die Erde hereinbrechen. Vielleicht sind einige unter uns, die bei diesen schweren Worten lieber weghören und abschalten.

Vielleicht werden manche an Sätze aus der Kindheit erinnert: „Lieber Gott, mach mich fromm, daß ich in den Himmel komm'!" oder: „Ein Auge ist, das alles sieht, auch was in dunkler Nacht geschieht." Jedenfalls sind es Worte, die uns bis heute emotional berühren.

Solche Prophezeiungen vom Ende entstanden immer in einer Zeit, in der große Veränderungen und Umbrüche auf die Menschen zukamen: in einer Zeit, in der die Kultur, das Zusammenleben und der Glaube bedroht waren.

So war es, als das Buch Daniel entstand, im 2. Jahrhundert vor Christus. Der syrische König ließ eine Statue des griechischen Gottes Zeus im Jerusalemer Tempel aufstellen. Für die gläubigen Juden war das eine Katastrophe. Ein Bild im Tempel, ein Götzenbild, ist die größte Lästerung und Sünde für sie. Und in so einer Situation mußte doch Gott den Frommen und Treuen zu Hilfe kommen. Es muß doch so etwas geben wie ein Gericht und ein Leben nach dem Tod.

Von einer ganz ähnlichen Katastrophe hören wir im Markusevangelium. Im Jahr 70 n.Chr. wurde die Stadt Jerusalem von den Römern zerstört und der Tempel dem Erdboden gleichgemacht. „In jenen Tagen nach der Drangsal", so heißt es im Evangelium, war für die gläubigen Juden das Ende der Welt und der Zeit da. Das wird dann mit gewaltigen Bildern beschrieben: Sonnen- und Mondfinsternis, Sterne fallen vom Himmel, Erdbeben ...

Solche Vorstellungen hatten die Menschen damals vom Ende der Welt. Den biblischen Erzählern und auch Jesus ging es aber gar nicht um eine naturwissenschaftliche Beschreibung vom Ende, sondern für Jesus liegt die eigentlich wichtige Tatsache darin, daß am Ende der irdischen Geschichte ein Gericht stattfindet, ein Gericht über die ganze Schöpfung, über Lebende und Tote.

Darin steckt die Sehnsucht – und die steckt doch in uns allen –, daß die Gerechten und Treuen, die so in Bedrängnis geraten sind, auch Gerechtigkeit erfahren.

Und wie ist das bei uns heute? Geraten wir nicht auch ganz schön in Bedrängnis, wir, die wir versuchen, dem Glauben und der Schöpfung treu zu bleiben? Müßten wir nicht jeden Morgen, wenn wir die

Zeitungen aufschlagen, sagen: „Da, jetzt kommt's. Jetzt kommt das Ende der Welt!"
Anzeichen gäbe es ja genug. Jeden Tag geht ein Stück unserer Welt unter, weil Menschen leichtsinnig oder verantwortungslos gehandelt haben. Mit jeder Tonne Öl oder Gift, irgendwohin gekippt, geht ein Stück unsere Welt unter. Mit jedem Hektar Wald, der gerodet wird, geht ein Stück unserer Welt unter. Mit dem wachsenden Ozonloch und der Verschmutzung unserer Atmosphäre geht ein Stück unserer Welt unter. Mit dem Satellitenschrott, der auf die Erde stürzt, oder mit Gegenden, die für unbewohnbar erklärt werden, geht ein Stück unserer Welt unter. Mit jeder Hilfe, die fehlte, mit jeder Liebe, die nicht geschenkt wurde, mit jeder Gleichgültigkeit gehen Rolläden runter. Da stirbt Leben und geht ein Stück unserer Welt unter.
Aber anstatt voller Schrecken auf den vermeintlichen Weltuntergang zu starren, sollten wir uns dafür stark machen, daß die täglichen Weltuntergänge aufhören. Gottes Auftrag an uns Menschen war und ist: die Schöpfung zu bewahren und nicht zu zerstören. Darum ist für mich der wichtigste Satz im heutigen Evangelium der Satz Jesu: „Himmel und Erde werden vergehen, aber meine Worte werden nicht vergehen."
Seine Worte werden alles überdauern. Deswegen wird auch all das überdauern, was wir nach seinen Worten getan haben. Ich bin überzeugt: Wer nach den Worten Jesu lebt und handelt, braucht keine Angst zu haben vor nichts und niemandem. Jesus selbst hat das oft gesagt.
Im Grunde ist es dann egal, wie und wann das endgültige Gericht über uns kommt. Der Maßstab, nach dem wir am Ende beurteilt werden, wird allein der sein, ob wir dem Leben gedient haben und ob wir zur Liebe fähig waren.
Ein alter Mann las mir einmal einige Zeilen aus seinem Tagebuch vor. Es sind Worte, die man weise nennen kann und die nach vielen Jahren mit hellen und dunklen Lebensabschnitten den Sinn erkannt haben:

> „An deinem ersten Tag wird Lunte gelegt an dein Leben.
> Du kommst, du brennst, du gehst.
> Was Liebe ist an dir, wird Licht und bleibt.
> Der Rest war Nichts."

Nie habe ich diese Worte vergessen. Was Liebe ist an dir, wird Licht und bleibt. So ist es!

Fürbitten

Herr, unser Gott. Dein Wort rief uns zum Leben, und du willst, daß wir es in Fülle haben. So kommen wir zu dir mit unseren Sorgen und Nöten:

- Wir beten für die Verantwortlichen in Politik und Wirtschaft, daß sie Entscheidungen zum Wohl der Menschen treffen.
- Wir beten für Opfer von Gewalt und Katastrophen, daß sie und ihre Angehörigen Hilfe und Trost erfahren.
- Wir beten für Menschen, die am Sinn des Lebens zweifeln und verzweifeln.
- Wir beten für junge Menschen, die wenig Liebe und Anerkennung erfahren haben.
- Wir beten für unsere Toten, daß sie bei dir Ruhe und Heimat finden.

Denn du bist ein Gott, der auf der Seite der Menschen steht. Dich loben und preisen wir heute und alle Tage unseres Lebens. Amen.

Wort für die Woche

„An deinem ersten Tag wird Lunte gelegt an dein Leben.
Du kommst, du brennst, du gehst.
Was Liebe ist an dir, wird Licht und bleibt.
Der Rest war Nichts."

Liedvorschläge

Eingang: 291
Gloria: 457, 1+2
Antwortgesang: 291, 3
Credo: 489
Agnus Dei: 300, 4
Auszug: 297, 1.2.7

Heinz Weigand

Christkönigssonntag

Botschaft
Jesus Christus ist *Herr*-scher des Reiches Gottes unter den Menschen.

Ziel
Ich möchte die GottesdienstteilnehmerInnen ermutigen, auch die ungewohnten Seiten dieser Welt Gottes zu entdecken und sich auf sie einzulassen.

Lesungen
Dan 7, 2a.13b-14
Offb 1, 5b-8
Joh 18, 33b-37

Einleitung
„Die Königstreuen“: So nennt sich in Bayern eine Gruppe, die in ehrender Erinnerung an König Ludwig II. und die Wittelsbacher die Monarchie als Staatsform befürwortet. Könige als Staatsoberhäupter – rufen sie in uns nicht manchmal den Eindruck von vergangenen Zeiten, Märchen, unwirkliche Welt, Nostalgie wach? Und wenn uns heute Jesus Christus unter diesem Titel begegnet, gehört er dann nicht automatisch mit zu dieser uns fernen Welt? Versuchen wir, dem „König Jesus Christus“ nachzuspüren, uns einzustimmen auf ihn, indem wir ihn anrufen:

Kyrie
Christus-Rufe im Gotteslob Nr. 564 (in Auswahl)

Herr Jesus Christus, du läßt alle Menschen zu dir kommen, so wie sie sind. Nimm nun auch von uns weg, was uns auf dem Weg zu dir behindert, und löse uns aus jeder Schuld, der du lebst und herrschst in Ewigkeit. Amen.

Zugangsweise zum Evangelium
1. Moderne Lebenswelt und Sprachgebrauch
   - „Der Kunde ist König“
   - „Fürstliche Bezahlung“
   - „König – Berühmt werden“
   - „Bäderkönig Sowieso“

- Unsere Spontaneinfälle zum Wort „König“?

2. Von der Einleitung in den Gottesdienst her
   - geschichtlich-politische Bedeutung von Königen
   - Beispiele: Hauptverantwortung, Herr über Krieg/Frieden ...
   - heute Repräsentanten
   - Jesus Christus als ein solcher König?
3. Vom Evangelium her
   - Jesu Stehen vor Gericht – kein „königliches Bild“
   - Schneller Trost mit „Gottessohn“ und „Auferstehung“
   - das irdische Leben Jesu
   - Beispiele: Treue zur Botschaft, Gelassenheit bezüglich des eigenen Lebens, Freiheit
   - „Mein Reich ist nicht von dieser Welt“
4. Vom Fest her
   - Jesus – Be-*herr*-scher des Lebens
   - Re-*präsent*-ant der Herrschaft Gottes und seiner frohen Botschaft
   - die ungewohnte Seite der Gottesherrschaft in unserer Welt
5. Vom Symbol her
   - Dornenkrone – ungewohntes Zeichen der *Herr*-schaft
   - die Wirk-lichkeit Gottes – in Jesus greifbar geworden
   - Jesus Christus ist Souverän, Herr des Lebens

Predigt

(Wenn möglich, eine schön gestaltete Krone aus Goldpapier usw. gut sichtbar aufstellen, für später eine Dornenkrone bereithalten.)

„Bei uns ist der Kunde noch König“, lesen wir manchmal in Geschäftsauslagen.

„Da wirst du ja fürstlich bezahlt“, sagen wir zu jemandem, dessen Gehalt unsere Vorstellungen weit übersteigt.

„Na, König zu sein wäre schon was, da wirst du berühmt“, sagte vor einiger Zeit eine junge Frau zu mir.

Wir hören die Nachrichten vom „Bäderkönig Herrn Sowieso“, dessen Finanzgeschäfte etwas undurchsichtig verlaufen ...

Welche Gedanken verbinden wir mit dem Wort „König“? Einfluß, Macht über andere, Reichtum, jemand, dem die Welt in jede Richtung hin offensteht? Wo begegnen sie uns heute noch, in unserem persönlichen Leben?

Könige, einst die obersten Führer ihrer Völker, alleinige Gesetzgeber, Herren über Krieg und Frieden, aber auch mit der Hauptverantwortung

betraut, immer in der Gefahr des Machtmißbrauchs. Vorbild im Lebenswandel sollten sie sein – in Europa begegnen sie uns heute nur noch zu Traumhochzeiten und besonderen Anlässen in Fernsehen und Illustrierten – in ihrem Leben fest eingebunden in die Regierungssysteme ihrer Länder mit Repräsentationsaufgaben.
Wie kann auf diesem Hintergrund Jesus Christus als König gefeiert werden? Macht, Glanz, Reichtum – Fehlanzeige. Einer, der anderen zwar aus der Patsche hilft, für sein eigenes Leben jedoch kläglich versagt, sich nicht profiliert und anpreist, nicht Gericht hält, sondern selbst vor Gericht steht, nirgendwo jemand, der versucht, ihn rauszuhauen, nichts, was zur Verteidigung von Person und Ehre auftreten würde – nein, so einer ist nicht als Souverän, Führer, Vorbild, Hauptverantwortungsträger geeignet, zu dem man aufschauen könnte. So hat zumindest Pilatus seine Probleme mit ihm. Wie stehen wir dazu? Vielleicht trösten wir uns ganz schnell mit dem „Gottessohn", dem „auferstandenen Sieger über den Tod"? Stimmt ja auch, aber das irdische Leben und der jämmerliche Tod Jesu müssen voll mit im Blick bleiben. Schauen wir uns den „König Christus" von dieser Seite an.

(Die Dornenkrone wird gezeigt und zur anderen gelegt.)

„Mein Reich ist nicht von dieser Welt": Andere Werte als die gemeinhin gängigen sind für Jesus wichtig; nicht schlaue Winkelzüge, um den Leuten nach dem Mund zu reden und die eigene Haut zu retten, nein, Leben und Sterben für die Wahrheit ist das Regierungsprogramm. Nicht Verteidigung der eigenen Person, eines Einflußbereiches, nicht Kleben an einer Position, nicht Rechtfertigung, auch nicht Sturheit und Fanatismus, um den Menschen die Wahrheit mit Gewalt einzubleuen; die Wahrheit Gottes wird sich selbst Gehör verschaffen und ihren Zeugen bestätigen, sie wird zu ihrer Zeit andere Menschen ergreifen, wie sie Jesus ergriffen hat. Wer sich von ihr ergreifen und in Dienst nehmen läßt, der wird unabhängig von Erfolgsgarantien, Beifall oder Gunstentzug.
Mich fasziniert hier die Freiheit, Sicherheit, Gelassenheit, mit der Jesus an sein Leben, seine Aufgabe und die tödliche Bedrohung herangeht, zutiefst überzeugt von Gottes Botschaft. Ein souveränes Stehen im Leben, über den Dingen, eine souveräne Begegnung mit dem Tod.
Jesus – doch ein Souverän, ein König? Ja, ich bin überzeugt, ihn so verstehen zu dürfen. Jesus: Be-*herr*-scher des Lebens, Re-*präsent*-ant, d.h. „Gegenwärtigmacher" der frohen Botschaft der Welt Gottes mit Frieden, Glück, Freiheit, Gemeinschaft untereinander, Akzeptanz des anderen,

Liebe, wie wir sie uns sehnsüchtig erträumen. Das ist kein unerreichbares Jenseits, das erst nach dem Tod zugänglich wäre; diese „Welt Gottes“ gehört seit Schöpfungsbeginn zu unserer menschlich gewohnten Welt, nur sind wir eben nicht gewöhnt, diese Seite voll und ganz an uns heranzulassen in unserem alltäglichen Leben. So ist auch die „Königskrone Jesu“, die Dornenkrone, zunächst ein Ohnmachts- und Spottsymbol. Aber mir kommt der Verdacht: Jesus braucht kein Statussymbol, er steht darüber. Er trägt die Dornenkrone, geht souverän um mit der Dornengrenze zwischen allzu menschlich verfestigter und göttlicher „Seite“ der Welt. Er geht durch Dornengrenze und Tod hindurch in die *Wirk*-lichkeit Gottes, die in ihm als Mensch unter Menschen fühlbar, greifbar geworden ist. So ist Jesus Christus ein König, der mich packt, in seinen Bann zieht. So möchte ich auch im Leben stehen, sicher, souverän, gelassen, zutiefst überzeugt von Gottes Botschaft, ergriffen von seiner Wahrheit. Ich möchte wie Jesus Christus von Gott sprechen in der Familie, am Arbeitsplatz, bei Freunden – ohne Angst vor Spott und Unverständnis, fähig zu freiem, souveränem Umgang mit Dornen, die mir in den Weg gelegt werden.

Fürbitten

Herr, unser Gott, in Jesus Christus ist die Herrlichkeit deines Wortes unter den Menschen greifbar geworden. Voll Hoffnung bitten wir:

- Für die Regierenden der Völker: Schenke ihnen Geduld und Ausdauer in den Friedensverhandlungen, und hilf ihnen, ihre Macht zum Wohl ihrer Völker einzusetzen.
- Für die Verantwortlichen der Kirchen: Hilf ihnen, das Königtum Jesu Christi heute glaubwürdig und einladend zu leben.
- Für uns selbst: Schenke uns das Interesse, Jesus Christus und seine Botschaft immer tiefer kennenzulernen.
- Für unsere Toten: Laß sie im Frieden in deiner Herrlichkeit leben.

Du menschenfreundlicher Gott, in Jesus Christus hast du uns zu deinen Kindern erwählt. Durch ihn bitten wir dich, der mit dir lebt und herrscht in Ewigkeit. Amen.

Wort für die Woche

Hab' keine Angst vor den Dornen;
zwischen ihnen blühen herrliche Blumen.
Hab' keine Angst vor den Spöttern um dich herum;
lebe, was du von Jesus verstanden hast,
und du machst Gott gegenwärtig.

Liedvorschläge
Eingang: 560, 1+3
Kyrie: 564, 2.3.5
Gloria: 456
Antwortgesang: 553, 1-3
Lobpreislied: 546, 1.2.3.5.7

Vorschläge für die Gottesdienstgestaltung
Tischchen mit roter Decke, auf das später Goldkrone und Dornenkrone gelegt werden können; schon vor Beginn die Wortkarten (bunter Plakatkarton) „Jesus Christus", „Be-HERR-scher des Lebens", Re-PRÄSENT-ant Gottes", „WIRK-lichkeit Gottes" am Tischtuch anheften.

Eva-Angelika Herbst OP

Dreifaltigkeitssonntag

Botschaft
Wir sind nicht allein gelassen, einsame Wanderer, sondern der Dreifaltige Gott geht alle Wege mit.

Ziel
Ich möchte bei den GottesdienstteilnehmerInnen das Bewußtsein wecken bzw. anregen, neu inne zu werden, daß Gott ein Gott der Beziehung ist; er sucht die Gemeinschaft und will uns nahe sein.

Einführung
Als Glaubende sind wir hineingenommen in den dreifachen Lebensstrom Gottes, in die Beziehung des Vaters, des Sohnes und des Heiligen Geistes. Wenn wir uns mit dem Kreuzzeichen bezeichnen, Stirn, Mund und Brust, dann bringen wir zum Ausdruck, daß unser ganzes Leben von diesem Geheimnis umfaßt ist. Wir können diese geheimnisvolle Beziehung zwischen Vater, Sohn und Heiligem Geist mit unserem Verstand nicht ergründen, doch gläubigen Herzens auf- und annehmen.
Wir sind zusammengekommen, um Gottesdienst zu feiern, zu feiern, was Gott an uns Menschen getan hat. Er hat uns erschaffen, er hat uns erlöst, er hält uns am Leben.

Kyrie/Vergebungsbitte
Herr Jesus Christus
– du hast uns Kunde gebracht vom Vater.
Herr, erbarme dich.

– du hast uns den Heiligen Geist gesandt.
Christus, erbarme dich.

– du bist unser Fürsprecher beim Vater.
Herr, erbarme dich.

Der allmächtige Gott erbarme sich unser, er verzeihe uns unsere Halbherzigkeit und die Angst vor Beziehungen. Er schenke uns seine Liebe und befähige uns zu echten Beziehungen. Amen.

Lesungen
Dtn 4, 32-34.39-40
Röm 8, 14-17
Mt 28, 16-20

Predigt
Im Namen des Vaters und des Sohnes und des Heiligen Geistes. So beginnen wir mehr oder weniger aufmerksam jeden Gottesdienst, unsere Gebete, vielleicht auch die Arbeit des Tages oder größere Unternehmungen. Im Namen des Dreifaltigen Gottes sind wir getauft, im Namen des Dreifaltigen Gottes wird uns in der Beichte die Schuld vergeben. Fragt man nach der Bedeutung, so sind wir schnell sprachlos. Große Theologen haben sich darüber die Köpfe heiß geredet. Gott bleibt immer größer, als unser menschlicher Verstand zu begreifen vermag.
Vom hl. Augustinus, dem großen Theologen, wird erzählt, er habe Tage und Nächte lang über dieses Geheimnis des Gottes in drei Personen nachgedacht.
Da sah er, als er am Meer entlangging, einen Knaben, der versuchte, mit einer kleinen Muschel das Meer in eine Sandgrube zu schöpfen. Da lachte Augustinus: Wie willst du das unendliche Meer in diese kleine Grube schöpfen? – Das Kind antwortete: Wie willst du den unendlichen Gott mit deinem kleinen Verstand begreifen?
Es geht offensichtlich nicht darum, daß wir Gott begreifen, sondern darum, uns von seiner Liebe und Macht ergreifen zu lassen.
Beim Abschied in Galiläa sagt Jesus zu den Jüngern: Mir ist alle Macht gegeben im Himmel und auf Erden. Darum geht und macht alle

Menschen zu meinen Jüngern. Tauft sie auf den Namen des Vaters, des Sohnes und des Heiligen Geistes.
Die Beauftragung endet mit der Zusage: Ich lasse euch nicht allein. Ich bin bei euch bis zum Ende der Welt. Damit schließt das Matthäusevangelium. Es erfolgt keine Erzählung von der Himmelfahrt. Alle Tage, bis zum Ende der Welt steht die Menschheit unter diesem Wort Jesu.
Unter diesem Wort stehen wir jetzt als christliche Gemeinde, unter diesem Wort, unter diesem Herrn, dem alle Macht gegeben ist. Und was heißt das für uns, was geht uns dabei auf? Die Macht Jesu, die uns umfängt, ist nicht Jesu eigene Macht, sondern ihm gegeben. „Alles ist mir von meinem Vater übergeben."

Wir werden erinnert an den Vater! – Ich habe einen Vater, der mein Schöpfer ist. Er hat mich ins Leben gerufen und will, daß ich lebe. Er liebt mich persönlich, ihm kann ich mich anvertrauen, darf ihn Vater nennen. Er gibt meinem Leben Sinn und Ordnung. Es ist höchste Würde, Kind Gottes zu sein.

Wir werden erinnert an den Sohn! – Gott wollte uns ganz nahe sein. Er hat uns sein Gesicht zugewandt in der Person Jesu. Er ist mir Bruder und Freund geworden. Zu ihm kann ich in eine ähnlich vertraute Beziehung treten wie zu einem Menschen, den ich gerne mag. Die Macht, die ihm gegeben ist, ist nicht eine Macht im üblichen Sinne, sondern die wunderbare Macht, die ihm eigen war, wenn er Menschen heilte, ihre Leiden und Gebrechen auf sich nahm, vor allem die Last der Schuld; die Macht, Sünden zu vergeben, zu heilen und barmherzig zu handeln (Mt 9,6).
Das ist die Macht, die er seit seiner Auferstehung nicht nur im kleinen Kreis der Jünger und Zeitgenossen ausübt, sondern, wie die Schrift sagt, durch den Geist, der ausgegossen ist in unsere Herzen.

Wir werden erinnert an den Heiligen Geist! – Ohne ihn gibt es kein neues Leben, keinen neuen Anfang, keine Sündenvergebung, keine Taufe, kein Halten seiner Gebote, außer im Heiligen Geist. Der Heilige Geist ist es, der uns antreibt zum Guten, der uns Freude und Frieden schenkt, der uns Lebensmut schenkt. In seiner Kraft vermögen wir als Christen Zeugnis für ihn zu geben. In zerbrechlichen Gefäßen tragen wir diesen kostbaren Schatz in uns. Gott selbst ist es, der als der Heilige Geist in uns – in mir lebt und wirkt. In Gottes Namen.
Es gibt in unserem christlichen Alltag ein Zeichen, das den Wert unserer Lebensverankerung in der Liebe Gottes täglich neu in Erinnerung ruft.

Es ist das Kreuzzeichen, mit dem wir uns bezeichnen. – Jede liturgische Feier beginnt mit diesem Zeichen. Auch die alltäglichen Dinge wie das Aufstehen, das Essen, den Beginn der Arbeit, das Zu-Bett-Gehen können durch das bewußte Erinnern – durch das Kreuzzeichen – in Verbindung zu Gott gebracht werden. Dieses Zeichen bewußt, aufmerksam vollzogen, könnte in uns mehr und mehr das Bewußtsein lebendig halten: Ich gehe nicht allein ans Werk, der Dreifaltige Gott ist im Auf und Ab meines Alltags mit dabei. Dieses Zeichen und das lebentragende Vertrauen auf die Güte Gottes in Jesus Christus gehören untrennbar zusammen.
So einfach ist die Beziehung des Dreieinen Gottes zu mir in meinem Alltag. Er ist bei uns bis zu unserem Ende – bis zum Ende der Welt. Er macht uns Mut und geht unsere Wege mit.

Fürbitten
Dreifaltiger Gott, Vater, Sohn und Heiliger Geist, wir rufen dich an:

1. Für alle, die an Christus glauben: Bewahre und stärke sie im Glauben und in der Liebe.
2. Für alle, die an den einen Gott glauben:
   Offenbare ihnen deine Liebe, die du uns in Jesus Christus geschenkt hast.
3. Für alle Suchenden und Zweifelnden, für alle, die nicht mehr glauben können: Sende ihnen den Geist der Wahrheit.
4. Für alle, die unter der Last des Lebens zusammenbrechen.
   Sei ihnen nahe, richte du sie auf, schenke ihnen Mut und Hoffnung.
5. Für unsere Pfarrgemeinde: Bewahre uns in deinem Namen, und mache uns zu Zeugen deiner Liebe.

Dreifaltiger Gott, wir vertrauen auf dich und beten dich an. Ehre sei dem Vater, dem Sohne und dem Heiligen Geist. Amen.

Wort für die Woche
Vielleicht gelingt es auch im Alltag, uns immer wieder Gott zu vergegenwärtigen, den wir bekennen und erfahren können in der Schöpfung des Vaters, der geschwisterlichen Liebe des Sohnes und der Kraft des Heiligen Geistes.

Liedvorschläge
Ruf vor dem Evangelium: 646, 1 und Kantorenbuch 115
Halleluja: 531, 6

Credo: 635
Zur Kommunionfeier: 564 Vorsänger und Gemeinde
Agnus Dei: 492
Dank: 266

Edeltraud Steiner

Allerheiligen

Botschaft

Die Früchte eines Lebens im Geiste Jesu sind „einfach seligmachend". Im Kleinen liegt die Größe, in der Schwachheit liegt die Kraft, die Bergpredigt ist etwas für Ver-rückte!

Ziel

Die GottesdienstteilnehmerInnen sollen den Einladungscharakter der Bergpredigt wahrnehmen, „Versatzstücke" der im Evangelium genannten Erfahrungen in ihrem eigenen Umfeld aufspüren und beide Dimensionen des Evangeliums – Anspruch und Zuspruch – erkennen.

Lesungen

Offb 7, 2-4.9-14
1 Joh 3, 1-3
Mt 5, 1-12a

Einleitung

Die Unterscheidung fällt uns nicht immer leicht, doch gemeinhin finden eher realistisch ausgerichtete Personen, Menschen, die auch den Kompromiß suchen und finden, unsere Sympathie denn Fundamentalisten. Ein realistischer Blick auf die Situation dieser Welt ist allemal mehr wert als eine fundamentalistische Sicht der Dinge – oder?
Ich weiß, daß es Kirchenmenschen in der Regel übelgenommen wird, wenn sie sich zu sehr in die Politik, gar in die Parteipolitik einmischen. Unterschiedliche Leute reagieren aus unterschiedlichen Gründen da sehr allergisch. Nun will ich da heute nicht noch mehr Öl ins Feuer gießen, sondern mir einfach nur zwei Begriffe ausborgen, die bei den Grünen vor

Jahren Hochkonjunktur hatten und die Parteitage geprägt haben. Jesus von Nazaret, ein Fundi oder ein Realo, ein Radikalo oder ein Mensch des Kompromisses?
Das heutige Evangelium wirft diese Frage auf, oder besser gesagt, die Theologen nach Jesus haben anhand jener Passagen immer wieder geglaubt, Jesus einordnen zu müssen – aber er paßt nicht in Schubladen.

Kyrie
Herr Jesus Christus, du hast in deinem Leben Menschen nicht eingeordnet, du hast sie einfach als Menschen mit Stärken und Schwächen geliebt.
Herr, erbarme dich.

Du hast durch deine Liebe und Zuneigung den Menschen die Kraft zu einer realistischen Selbsteinschätzung und zur Umkehr gegeben.
Herr, erbarme dich.

Du willst, daß auch für uns der Mensch im Vordergrund steht und nicht die Schublade, in die wir ihn einordnen.
Herr, erbarme dich.

Guter Gott, es fällt uns schwer, einander als Menschen anzunehmen. Du hast uns deinen Sohn als lebendiges Beispiel dafür geschenkt, daß wir erkennen können, welche Kraft in dieser gegenseitigen Annahme stecken kann – laß uns den mutmachenden Blick auf ihn nicht verlieren. Amen.

Zugangsweise zum Evangelium
1. Motivation zum Zuhören
   - um wen geht es eigentlich an Allerheiligen?
   - ist der Gang auf den Friedhof angebracht, oder müßten wir nicht vielmehr eine Wallfahrt zur Gedenkstätte eines Heiligen machen?
2. Anfragen
   - was macht heilig?
3. Bezug zum Evangelium
   - das Kleine ist groß
   - in der Schwäche liegt die wahre Stärke
4. Bezug zum eigenen Leben
   - auf Spurensuche gehen
   - die Goldkörner der Heiligkeit gibt es auch in meinem Umfeld

Predigt

Es ist der Ballast der Jahrhunderte, der mit Begriffen wie heilig und selig in unseren Vorstellungen lebendig wird, es sind die phantasievollen Legenden, die uns – in den Zeiten der eigenen Kindheit davon gefesselt – heute mit ständig wachsendem Abstand diesen Begriffen begegnen lassen. Edel, glorifiziert und weit weggerückt von unserem Leben waren jene Gestalten eines hl. Nikolaus, einer hl. Elisabeth oder eines hl. Franziskus. Vielleicht war es das Besondere der damaligen Zeit, die „Heiligkeit" jener Menschen in einer Weise darzustellen, die sie von unserem Leben sehr weit entfernt scheinen ließ – drei Etagen darüber schwebend: mindestens!

Rückblickend muß ich sagen, daß für mich „Heilige" durchwegs „nicht von dieser Welt" waren, himmlische Wesen mit kurzfristigem Bodenauftrag und irgendwie nicht aus Fleisch und Blut. Als Vorbild konnten sie mir nicht dienen, waren sie doch so ganz anders.

So gesehen war es logisch, Heilige nicht auf dem eigenen Friedhof zu suchen, da wären keine zu finden, dachte ich damals. Und so war Allerheiligen ein Totengedenktag und kein Hochfest, für lange Zeit.

Es war der Katholikentag 1986 in Aachen, der zum Wendepunkt meiner der Welt entrückten Vorstellung von Heiligkeit wurde. Junge Menschen machten eine Ausstellung zum Thema: „Was ist mir heilig?"

Und was da zu sehen war, erweckte nun gar nicht den Anschein, von „jenseits dieser Welt" zu sein: Es war bunt und äußerst vielfältig, vom Teddybär über ein Fahrrad und ausgelatschte Turnschuhe bis hin zu einem kleinen Kreuz war alles vertreten – und zu allem gab es eine Geschichte und eine Beziehung.

Der Begriff der Heiligkeit hatte dadurch etwas von seiner Unnahbarkeit verloren, er war auf einmal eine Realität, mit der täglich zu rechnen war. Wenn Turnschuhe und Teddybären für bestimmte Menschen eine ganz besondere Bedeutung haben können, weil sich in ihnen etwas bündelt, das für ihr Leben sehr wichtig war, dann kann es das bei mir doch ganz genauso geben, und es müssen nicht immer Dinge sein, die einem heilig sind.

Kann es nicht auch Menschen geben, die für bestimmte Phasen meines Lebens, einen Knotenpunkt sozusagen, an dem wichtige Weichen gestellt wurden, für mich sehr wichtig waren, von essentieller Bedeutung, im nachhinein mir „hoch und heilig sind!"

Ganz sicher gibt es diese Personen, durch die hindurch wir etwas wahrnehmen können von der Liebe und Gerechtigkeit Gottes, von seiner Barmherzigkeit oder seiner Treue. Und vielleicht sind auch wir –

manchmal – für andere so ein „Heiligtum“ und trotzdem ganz von dieser Welt.
So betrachtet haben wir allen Grund, heute die Gräber unserer Verstorbenen zu besuchen, nicht weil wir primär ihres Todes gedenken wollen, nein, sondern weil wir uns ihrer Heiligkeit erinnern.
Machen Sie sich doch jetzt einfach mal auf die Suche nach Ihren eigenen „Heiligen“, nach den „Knotenpunktmenschen“ Ihres Lebens, die Sie heute vielleicht seligsprechen würden, weil sie ...

- arm waren vor Gott
- gewaltfrei lebten
- Gerechtigkeit lebendig werden ließen
- Frieden stifteten
- zur Trauer fähig waren

... weil sie Söhne und Töchter Gottes waren im Leben und nicht bloß auf dem Papier.

Fürbitten
Guter Gott, eine Bitte nur: Laß uns jene Zeilen der Bergpredigt immer wieder hervorholen, schenk uns die Kraft, uns ihrem Anspruch auszusetzen und ihre Zusage im Rücken zu spüren. Amen.

Wort für die Woche
Laßt uns die kleinen Körner der Heiligkeit in unserem Leben suchen, es sind die Spuren der Radikalität Jesu. Wir finden sie in seinen Worten der Bergpredigt und in unserem Leben – wenn wir danach suchen und uns selbst diesem Anspruch nicht verweigern.

Liedvorschläge
Eingang: 614, 1+2
Antwortgesang: 614, 3
Credo: 637, 1-3
Agnus Dei: 492
Dank: 617, 1-3
Auszug: 617, 4+5

Klaus Hofmann

Mitarbeiterinnen und Mitarbeiter

Badura, Vera, Dipl.-Theol., Pastoralreferentin, Kur- und Altenseelsorge, Bad Brückenau
Dimpflmaier, Anton, Dr. theol., Redemptorist, Mitarbeiter am Institut für Lehrerfortbildung, Gars/Inn
Fass, Michael, Gemeindereferent, Wendelstein (Bistum Eichstätt)
Fecher, Burkhard, Dipl.-Theol., Pastoralreferent, Gemünden (Diözese Würzburg)
Fecher, Edith, Dipl-Theol., Pastoralreferentin, Gemünden
Herbst, Eva-Angelika OP, Dipl.-Theol., Bildungsreferentin im Jugendhaus Volkersberg
Herok, Stefan, Dipl.-Theol., Leiter des Amtes für Katholische Religionspädagogik im Bezirk Wiesbaden (Bistum Limburg)
Hofmann, Klaus, Jugendseelsorger im Landkreis Bad Kissingen
Hopf, Bernhard, Dipl.-Theol., Pastoralreferent Riedenberg
Hummel, Lorenz, Dipl.-Theol., Pastoralreferent in Mömbris und Dekanatsfamilienseelsorger für das Dekanat Alzenau
Kehr, Lucia OP, Dipl.-Theol., Pastoralreferentin in der Diözese Würzburg
Mehling-Sitter, Sabine, Dipl.-Religionspädagogin, Gemeindereferentin, Bad Brückenau
Pfrang, Michael, Dipl.-Theol., Pastoralreferent, Dekanatsjugendseelsorger, Schweinfurt
Poos, Marie Jeanne, Krankenschwester, Gemeindereferentin, Wildflecken
Reuter, Johannes, Dipl-Theol., Pastoralreferent, Regionaljugendseelsorger im Landkreis Main-Spessart
Scharl, Wolfgang, Dipl.-Theol., Dipl.-Päd., Regionaljugendseelsorger im Landkreis Haßberge (Diözese Würzburg)
Schmitt, Thomas, Dipl. Theol., Pastoralreferent, Rauhenebach-Prölsdorf
Schraut, Monika, Dipl.-Theol., Pastoralreferentin, Zeil am Main
Schuster, Bruno, Dipl.-Theol., Riedenberg
Schwarz, Jürgen, Dipl.-Theol., 1996 Priesterweihe, Wildflecken, Seelsorger der Diözese Würzburg
Steiner, Edeltraud, Exerzitienbegleiterin, tätig in der Gemeindeseelsorge, Wildflecken
Warmuth, Stefan, Dipl.-Theol., Pastoralreferent, Aschaffenburg
Weigand, Heinz, Pastoralreferent, Karlstadt

Quellennachweis

(Trotz aller Bemühungen gelang es nicht immer, eine genaue Quelle ausfindig zu machen. Eventuelle Hinweise dazu erbitten wir an den Verlag.)

S. 45: Jörg Zink, Unser Gott, der Mächtige, aus: ders., Wie wir beten können, Kreuz Verlag, Stuttgart 1991, S. 244f

S. 76: Klaus Berger, Es war ein Mann, der hatte einen Garten, aus: ders., Wie ein Vogel ist das Wort, Quell Verlag Stuttgart 1987, S. 25ff

S. 97: Peter Klever, Tot – das heißt: ich bin am Ende, aus: ders., Ostern, in: K.-H. Ronecker/W. Brinkel (Hg.), Wer wälzt uns den Stein?, Gütersloher Verlagshaus / Chr. Kaiser Verlag, Gütersloh 1992, S. 197. Rechte beim Autor

S. 122: Lothar Zenetti, Rund um das Feuer (In jener Zeit kam einer zu Jesus), aus: ders., Die wunderbare Zeitvermehrung, J. Pfeiffer Verlag, München 1994

S. 141: Johannes Thiele, Möge Gott der Schöpfer, aus: ders., Fantasie für die Schöpfung, Verlag Herder, Freiburg 1990

S. 149: Ingrid Thurner, Nur ein Traum?, aus: Themenhefte 13 (1/1993): „Gemeinde in der Verantwortung aller", Bergmoser + Höller Verlag, Aachen, S. 66

S. 155: „Hägar schaut aus der offenen Haustüre", zitiert aus: Hägar, der Schreckliche, Heldengeschichten aus dem Leben eines Wikingers, Lingen Verlag, Bergisch Gladbach, Sonderausgabe 1994, S. 15

S. 207: Martin Gutl, Erst nach Mitternacht, aus: ders., Loblied vor der Klagemauer, Verlag Styria, Graz/Wien/Köln

S. 222: Martin Gutl, Ihr sucht einen Halt, aus: ders., Ich begann zu suchen, Verlag Styria, Graz/Wien/Köln 1982, S. 9